भगत सिंह के साथी

भगत सिंह के साथी

प्रबल सरन अग्रवाल • हर्षवर्धन त्रिपाठी • अंकुर गोस्वामी

वाम

पहला संस्करण, सितम्बर 2022

वाम प्रकाशन
2254/2 ए, शादी खामपुर
न्यू रंजीत नगर
नयी दिल्ली – 110008

वाम प्रकाशन और लेफ़्टवर्ड बुक्स नया रास्ता पब्लिशर्स प्रा.लि. की प्रकाशन शाखाएं हैं।

leftword.com

ISBN 978-93-92017-07-0

Visit website

Bhagat Singh Ke Saathi
by Prabal Saran Agarwal, Harshvardhan Tripathi, Ankur Goswami

सूची

भूमिका

जब भी भारतीय क्रांतिकारी आंदोलन की चर्चा होती है, भगत सिंह का नाम सबसे पहले आता है। भारत में तो उन्हें प्रमुखता से याद किया ही जाता है, अन्य भी कई देशों में उन पर शोध हुआ है और उनके संघर्ष तथा विचारों के प्रति सम्मान व्यक्त किया जाता है। उन्हें शहीद-ए-आज़म कहा जाना उनके महत्त्व को दर्शाता है। भगत सिंह ने अपने अल्प जीवन काल में दक्षिण एशिया की राजनीति पर एक अमिट छाप छोड़ी थी, उनकी शहादत के बाद भी उनके समाजवादी और प्रगतिशील विचार लगातार अपनी प्रासंगिकता बनाए हुए हैं। लेकिन दुर्भाग्य से भगत सिंह की लोकप्रियता के ठीक विपरीत उनके साथियों के बारे में आमजन में जानकारी लगभग नगण्य है। सुखदेव, राजगुरु, चंद्रशेखर आज़ाद, शिव वर्मा, जयदेव कपूर, दुर्गादेवी वोहरा(दुर्गा भाभी) और विजय कुमार सिन्हा जैसे उनके साथी भी उन्हीं के स्तर के जीवट क्रांतिकारी थे लेकिन इतिहास में उन्हें वह स्थान नहीं मिल सका, जो मिलना चाहिए था। इसके कई कारण हैं। भगत सिंह फांसी चढ़ कर अमर हो गये लेकिन उनके कई साथी 16-17 साल जेल में बंद रहे और मुक्त होने के बाद बहुतों ने गुमनामी का जीवन जीया।

उनमें से अधिकतर स्वतंत्रता के बाद वामपंथी राजनीति में सक्रिय रहे मगर न तो वे कभी सत्ता पर क़ाबिज़ हुए और न ही उन्होंने प्रसिद्धि पाने का कोई प्रयास किया। वे नेपथ्य में रह कर समाजवादी क्रांति के अपने लक्ष्य के लिए संघर्ष करते रहे – मज़दूर संगठनों, किसान संगठनों और सांस्कृतिक संगठनों में। इतिहासकार भी इनके प्रति उदासीन रहे। 1970 के दशक में देर से ही सही लेकिन भगत सिंह पर शोध शुरू हुआ, फिर भी उनके साथी उपेक्षित ही रहे जबकि उनमें से कई उस समय जीवित थे और राजनीतिक रूप से सक्रिय भी।

भगत सिंह के साथियों के बारे में जानना इसलिए भी आवश्यक हो जाता है कि इतिहासकारों और मीडिया ने भगत सिंह को एक ऐसे अवतारी पुरुष या नायक की तरह पेश किया है, जो अकेले ही अंग्रेज़ी साम्राज्य से टकरा गया। इस तरह का

चित्रण भगत सिंह और उनकी राजनीति के प्रति एक तरह का अन्याय है क्योंकि उनका क्रांतिकारी संगठन हिंदुस्तान सोशलिस्ट रिपब्लिकन एसोसिएशन एक निश्चित कार्यक्रम और राजनीति लेकर संघर्ष के मैदान में उतरा था, जिसमें उनके सभी सदस्यों का बराबर योगदान है। इस संगठन के सभी मुख्य क्रांतिकारियों के बारे में जानकर ही हम इसका सही आकलन कर सकते हैं और मौजूदा दौर में इसकी प्रासंगिकता चिह्नित कर सकते हैं।

भगत सिंह के साथियों के रूप में हमें बीसवीं शताब्दी के पूर्वार्ध में बेहद जुझारू राजनीतिक किरदार नज़र आते है। जहां एक ओर चंद्रशेखर आज़ाद जैसे कुशल सेनापति और सुखदेव जैसे आदर्श संगठनकर्ता हैं, तो दूसरी ओर शिव वर्मा, विजय कुमार सिन्हा, भगवती चरण वोहरा, यशपाल जैसे बुद्धिजीवी भी हैं। जहां एक ओर दुर्गा देवी और सुशीला मोहन जैसी विद्रोही वीरांगनाएं हैं, वहीं दूसरी ओर राजगुरु और जतिन दास जैसे शौके-शहादत रखने वाले मतवाले। ये लोग अलौकिक अथवा दैवीय शक्तियों वाले लोग नहीं थे, ये अत्यंत साधारण परिवारों में पैदा होने वाले प्रतिबद्ध राजनीतिक कार्यकर्ता थे जिनका लक्ष्य था – 'मनुष्य द्वारा मनुष्य के शोषण का और एक राष्ट्र पर दूसरे राष्ट्र के शोषण का अंत करना।' इसमें कोई दो मत नहीं कि भगत सिंह को शहीद-ए-आज़म बनाने में इन साथियों की अहम भूमिका थी। अगर भगत सिंह ने इन सब पर असर डाला तो इन्होंने भी भगत सिंह के व्यक्तित्व को प्रभावित किया।

इस पुस्तक में भगत सिंह के 10 मुख्य साथियों की जीवन गाथाएं हैं – सुखदेव, राजगुरु, चंद्रशेखर आज़ाद, विजय कुमार सिन्हा, शिव वर्मा, जयदेव कपूर, बटुकेश्वर दत्त, भगवतीचरण वोहरा, दुर्गा भाभी एवं जतिन दास। सुखदेव पार्टी में पंजाब के संगठनकर्ता नियुक्त हुए थे और भगत सिंह के अभिन्न मित्र थे। भगत सिंह के बाद सबसे ज़्यादा समाजवादी साहित्य का अध्ययन इन्होंने ही किया और पार्टी की सभी मुख्य कार्रवाइयों में अग्रणी रहे। राजगुरु महाराष्ट्र के एक निर्धन परिवार में जन्मे थे और क्रांतिकारियों से बनारस में संपर्क में आए। सांडर्स को मार गिराने में इन्होंने अहम भूमिका निभायी, लाहौर केस के बंदियों की ऐतिहासिक भूख हड़ताल में अग्रणी रहे और भगत सिंह और सुखदेव के साथ फांसी चढ़े। चंद्रशेखर आज़ाद पार्टी के

कमांडर इन चीफ थे। बेहद विषम परिस्थितियों में पले-बढ़े आज़ाद किशोरावस्था में ही क्रांतिकारी संगठन में शामिल हुए और 1928 में इसके प्रमुख सेनापति चुने गये। आख़िरी दम तक इन्होंने साम्राज्यवाद से लोहा लिया।

शिव वर्मा कलम चलाने के साथ-साथ बम बनाने में भी पारंगत थे। उत्तर प्रदेश में वह पार्टी के संगठनकर्ता और अंडमान की सेलुलर जेल में 'कम्युनिस्ट कंसोलिडेशन' के संस्थापकों में से एक थे। एक यशस्वी लेखक एवं विचारक होने के साथ ही वह उत्तर प्रदेश में मार्क्सवादी कम्युनिस्ट पार्टी के बड़े नेता रहे। विजय कुमार सिन्हा, भगत सिंह और आज़ाद के बाद पार्टी के सबसे मुख्य नेता थे। हालांकि इतिहासकारों ने इस तथ्य पर कम ही ध्यान दिया है लेकिन यह भी एक सचाई है कि एचएसआरए के स्थापना सम्मेलन में भगत सिंह और विजय कुमार सिन्हा, दोनों को सभी प्रांतीय कमेटियों के बीच समन्वय, अंतरराष्ट्रीय संपर्कों से संबंध स्थापित करने और पार्टी का प्रचार-तंत्र मज़बूत करने की ज़िम्मेदारी सौंपी गयी थी। सिन्हा एक बेहद काबिल पत्रकार एवं लेखक भी थे तथा जीवन के अंतिम क्षणों तक क्रांतिधर्मी बुद्धिजीवी के रूप में सक्रिय रहे।

भगवतीचरण वोहरा भारतीय क्रांतिकारी आंदोलन के एक विस्मृत नायक हैं। *बम का दर्शन* और *एचएसआरए का घोषणापत्र* जैसे दस्तावेज़ लिखकर उन्होंने भारतीय स्वतंत्रता संग्राम को नयी दिशा प्रदान की। उनकी पत्नी दुर्गादेवी वोहरा भी जीवनपर्यंत क्रांतिकारी रहीं। उन्होंने मुंबई में पुलिस हेडक्वार्टर पर धावा बोलकर क्रांतिकारी आंदोलन का डंका बजा दिया। कुछ साथी तो भगत सिंह की फांसी से पहले ही उनका साथ छोड़ गये जैसे जतिन दास, जो राजनीतिक बंदियों के अधिकारों के लिए लड़ी गयी ऐतिहासिक लड़ाई में 63 दिन की भूख हड़ताल के बाद शहीद हुए। पर कई साथी उनके जाने के वर्षों बाद भी संघर्षरत रहे जैसे बटुकेश्वर दत्त, जो बेहद खराब परिस्थितियों में दुनिया से विदा हुए। भगत सिंह के साथ असेंबली में बम फेंकने वाले दत्त का स्वतंत्र भारत में संघर्षमय जीवन यह दिखाता है कि आज़ाद भारत के शासक क्रांतिकारियों के प्रति कितने उदासीन रहे।

यूपी के हरदोई के रहने वाले जयदेव कपूर भी भगत सिंह के ख़ास साथियों में से थे। 17 साल जेल में रहने के बाद कपूर मज़दूर आंदोलन में सक्रिय हुए और आज़ाद

भारत में कई बार सरकार के दमन का भी शिकार हुए। इसी प्रकार गया प्रसाद, जो भगत सिंह के काफ़ी वरिष्ठ साथी थे, आज़ादी के बाद कम्युनिस्ट पार्टी के सदस्य बने और अंतिम क्षण तक समाजवाद के संघर्ष में सक्रिय रहे। एचएसआरए के कुछ क्रांतिकारियों ने आज़ादी के बाद राजनीति में जाने के बजाय दूसरे तरीक़ों से भी वंचितों की लड़ाई लड़ी।

इस किताब को लिखने के लिए उस वक़्त के दस्तावेज़ों को स्रोत बनाया गया है जैसे अनेक क्रांतिकारी मुक़दमों के कागज़ात, उस दौर के अख़बार एवं पत्रिकाएं, क्रांतिकारियों के समकालीनों के संस्मरण व साक्षात्कार तथा स्वयं इन क्रांतिकारियों द्वारा रचित साहित्य। हमें उम्मीद है यह किताब देश के प्रमुख क्रांतिकारियों के जीवन और विचार को गहराई से जानने तथा भारतीय क्रांतिकारी आंदोलन के स्वरूप को समझने में मदद करेगी।

प्रबल सरन अग्रवाल
हर्षवर्धन त्रिपाठी
अंकुर गोस्वामी

चंद्रशेखर आज़ाद

चंद्रशेखर आज़ाद का जीवन उतार-चढ़ाव से भरा रहा। मध्य प्रदेश के बेहद पिछड़े इलाके के एक निर्धन परिवार में जन्म लेकर वह बंबई होते हुए बनारस पहुंचे और वहीं आज़ादी की लड़ाई में कूद पड़े। बनारस में ही वह क्रांतिकारियों में शामिल हो गये और काकोरी कांड के बाद दल को पुनर्गठित करते हुए इसके कमांडर इन चीफ चुने गये। इनके नेतृत्व में दल ने हैरतअंगेज़ कार्रवाइयों को अंजाम दिया और सैद्धांतिक रूप से भारतीय क्रांति के लिए समाजवाद का लक्ष्य निर्धारित किया। आज़ाद की मौत भी उनके जीवन की तरह ही असाधारण रही। इलाहाबाद में पुलिस से घिर जाने के बाद इन्होंने डटकर उसका मुक़ाबला किया और आख़िरकार पुलिस की गोलियों से शहीद हुए। हालांकि तब तक आज़ाद एक किंवदंती बन चुके थे और आज भी लोग आमतौर पर यही मानते है कि उन्होंने स्वयं को गोली मारी थी। सच चाहे जो भी हो लेकिन आज़ाद की कहानी मज़दूर वर्ग से आए एक ऐसे राजनीतिक कार्यकर्ता की कहानी है, जिसने क्रांतिकारी विचारधारा की बुलंदियों को छुआ और इतिहास की धारा को आगे बढ़ाने के लिए अपना जीवन होम कर दिया।

प्रारंभिक जीवन

चंद्रशेखर आज़ाद का जन्म 23 जुलाई, 1906 को आज के मध्य प्रदेश के झाबुआ ज़िले के ग्राम भावरा में हुआ था, जो उस समय अलीराजपुर रियासत के अधीन था। उनका परिवार बेहद ग़रीब था। उनके पिता सीताराम तिवारी एक उद्यान में चौकीदार थे और उनकी माता जगरानी देवी एक गृहिणी थीं। सीताराम मूलतः आज के उत्तर प्रदेश के उन्नाव ज़िले के बदरका गांव के रहनेवाले थे पर रोज़गार की तलाश में मीलों दूर अलीराजपुर में आकर बस गये थे। उस समय तक आज़ाद के बड़े भाई सुखदेव का जन्म हो चुका था।

गांव में पढ़ने-लिखने की कुछ खास व्यवस्था न थी, इसलिए थोड़ा बड़े होने पर

उनके पिता ने उनके और उनके बड़े भाई के लिए एक शिक्षक घर पर ही लगा दिया जिनका नाम था मनोहरलाल त्रिवेदी। मनोहरलाल जी के साथ एक बहुत रोचक घटना आज़ाद के बचपन में घटी। एक बार वे दोनों भाइयों को पढ़ा रहे थे कि तभी उनके उच्चारण में कुछ गलती हो गयी। चंद्रशेखर ने बेंत उठाई और उनको दे मारी। बोले, 'जब हम गलती करते है तो गुरुजी हमें बेंत से मारते हैं, आज इन्होंने गलती की।'

बालक चंद्रशेखर की निर्भीकता से सभी लोग चकित रह गये। कहा जाता है कि चंद्रशेखर के गांव के बाहर भीलों की बस्ती थी। उनकी निर्भीकता भील बच्चों के साथ खेलने-कूदने का परिणाम थी। भील लड़कों के साथ खेलते-खेलते चंद्रशेखर ने उनसे तीरंदाजी भी सीखी और इसी क्रम में वह एक कुशल तीरंदाज बन गये।

कठिन परिस्थितियों के बीच

चंद्रशेखर की पढ़ाई ज़्यादा दिन नहीं चल पाई। बहुत छोटी उम्र में ही उन्हें काम की तलाश में घर से बाहर निकलना पड़ा। चंद्रशेखर के पिता बहुत ही क्रोधी स्वभाव के थे और बात-बात पर उनकी पिटाई किया करते थे। इस चीज़ ने उन्हें विद्रोही बना दिया। उनके बड़े भाई सुखदेव की मृत्यु 12 साल की उम्र में ही हो गयी। घर की ख़राब आर्थिक स्थिति को देखते हुए चंद्रशेखर को नौकरी करनी पड़ी और वह तहसील के सरकारी दफ्तर में चपरासी लग गये। लेकिन चपरासी की नौकरी उनके स्वाभिमानी स्वभाव को रास न आई क्योंकि उन्हें हर आने-जाने वाले को सलाम ठोंकना पड़ता था। आख़िरकार एक दिन वे उड़नछू हो गये। हुआ यूं कि उनके गांव में एक मोती का व्यापारी आया जिससे उनकी मित्रता हो गयी। उसने चंद्रशेखर को मायानगरी बंबई की रंगीन कहानियां सुनाई। मौका मिलते ही चंद्रशेखर घर से निकल लिए और जैसे-तैसे बंबई पहुंच गये।

बंबई के एक बंदरगाह पर उन्हें कुली की नौकरी मिल गयी। वह दिन भर मेहनत करते और रात को थककर सो जाते। बंबई में काम करते हुए उन्होंने मज़दूरों और कामगारों की बुरी हालत देखी, जिससे वह काफी दुःखी हुए। वह मज़दूरों के साथ ही रहते और खाते-पीते। सोना भी कई लोगों के साथ एक खोली में होता था जिसमें न कोई खिड़की थी और न ही ताज़ा हवा आती थी। वहां रहते हुए वह फ़िल्मों के भी

शौकीन हो गये। फिल्में इसलिए भी देखने लगे कि इसी कारण कुछ समय के लिए खोली की सड़ांध भरी ज़िंदगी से छुटकारा मिल जाता। वह हर रविवार सिनेमा देखने जाते और अपने पुराने कपड़े फेंक कर हफ़्ते भर की कमाई से नये कपड़े खरीद लेते।

चंद्रशेखर का पालन-पोषण ब्राह्मणवादी मूल्यों के बीच हुआ था। शुरुआत में ग़रीब मज़दूरों के बीच उन्हें खाने-पीने में काफ़ी तकलीफ़ होती थी लेकिन फ़कीरी के इस जीवन में उनके ब्राह्मणवादी संस्कार ज़्यादा दिनों तक टिक नहीं पाये और वह कुछ समय बाद साथी मज़दूरों के हाथ का बना खाना खाने लगे। बाद में उन्होंने एक होटल में अपने खाने का इंतज़ाम कर लिया।

जल्द ही इस यंत्रवत जीवन से वह ऊब गये। उन्होंने सुना था कि बनारस में ब्राह्मण पुत्रों को मुफ़्त में शिक्षा-दीक्षा मिलती है इसलिए उन्होंने बनारस जाने की ठान ली और एक दिन होटल से सीधा रेलवे स्टेशन गये और बनारस जाने वाली ट्रेन में बैठ गये। बनारस पहुंच कर उन्होंने अपने पुराने शिक्षक मनोहरलाल जी से संपर्क किया और उनकी मदद से काशी विद्यापीठ के संस्कृत विद्यालय में दाख़िला ले लिया जहां से उनके क्रांतिकारी जीवन की शुरुआत हुई।

राजनीति में प्रवेश

सन 1921 की बात है। गांधीजी ने देश में असहयोग आंदोलन छेड़ रखा था। छात्रों-युवाओं का अभूतपूर्व तरीके से राजनीतिकरण हो रहा था। बनारस के स्कूल-कॉलेज भी इस आंदोलन के केंद्र बन गये थे। हॉस्टल के छात्र राजनीति की ओर आकर्षित हो रहे थे। चंदशेखर भी सत्याग्रही हो गये। यह उनके जीवन में एक बड़ा बदलाव था और इसके बाद तो वह घटना घटी, जिसने उनके मन में साम्राज्यवाद के प्रति घोर नफ़रत पैदा कर दी। एक प्रदर्शन के दौरान चंद्रशेखर और उनके युवा साथी गिरफ़्तार हो गये। उन्हें मजिस्ट्रेट के सामने पेश किया गया। जब मजिस्ट्रेट ने बालकों से उनका नाम पूछा तो उन्होंने डर के मारे उल्टा-सीधा नाम बक दिया। लेकिन जब चंद्रशेखर की बारी आई तो पता नहीं उनमें कहां से इतनी हिम्मत आ गयी।

मजिस्ट्रेट ने पूछा, 'नाम ?'

उतर मिला, 'आज़ाद !'

'बाप का नाम ?'

'स्वाधीनता'

मजिस्ट्रेट ने क्रोधित होकर पूछा, 'रहते कहां हो ?'

चंद्रशेखर ने तपाक से उत्तर दिया, 'जेलखाने में !'

ऐसे जवाब सुनकर मजिस्ट्रेट आगबबूला हो गया और उसने आज़ाद को पंद्रह कोड़े और जुर्माना भरने की सज़ा दी। चंद्रशेखर उस समय 14-15 वर्ष के थे। उन्होंने जुर्माना अदा करने से मना कर दिया जिस कारण उन्हें एक हफ़्ते के लिए जेल की सज़ा भी हो गयी। उन्हें जेल ले जाया गया और 15 कोड़े लगाये गये। हर कोड़े पर उन्होंने 'महात्मा गांधी की जय' का नारा लगाया। इस घटना ने उनको बनारस में मशहूर कर दिया। इसके बाद 'आज़ाद' शब्द हमेशा के लिए उनके नाम के साथ जुड़ गया।

एक सप्ताह बाद 'आज़ाद' को छोड़ा गया। जब जेलर ने दो रुपये का नोट जेल में की गयी मशक्कत के बदले उन्हें दिया तो वह नोट उसके मुंह पर मारते हुए बाहर आये।

जेल से छूटने के बाद आज़ाद ने कांग्रेस के कार्यक्रमों में भाग लेना शुरू कर दिया और इस दौरान कांग्रेस के नेता जब भी उनका किसी से परिचय कराते तो मजिस्ट्रेट की अदालत में हुए वाकये का ज़िक्र ज़रूर करते। उनके सम्मान में बनारस की कांग्रेस कमेटी ने एक सभा रखी। जब मंच पर लोगों को छोटे कद के कारण आज़ाद दिखाई नहीं दिए तो एक स्टूल पर खड़ा करके उनका भाषण करवाया गया। वे बस इतना ही बोले –

'अब दोबारा कभी अंग्रेज़ों के हाथ नही आऊंगा!'

जेल की प्रताड़ना और आंदोलन के पुलिसिया दमन ने आज़ाद के मन पर गहरा असर डाला। एक पिछड़े हुए गांव से भाग कर आया एक ग़रीब घर का लड़का अब एक सचेत राजनीतिक कार्यकर्ता बन गया था। आज़ाद पर दूसरे लड़कों की भी नज़र पड़ी। उनमें से कुछ गुप्त रूप से क्रांतिकारियों के लिए काम करते थे। इनमें मुख्य थे – मन्मथनाथ गुप्त और प्रणवेश चटर्जी। जल्द ही इन्होंने आज़ाद से मित्रता बढ़ायी और उन्हें क्रांतिकारी पार्टी में भर्ती कर लिया। आज़ाद का भी अब अहिंसा के ऊपर से विश्वास डगमगा चुका था।

एचआरए के 'क्विकसिल्वर'

असहयोग आंदोलन की विफलता के बाद भारतीय क्रांतिकारियों को यह विश्वास हो गया था कि देश की आज़ादी केवल सशस्त्र क्रांति से संभव है। रूस की सफल क्रांति, आयरलैंड के स्वतंत्रता युद्ध और तुर्की की क्रांति के उदाहरण उनके सामने थे. देश में जगह-जगह किसान आंदोलन चल रहे थे और मज़दूर संगठनों का उदय हो रहा था। समाजवादी विचारधारा से संबंधित साहित्य भारत पहुंच रहा था, दूसरी तरफ़ कांग्रेस के नेता संघर्ष के मार्ग से भटक कर एक तरफ़ विधानवाद के जाल में फंस गये थे तो दूसरी तरफ़ सांप्रदायिक राजनीति को हवा दे रहे थे। ऐसे में देश के पुराने क्रांतिकारियों ने पुनः संगठित होने की ज़रूरत महसूस की। अभी-अभी कालापानी से लौटे शचीन्द्रनाथ सान्याल ने उत्तर प्रदेश में इसका ज़िम्मा लिया। उन्होंने सन 1923 में हिंदुस्तान रिपब्लिकन एसोसिएशन नामक एक संगठन की नींव डाली जिसमें उन्हें बंगाल के योगेशचंद्र चटर्जी, बनारस के शचीन्द्रनाथ बख्शी, शाहजहांपुर के राम प्रसाद बिस्मिल एवं अन्य साथियों का सहयोग मिला।

बनारस में दल के नेता शचीन्द्रनाथ बख्शी और राजेंद्र लाहिड़ी थे। बाद में बख्शी झांसी चले गये। लाहिड़ी ने आज़ाद, मन्मथ और दूसरे नये रंगरूटों को क्रांतिकारी साहित्य में शिक्षा और शारीरिक प्रशिक्षण की दीक्षा देना शुरू किया। क्रांतिकारी संगठन से जुड़ने के बाद आज़ाद के लिए ज़रूरी था कि वह क्रांतिकारी साहित्य भी पढ़ना प्रारंभ करें। पर चूंकि उनकी आरंभिक शिक्षा-दीक्षा बहुत कम हुई थी इसलिए सैद्धांतिक किताबों को समझना उनके लिए आसान नहीं था। इस बाधा को दूर करने के लिए उन्होंने अपने क्रांतिकारी साथियों की सहायता लेनी शुरू कर दी। हिंदुस्तान रिपब्लिकन एसोसिएशन के पूर्णकालिक सदस्य बनने के क्रम में उन्होंने इतावली क्रांतिकारियों मेजिनी और गैरीबाल्डी के साथ-साथ आयरिश क्रांतिकारी टेरेंस मैकस्विनी की जीवनियां भी पढ़ीं और शचींद्रनाथ सान्याल की आत्मकथा *बंदी जीवन* भी। इसी सिलसिले में उन्होंन रौलेट कमेटी की रिपोर्ट, रूसी, आयरिश, फ्रांसीसी और इतालवी क्रांति के इतिहास के साथ-साथ *आनंदमठ*, गुरु गोविंद सिंह, शिवाजी, राणा प्रताप जैसे व्यक्तित्वों की जीवनियां पढ़ीं। ये सब संगठन के सदस्यों को अनिवार्यत : पढ़नी होती थीं।

शुरू में आज़ाद ने दल के छोटे-मोटे काम किये जिनकी अपेक्षा एक नये कार्यकर्ता से की जाती थी जैसे पर्चे बांटना, चिट्ठियां पहुंचाना आदि। उन्होंने दल के लिए और लोगों को भर्ती किया जैसे रामकृष्ण खत्री। कम उम्र के कारण अभी पार्टी के नेताओं को उन पर पूरी तरह विश्वास नहीं था लेकिन जैसे-जैसे उन्होंने अपनी बुद्धि को विकसित किया और शरीर को मज़बूत बनाया, उन्हें पार्टी के सर्वोच्च नेता रामप्रसाद बिस्मिल ने दूसरे गुप्त और महत्त्वपूर्ण कार्यों में भी सम्मिलित करना शुरू कर दिया। इन कार्यों में सबसे महत्त्वपूर्ण कार्य था – डकैती। शचीन्द्रनाथ बख्शी लिखते हैः

> 17 वर्ष की अवस्था से ही वह (आज़ाद) 'एक्शंस' में बुलाये जाने लगे। प्रथम अवसर पर जब उन्हें एक्शन में साथ लिया गया उस समय हम 22 क्रांतिकारी शाहजहांपुर से चलकर रेल द्वारा दूसरे ज़िले के एक मुफस्सिल स्टेशन पहुंचे ... हमारे साथ काफ़ी अस्त्र-शस्त्र थे। स्टेशन पर सहज ही मेरे मन में यह जिज्ञासा उत्पन्न हुई कि मैं यह अनुमान लगाऊं कि यदि स्टेशन पर पुलिस रेड हो जाए तो हममें से कौन पकड़ा जायेगा और कौन अपने आपको बचा ले जायगा ... मैंने देखा कि करीब-करीब सभी पकड़े जा सकते हैं। रामप्रसाद बिस्मिल तथा अशफ़ाकुल्लाह का व्यक्तित्व ही ऐसा था कि कभी भीड़ में वे छिप नहीं सकते थे ... मैंने फिर एक बार साथियों पर दृष्टि डाली, तो आज़ाद कही दिखाई नहीं दिए ... मैंने उनके लिए दृष्टि दौड़ाई तो देखता क्या हूं कि आज़ाद एक लाठी टेकती हुई बुढ़िया को सहारा देकर चले आ रहे हैं। साथ ही बुढ़िया दादी से ठेठ देहाती भाषा में बातें करते जा रहे हैं ... बाद में वह बाहर की भीड़ में इस प्रकार घुल-मिल गये कि मेरी दृष्टि उन्हें खोजने पर भी न पा सकी ... तब मैंने यह अनुभव किया कि पुलिस के छापे में यदि सबके सब भी पकड़े जाएं तो भी आज़ाद पुलिस के हाथ नहीं लगेंगे, क्यूंकि वह धरतीपुत्र जो हैं इसलिए उस धरती के वातावरण में सहज ही घुल-मिल गये। इसके बाद चंद्रशेखर आज़ाद काकोरी ट्रेन डकैती तक प्रायः सभी डकैतियों में रहे। उस समय तक बमरोली, बिचपुरी, सराय महेश, द्वारकापुर की डकैतियों के एक्शंस हो चुके थे। इन सभी में आज़ाद साथ थे।

डकैती डालना क्रांतिकारियों की मजबूरी थी क्योंकि वे लोग अंग्रेज़ों के ख़िलाफ़ सशस्त्र विद्रोह की तैयारी में लगे हुए थे और हथियार ख़रीदने के लिए धन आवश्यक था। अधिकतर क्रांतिकारी निम्न-मध्यवर्ग या निम्न वर्ग से आते थे इसलिए उनके पास अधिक पैसे नहीं थे। एक गुप्त संगठन के लिए चंदा मांगना भी थोड़ा मुश्किल था। इसीलिए सेठ, ज़मींदार और सूदखोर साहूकारों के घर डाका डाला जाता था। इन कार्रवाइयों में आज़ाद को भी शामिल किया जाने लगा। लेकिन पढ़े-लिखे छात्रों के लिए इस तरह का काम करना आसान नहीं था क्योंकि कई बार जिस व्यक्ति के घर पर डाका डाला जाता था उसके परिवार वाले अड़ंगा लगाने लगते थे या बाकी गांव वाले बीच में आ जाते थे। ऐसे में क्रांतिकारियों के लिए गोली चलाना बहुत मुश्किल हो जाता था क्योंकि वह किसी निर्दोष की हत्या नहीं करना चाहते थे।

इन कार्रवाइयों से ज़्यादा पैसा भी हाथ नहीं आ रहा था। उसी समय अचानक पार्टी को बड़ी धनराशि की आवश्यकता पड़ गयी। दरअसल जर्मनी से हथियारों का एक ज़ख़ीरा भारत आ रहा था। उसे ध्यान में रखकर बिस्मिल ने इस बार सरकारी ख़जाने पर हाथ डालने का फ़ैसला किया। 9 अगस्त, 1925 को सहारनपुर से लखनऊ जा रही 8 डाउन पैसेंजर ट्रेन को काकोरी स्टेशन के पास लूट लिया गया।इस कार्रवाई को अंजाम दिया कुल 10 क्रांतिकारियों ने जिनमें 19 वर्षीय आज़ाद भी थे। अब तक आज़ाद बिस्मिल के विश्वासपात्र बन चुके थे। उनकी ऊर्जा और चपलता के कारण बिस्मिल ने उन्हें 'क्विकसिल्वर' का नाम दिया था। बिस्मिल एक आर्य समाजी थे और छुआछूत, रूढ़िवाद तथा अंधविश्वास के सख़्त ख़िलाफ़ थे। उनके प्रभाव में आज़ाद का ब्राह्मणवाद भी धीरे-धीरे ख़त्म होने लगा। बनारस के पार्टी इंचार्ज लाहिड़ी तो और भी आधुनिक विचारों के थे। वह सामाजिक कुरीतियों, धर्म और जातिवाद के ख़िलाफ़ पार्टी में बहस चलाते रहते थे। इन सब का प्रभाव आज़ाद पर पड़ा और उनका वैचारिक विकास हुआ। हालांकि पढ़ने-लिखने से ज़्यादा उनकी रुचि व्यवहारिक काम में थी।

काकोरी की घटना के बाद क्रांतिकारियों के हाथ पैसे और हथियार तो लग गये लेकिन उनकी धर-पकड़ भी शुरू हो गयी। आज़ाद बनारस से गायब हो गये और झांसी चले गये जहां पहले ही बख़्शी ने उनकी पहचान कुछ नये लड़कों से, जो

विक्टोरिया कॉलेज, ग्वालियर के छात्र थे और मास्टर रूद्रनारायण से करा रखी थी।

सातार नदी के तट पर

पुलिस से बचने के लिए आज़ाद ने साधु का भेष धारण किया और सातार नदी के तट पर एक कुटिया बनाकर रहने लगे। पास के गांव वालों को रामायण पढ़कर सुनाते और बदले में जो भी भोजन आदि मिलता ग्रहण कर लेते। यहीं पर वह व्यायाम भी कर लेते। वह हरिशंकर ब्रह्मचारी के नाम से प्रसिद्ध हो गये। आसपास के राजे-रजवाड़ों में भी उनकी चर्चा होने लगी। विशेषकर खानियाधाना के राजा को उनसे विशेष स्नेह हो गया। यहां तक कि आज़ाद उनके साथ शिकार पर भी जाने लगे।

लेकिन सातार के तट पर यह ढोंग आज़ाद ने सिर्फ़ पुलिस से बचने के लिए नहीं किया बल्कि यहां रहकर वह चुपचाप क्रांतिकारी संगठन के बिखरे हुए सूत्रों को एक-एक करके जोड़ रहे थे। इसमें उनको सहयोग दिया झांसी के मास्टर रुद्रनारायण, विश्वनाथ वैशम्पायन और ग्वालियर के विक्टोरिया कॉलेज के छात्र – भगवान दास माहौर और सदाशिवराव मलकापुरकर ने। आज़ाद राजा साहब खानियाधाना की मदद से इन लोगों को भी शिकार के बहाने बंदूक चलाने का अभ्यास करवा देते थे।

स्थिति थोड़ी ठीक हुई तो आज़ाद ने झांसी शहर में एक मोटर मैकेनिक की नौकरी पकड़ ली। लेकिन उनकी आर्थिक स्थिति बहुत ख़राब थी। कई-कई दिन खाना नसीब नहीं होता था। माहौर और मलकापुरकर अपने घर से उनके लिए रोटी चुरा कर लाते थे।

इसी समय का आज़ाद का एक प्रसिद्ध चित्र मास्टर रुद्रनारायण द्वारा खींचा गया जिसमें वह छाती पर जनेऊ बांधे मूंछों को ताव दे रहे हैं। कई लोगों ने इसे उनकी ब्राह्मणवादी मानसिकता का प्रमाण बताया है। ये लोग भूल जाते है कि इस तस्वीर में वह हरिशंकर ब्रह्मचारी के भेष में हैं। आगे चलकर एचएसआरए की स्थापना के समय पर यह फ़ैसला हुआ कि उसका कोई भी सदस्य किसी प्रकार के धार्मिक अथवा जातीय चिह्न का प्रयोग नहीं करेगा।

आज़ाद ने काकोरी केस में बंद साथियों को जेल से छुड़ाने का काफ़ी प्रयास किया लेकिन वे असफल रहे। अब उन्होंने सारा ध्यान दल को पुनर्गठित करने पर लगाया।

एचएसआरए की स्थापना और सांडर्स की हत्या

काकोरी कांड के बाद क्रांतिकारी आंदोलन बिखर चुका था। आज़ाद क्रांतिकारियों में एकमात्र प्रमुख व्यक्ति थे, जो जेल से बाहर थे इसलिए उन पर एक बड़ा दायित्व आ गया था कि संगठन को कैसे बचाएं और सक्रिय रखें। इस अभियान में उनको सहयोग मिला पंजाब के क्रांतिकारियों – भगत सिंह और सुखदेव का और उत्तर प्रदेश में सक्रिय पार्टी के कार्यकर्ताओं का। इनके आपसी सहयोग और अथक परिश्रम की वजह से क्रांतिकारियों की एक नई खेप तैयार होने लगी जिसने ताकतवर अंग्रेज़ी हुकूमत को फिर से चुनौती देना शुरू कर दिया, नयी ऊर्जा और गहन वैचारिकता के साथ।

तीन साल के कठिन परिश्रम के बाद आख़िरकार पार्टी पुनः संगठित हो पाई। 8-9 सितंबर, 1928 को भगत सिंह, सुखदेव, शिव वर्मा, विजय कुमार सिन्हा आदि की पहल से दिल्ली के फिरोज़शाह कोटला में क्रांतिकारियों की एक गुप्त बैठक हुई जिसमें क्रांतिकारी आंदोलन का एक नया कार्यक्रम बनाया गया। आज़ाद कुछ कारणों से इस मीटिंग में हिस्सा नहीं ले पाये लेकिन उन्होंने भगत सिंह को लिख भेजा था कि यहां जो भी फ़ैसला सर्वसम्मति से होगा उन्हें मंज़ूर होगा। जनवादी केंद्रीकरण (डेमोक्रेटिक सेंट्रलिज्म) के सिद्धांत पर एक केंद्रीय समिति का गठन हुआ जिसमें चंद्रशेखर आज़ाद, भगत सिंह, सुखदेव, शिव वर्मा, जयदेव कपूर, विजय कुमार सिन्हा, कुंदन लाल, फणीन्द्र नाथ घोष, मनमोहन बनर्जी आदि को शामिल किया गया। संगठन का नाम 'हिंदुस्तान रिपब्लिकन एसोसिएशन' से बदलकर 'हिंदुस्तान सोशलिस्ट रिपब्लिकन एसोसिएशन' किया गया।

चंद्रशेखर आज़ाद नये संगठन के कमांडर-इन-चीफ व सैनिक विभाग के प्रमुख चुने गये। विजय कुमार सिन्हा और भगत सिंह को प्रचार प्रसार, अंतरराष्ट्रीय संबंध और अंतरप्रांतीय समन्वय बनाने की ज़िम्मेदारी दी गयी थी, वहीं अलग-अलग साथियों को अलग-अलग प्रांत में संगठन निर्माण की ज़िम्मेदारी दी गयी। आमतौर पर यह प्रचलित है कि संगठन में 'समाजवादी' शब्द जोड़ने का आग्रह सिर्फ़ भगत सिंह का था। इस संदर्भ में यहां यह बता देना ज़रूरी है कि 'समाजवादी' शब्द जोड़ने

का प्रस्ताव सुखदेव और भगत सिंह ने साथ में रखा था जिसका अनुमोदन विजय कुमार सिन्हा और शिव वर्मा ने किया था। दल के नाम में बदलाव और समाजवाद का लक्ष्य सांगठनिक निर्णय था न कि व्यक्ति विशेष का।

वैसे तो नवगठित एचएसआरए पुराने हिंदुस्तान रिपब्लिकन एसोसिएशन का ही नया रूप था पर दो अंतर भी थे। एक तो समाजवाद की स्थापना का लक्ष्य रखा गया और दूसरे सभी तरह के धार्मिक और जातीय प्रतीकों और चिह्नों को तिलांजलि दे दी गयी। सभी सदस्यों के लिए अनिवार्य कर दिया गया कि वे न जनेऊ पहनेंगे, न तिलक लगाएंगे और न सिख धर्म के अनुसार केश बढ़ाएंगे।

आज़ाद झांसी से पार्टी के नये मुख्यालय आगरा आ गये। आगे चलकर उन्हीं के नेतृत्व में पार्टी ने सांडर्स को मौत के घाट उतारा। इसके बाद आज़ाद सुखदेव की माता जी के साथ तीर्थयात्री का भेष बनाकर ही लाहौर से बाहर निकल पाये थे। वेश बदलने में तो वह माहिर थे ही। अब तक आज़ाद एक ज़बरदस्त संगठनकर्ता और बेहतरीन सेनापति के रूप में विकसित हो चुके थे। उन्होंने उत्तर भारत के कई ज़िलों में पार्टी के केंद्र स्थापित किये। अनुशासन, विचारधारा और त्याग की भावना को विशेष महत्त्व दिया। पार्टी अब समाजवाद को अपना लक्ष्य घोषित कर चुकी थी और आज़ाद और भगत सिंह के नेतृत्व में मार्क्सवाद की विधिवत पढ़ाई शुरू हुई। लेकिन क्रांतिकारी बेहद विषम परिस्थितियों में अपना आंदोलन चला रहे थे। धन की बेहद कमी थी। आज़ाद ने अपने कैडरों को कम से कम ख़र्च में जीना सिखाया और बलिदान का उदाहरण सबसे आगे बढ़ कर पेश किया। ख़तरनाक कामों में वह हमेशा सबसे आगे रहे और सभी साथियों के स्वास्थ्य, आचरण और राजनीतिक एवं सैनिक प्रशिक्षण पर उन्होंने विशेष ध्यान दिया। भगत सिंह के संपर्क में आकर वह भी पक्के नास्तिक बन गये और उनके सभी पुराने संस्कार जाते रहे। अब वह समाजवादी विचारधारा से लैस और अंतरराष्ट्रीयवाद के समर्थक, किसान- मज़दूर राज्य के लिए संघर्षरत एक विवेकशील क्रांतिकारी थे।

असेंबली बम कांड और अन्य कार्रवाइयां

1929 का साल भारत में मज़दूर आंदोलनों का साल था। महामंदी के कारण

फैक्ट्रियों का माल बहुत कम बिक रहा था और फैक्ट्री मालिकों का मुनाफ़ा थोड़ा कम हो गया। इस कारण उन्होंने मज़दूरों की छंटनी शुरू कर दी और कम मज़दूरों से ज़्यादा काम लेना शुरू कर दिया। श्रमिकों की स्थिति बेहद दयनीय हो गयी। इसका नतीजा हुआ देशभर में हड़तालों का दौर। 1928-29 में मुंबई के कपड़ा मज़दूरों ने एक साल की ऐतिहासिक हड़ताल की। अहमदाबाद, शोलापुर, कलकत्ता, जमशेदपुर, मद्रास के मज़दूरों के साथ रेलवे मज़दूर भी आंदोलन में कूद पड़े। जमशेदपुर में टिस्को के 26,000 मज़दूरों ने हड़ताल कर दी और कलकत्ता में 2 लाख 72 हज़ार जूट मिल के मज़दूरों ने काम रोक दिया। इन मज़दूरों को संगठित कर रहे थे कम्युनिस्ट कार्यकर्ता जिनकी पार्टी धीरे-धीरे देश में पैर जमा रही थी। ये कार्यकर्ता ब्रिटिश सरकार और पूंजीपतियों की आंख की किरकिरी बन गये। मार्च 1929 में एक साथ देश भर से 31 कम्युनिस्ट नेता गिरफ़्तार कर लिए गये।

मज़दूर आंदोलन को दबाने के लिए सरकार दो बिल लेकर आयी : पब्लिक सेफ्टी बिल और ट्रेड डिस्प्यूट बिल। एचएसआरए ने फ़ैसला किया कि उसे इस मामले में दख़ल देना होगा। भगत सिंह ने प्रस्ताव रखा कि जिस दिन केंद्रीय असेंबली में ये दोनों बिल पास होंगे उसी दिन वहां पर बम फेंका जाए। बम फेंकने के बाद अपनी गिरफ़्तारी दी जाए और अदालत में अच्छा सा बयान दिया जाए, जिससे जनता को पता चले कि क्रांतिकारी पार्टी की क्या विचारधारा है। काफ़ी बहस के बाद इस काम के लिए भगत सिंह और बटुकेश्वर दत्त को चुना गया। बम फेंकने के बाद असेंबली हॉल में जो पर्चे फेंके गये वे बलराज (आज़ाद का पार्टी नाम) द्वारा हस्ताक्षरित थे। इस प्रकार आज़ाद के नेतृत्व में एचएसआरए एक अंतरराष्ट्रीय ख्याति प्राप्त संगठन के रूप में उभरा।

एचएसआरए का अगला एक्शन था वायसराय की गाड़ी के नीचे बम लगाना। आज़ाद इस योजना से सहमत नहीं थे लेकिन जब भगवतीचरण वोहरा और यशपाल ने बड़ी बहादुरी से इस कार्रवाई को अंजाम दिया तो उन्होंने दोनों की पीठ थपथपाई। भगत सिंह की गिरफ़्तारी के बाद आज़ाद को लगा कि अब उत्तर भारत के बाहर पार्टी का काम फैलाया जाए। उन्होंने झांसी के अपने विश्वस्त साथियों – माहौर और मलकापुरकर को राजगुरु के पास बंबई रवाना किया। लेकिन वे लोग बीच रास्ते में भुसावल स्टेशन पर ही पकड़े गये। किसी तरह जेल से ही उन लोगों ने आज़ाद से

संपर्क साधा और यह दरख़्वास्त की कि एक पिस्तौल उन लोगों के पास पहुंचा दी जाए जिससे वे लोग अपने मुकदमे के दौरान लाहौर केस के सरकारी गवाहों – जयगोपाल और फणीन्द्रनाथ घोष को गोली से उड़ा सकें। माहौर लिखते हैं,

> एक दिन अदालत में मुक़दमे के दौरान लंच ब्रेक हुआ ... खाते खाते मैंने चट से जेब से पिस्तौल निकाला और ... जयगोपाल और फणीन्द्र ... की ओर झपटा। मैंने दोनों पर एक-एक गोली चला दी ... परन्तु दुर्भाग्य से मेरा पिस्तौल फिर जाम हो गया और गोली किसी भी एप्रूवर के मर्म पर न बैठी ... मेरा फिर (सब-इंस्पेक्टर) नानकशाह से सामना हो गया ... मूर्खतावश मैंने अपने जाम हुए पिस्तौल को उसपे तान दिया ... वह मेरे ऊपर टूट पड़ा और दूसरे ही क्षण मैं नानकशाह के भारी भरकम शरीर के नीचे धरती पर आ रहा।

माहौर और मल्कारपुरकर दोनों को कारावास की सज़ा हो गयी।

इस तरह एक-एक करके कई साथियों के गिरफ़्तार हो जाने का आज़ाद को बड़ा दुःख था। वह बोले, 'मेरा क्या यही काम है कि मैं नये नये लड़कों को ट्रेनिंग दूं और उन्हें मौत के मुंह में उतार दूं? अब जो भी करेंगे साथ में ही करेंगे'। उन्होंने फ़ैसला किया कि अब सारा ध्यान भगत सिंह और उनके साथियों को जेल से छुड़ाने में लगाएंगे। वह सभी साथियों के साथ लाहौर पहुंचे और जेल पर हमला करने की तैयारी होने लगी लेकिन इसी बीच बम का परीक्षण करते हुए भगवतीचरण के प्राण पखेरू उड़ गये। यह आज़ाद के लिए बहुत गहरा आघात था। भगत सिंह पहले से जेल में थे और अब भगवती भाई भी नहीं रहे। आज़ाद का तो जैसे दायां हाथ ही कट गया। वह भगवती की पत्नी दुर्गा भाभी से बोले, 'भाभी तुम हमारी मां हो! आज से तुम्हारी और शची (उनके बेटे) की ज़िम्मेदारी पार्टी की है।' भाभी भी विचित्र प्राणी थीं। न सिर्फ़ उन्होंने अपने को संभाला बल्कि पार्टी के काम में भी पहले से ज़्यादा सक्रिय हो गयीं।

आज़ाद के नेतृत्व में क्रांतिकारी पार्टी का रवैया महिलाओं के प्रति पूरी तरह बदल चुका था। जहां पहले बिस्मिल के समय में ब्रह्मचर्य पर ज़ोर दिया जाता था वहीं अब क्रांतिकारी समझ चुके थे कि साम्राज्यवाद विरोधी लड़ाई को पुरुषों और महिलाओं को

कंधे से कंधा मिलाकर लड़ना है। यह तथ्य भी आज़ाद की प्रगतिशीलता का परिचायक है। अतः पार्टी में दुर्गा देवी के अलावा सुशीला मोहन और प्रकाशवती जैसी महिला क्रांतिकारी भी सक्रिय हुईं।

भगवती चरण वोहरा की मृत्यु के बाद भी आज़ाद ने भगत सिंह को छुड़ाने की योजना स्थगित नहीं की। एक जून 1930 को वे लोग जेल के बाहर पहुंच गये और भगत सिंह के इशारे का इंतज़ार करने लगे। लेकिन भगत सिंह उनके सामने से गुज़र गये फिर भी उन्होंने कोई इशारा नहीं किया। बाद में पता चला कि भगवती की मृत्यु की खबर भगत को मिल गयी थी और अब उन्होंने जेल से भागने का विचार त्याग दिया था। उसी रात को एक और बेहद दुर्भाग्यपूर्ण घटना हो गयी। क्रांतिकारी जिस मकान में रुके हुए थे, वहां विस्फोट हो गया और उन सबको आधी रात को वहां से फ़रार होना पड़ा। हुआ यूं कि अलमारी में कुछ बम रखे हुए थे लेकिन उनकी पिन ठीक से नहीं लगी हुई थी इसलिए वे अपने आप ही फट गये। आज़ाद ने पड़ोस के इंजीनियर को अपनी सचाई बताते हुए कहा, 'अगर तुम्हें पुलिस को बुलाना है तो बेशक बुला लेना लेकिन पहले हम लोगों को निकल जाने दो।' आज़ाद ने बहुत ही सावधानीपूर्वक अपने सभी साथियों को लाहौर से बाहर निकाला।

इसके बाद आज़ाद दिल्ली आ गये। दिल्ली में पार्टी का एक अच्छा-ख़ासा केंद्र स्थापित हो चुका था जिसमें भविष्य के यशस्वी साहित्यकार सच्चिदानंद हीरानंद वात्स्यायन 'अज्ञेय' भी शामिल थे। 6 जून 1930 को आज़ाद के नेतृत्व में पार्टी ने कूंचा नटवा में गाड़ोडिया की कोठी पर डाका डाला जिसमें उनके हाथ 13 हज़ार रुपये लगे। इन पैसों की मदद से दिल्ली में एक गुप्त बम फैक्ट्री स्थापित की गयी।

पार्टी में फूट और नयी योजनाएं

इन्हीं दिनों आज़ाद और उनके दो साथियों यशपाल और वीरभद्र तिवारी का आपस में मतभेद हो गया और पार्टी के टूटने की स्थिति बन गयी। मजबूरन सितंबर 1930 में आज़ाद ने एचएसआरए की केंद्रीय समिति भंग कर दी और सभी प्रांतीय समितियों को स्वतंत्र काम करने का आदेश दिया। अक्टूबर में लाहौर षड्यंत्र केस का फ़ैसला आ गया और भगत सिंह, सुखदेव व राजगुरु को फांसी की सजा मुक़र्रर हो

गयी। इसका जवाब देने के लिए दुर्गा भाभी और अन्य साथियों ने मुंबई के लेमिंगटन रोड पुलिस स्टेशन पर हमला कर दिया। यह कार्रवाई बिना आज़ाद की इजाज़त के की गयी थी। जब बाद में दुर्गा आज़ाद से इलाहाबाद में मिलीं तो आज़ाद काफ़ी गुस्सा हुए और उन्होंने कहा, 'गांधीजी और वायसराय के बीच समझौता होने वाला है। गांधीजी से मिल कर देखो अगर वे भगत सिंह के लिए कुछ कर सकते हैं।' दुर्गा गांधीजी से मिलीं लेकिन वार्ता असफल रही।

अब तक आज़ाद, भगत सिंह और बाकी साथियों के समझ में आ गया था कि भारत में क्रांति गुप्त संगठनों द्वारा नहीं बल्कि किसानों और मज़दूरों के नेतृत्व में ही होगी। आज़ाद ने अब सशस्त्र कार्रवाई की जगह किसानों और मज़दूरों को संगठित करने पर ज़ोर दिया और कहा कि अब वह बस एक छोटे से सशस्त्र दस्ते को ट्रेनिंग देंगे और बाकी लोग जन संगठनों में लगें। लाहौर षड्यंत्र केस के एक प्रमुख अभियुक्त अजय घोष, जो प्रमाण नहीं मिलने की वजह से बरी कर दिए गये और जो आगे चलकर भारतीय कम्युनिस्ट पार्टी के महासचिव बने, चंद्रशेखर आज़ाद के विचारों में इस परिवर्तन के बारे में लिखते हैं,

> आज़ाद का विचार था कि अधिक से अधिक साथी किसानों-मज़दूरों का संगठन तथा अन्य जन-कार्य करने के लिए जाएं और वह स्वयं तथा अन्य कुछ क्रांतिकारी भविष्य की क्रांति के लिए सशस्त्र क्रांतिकारियों को अस्त्र-शस्त्र की शिक्षा दें ... इस आधार पर आज़ाद पार्टी को फिर से संगठित करना चाहते थे ...

आज़ाद ने अपने क्रांतिकारी जीवन की शुरुआत एक प्रखर राष्ट्रवादी के रूप में की थी और उनका राजनीतिक विकास उसी वैचारिक पथ पर हुआ जिस पर तत्कालीन क्रांतिकारी राजनीति की यह धारा विकसित हुई। कहा जा सकता है कि हिंदुस्तान रिपब्लिकन एसोसिएशन जिस प्रक्रिया में 'हिंदुस्तान सोशलिस्ट रिपब्लिकन एसोसिएशन' बना, आज़ाद उसके प्रमुख प्रेरक थे। इस प्रक्रिया के तीन चरण थे – 1) उपनिवेशवाद विरोधी राष्ट्रवाद से क्रांतिकारी समाजवाद की ओर 2) गुप्त संघर्ष से जनसंघर्ष की ओर और 3) धार्मिक प्रतीकों को छोड़ प्रतिबद्ध निरीश्वरवाद की ओर।

जब अजय घोष चंद्रशेखर आज़ाद से मिले थे, तो क्रांतिकारियों का संगठन बिखरने की स्थिति में था। उस समय आज़ाद क्रांतिकारी आंदोलन को उत्तर भारत में पुनः संगठित करने की योजना बना रहे थे और पश्चिमी और दक्षिण भारत में विस्तारित करने की भी। इसके लिए उन्होंने कुछ साथियों को मार्क्सवाद की पढ़ाई और क्रांतिकारी रणनीति में प्रशिक्षण लेने के लिए सोवियत संघ भेजने की योजना बनायी। इसके लिए यशपाल (जिन्हें अब तक उन्होंने माफ़ कर दिया था) सुरेंद्रनाथ पांडेय और भवानी सिंह रावत का चयन किया गया।

आज़ाद ने मेरठ षड्यंत्र केस के कम्युनिस्ट अभियुक्तों से संपर्क साधा। उस समय राजेंद्रपाल सिंह वारियर मेरठ में एचएसआरए के मुख्य संगठनकर्ता थे। उनके भाई विजयपाल सिंह मेरठ षड्यंत्र केस में बचाव पक्ष के वकीलों में से थे। वह क्रांतिकारियों और केस के अभियुक्तों के बीच संपर्क का काम करने लगे। वारियर ने अपने संस्मरणों में लिखा है कि तय ये हुआ था कि मार्क्सवाद में प्रशिक्षण लेने के लिए चयनित क्रांतिकारी पहले मुंबई जाएंगे जहां ब्रिटिश कम्युनिस्ट पार्टी का एक सदस्य उनसे मिलेगा और वह उनको सोवियत संघ पहुंचाने की व्यवस्था करेगा। लेकिन इसी दौरान आज़ाद को एक दिन अचानक पुलिस ने इलाहाबाद के अल्फ्रेड पार्क में घेर लिया। उनके उस समय के सबसे विश्वस्त साथी विश्वनाथ वैशम्पायन, जो उनके अंगरक्षक की तरह भी थे, हाल ही में गिरफ़्तार कर लिए गये थे। अल्फ्रेड पार्क में उस दिन आज़ाद के साथ सुखदेवराज भी थे लेकिन आज़ाद ने उन्हें वहां से भगा दिया और अकेले ही दो घंटे तक पुलिस से लोहा लिया। अंत में वह पुलिस की गोलियों से वीरगति को प्राप्त हुए।

शहीद होने के कुछ हफ़्ते पहले ही आज़ाद ने गदर पार्टी के क्रांतिकारी पृथ्वी सिंह से उसी अल्फ्रेड पार्क में मुलाक़ात की थी और उनको भी सोवियत संघ में एचएसआरए के प्रतिनिधि बनकर जाने के लिए तैयार कर लिया था। लेकिन आज़ाद की शहादत से यशपाल और पांडेय को तो अपनी योजना स्थगित करनी पड़ी। यशपाल पार्टी के नये कमांडर इन चीफ चुने गये लेकिन कुछ महीनों बाद वह भी गिरफ़्तार हो गये। सुरेंद्र पांडेय भी पकड़े गये। अब पार्टी कई छोटे-छोटे हिस्सों में बंट गयी और काफ़ी कमज़ोर हो गयी। जेल में बंद अधिकतर साथियों ने काफ़ी सोचने-विचारने के बाद

कम्युनिस्ट पार्टी में शामिल होने का फ़ैसला किया।

चंद्रशेखर आज़ाद के जीवन का यह आख़िरी अध्याय इस बात का साक्ष्य है कि उनकी और क्रांतिकारियों की विचारधारा किस ओर अग्रसर थी। इसके अलावा देसी रियासतों और रजवाड़ों में क्रांतिकारी आंदोलन कैसे फैलाया जाए, इसके बारे में भी आज़ाद सोच रहे थे। इससे भी आज़ाद की वैचारिक प्रतिबद्धता का अंदाज़ा लगाया जा सकता है। उन्होंने यशपाल से कहा था,

> हम ब्रिटिश-भारत में गुलामी और ज़ुल्म के ख़िलाफ़ जान देने को फिरते है, परन्तु रियासतों में जो जुल्म हो रहा है, ब्रिटिश-भारत का जुल्म इसके मुकाबले में पासंग-बराबर भी नहीं। कई क्षण ख्याल आता है, ब्रिटिश-भारत को छोड़कर पहले इन रियासतों में ही काम किया जाए! सोचो तो, जो पशु इस ज़माने में दस-दस, बीस-बीस स्त्रियों को अपने हरम में रखना अपना अधिकार समझता हो, वह प्रजा के प्रति क्या न्याय करेगा?

आज़ाद ने अपनी यह राय तब रखी थी जब भारतीय राष्ट्रीय कांग्रेस तक देसी रियासतों में आम जनता के दुःख-दर्द के प्रति या तो उदासीन थी या उनके संघर्ष का दिखावटी समर्थन करती थी। साफ़ है कि आज़ाद की वैचारिक सहानुभूति किसके साथ थी। आज़ाद के गुरु मन्मथनाथ गुप्त ने लिखा है कि जब आज़ाद प्रसन्न मुद्रा में होते थे तो यह गीत गाते थे –

'जेहि दिन हो जाई सुरजिया
अरहर के दलिया धान के भतवा
ख़ूब कचर के खईबे ना
अरे जेहि दिन हो जाई सुरजिया'

हालांकि आज़ाद ने बहुत ज़्यादा लिखा नहीं है और वह सिद्धांतकार भी नहीं थे लेकिन एक ज़बरदस्त संगठनकर्ता थे और एचएसआरए के मुख्य सैनिक कमांडर होने के नाते इसके संगठन और कार्यक्रम के सजीव प्रतीक थे। अपने मकसद को साफ़-साफ़ व्यक्त करने के लिए एचएसआरए ने *बम का दर्शन* नाम से एक पुस्तिका

भी प्रकाशित की थी जिसके तीन संयुक्त लेखक थे – भगवती चरण वोहरा, य़शपाल और चंद्रशेखर आज़ाद। यह महात्मा गांधी द्वारा लिखित *बम की पूजा* (कल्ट ऑफ बॉम्ब) के जवाब में लिखा गया था। क्रांतिकारी मानते थे कि भारत की स्वतंत्रता का एक मज़बूत रास्ता सशस्त्र संघर्ष है। उनके मुताबिक भारतीय बुर्जआ वर्ग और ब्रिटिश साम्राज्यवाद के बीच नापाक गठबंधन था। उन्होंने 26 जनवरी 1930 को एचएसआरए का घोषणापत्र भी जारी किया जिसमें घोषित किया गया था कि उनका लक्ष्य ऐसे समाज की स्थापना है जिसमें न पूंजीवादी शोषण होगा और न साम्राज्यवादी दमन।

धर्म और आस्था का मुद्दा

चंद्रशेखर आज़ाद और उनके क्रांतिकारी सहयोगियों का धर्म के प्रति उपयोगितापरक दृष्टिकोण था, न कि सैद्धांतिक। रामकृष्ण खत्री ने, जिनको आज़ाद ने ही पार्टी में शामिल किया था, इस सिलसिले में एक घटना का उल्लेख किया है जिससे इस विषय को समझा जा सकता हैः

> पार्टी के काम के लिए धन की ज़रूरत थी इसलिए गाज़ीपुर के पास एक मठ को लूटने की योजना बनायी गयी। इसी मकसद से आज़ाद एक योजना बनाकर उस मठ में रहने लगे और तीन-चार महीने वहां बिताये। उद्देश्य था कि या तो मठ के महंत का भरोसा प्राप्त कर उससे तिजोरी की चाबी ली जाए या उसके मरने का इंतज़ार किया जाए, फिर चाबी प्राप्त की जाए। कुछ साथियों की राय ये थी कि अगर महंत के स्वाभाविक तौर पर मरने के आसार न हो तो उसकी हत्या कर दी जाए।

खत्री के मुताबिक मन्मथनाथ गुप्त ने आज़ाद को कहा था कि वह महंत की मौत किसी तरह सुनिश्चित करें। खैर, कुछ कारणों से इस योजना को अंजाम नहीं दिया जा सका और आज़ाद को इस ज़िम्मेदारी से मुक्त कर दिया गया।

इसी संदर्भ में एक और घटना का उल्लेख विश्वनाथ वैशम्पायन ने आज़ाद

की जीवनी में किया है। एक बार दल को पैसों की ज़रूरत आ पड़ी। तय हुआ कि कानपुर के एक मंदिर में डाका डाला जाए लेकिन परिस्थिति कुछ ऐसी बनी कि योजना कामयाब नहीं हो पायी। सब लोग उदास मन से वापस आने लगे। आगे की कहानी का विवरण देते हुए वैशम्पायन लिखते हैः

> आज़ाद ने भगवन दास से कहा, – 'देख तो, चढ़ावे में मिठाई, नारियल या सवा रुपया हो तो उठा ला।' भगवन दास गये तो कुछ नहीं मिला और वे झुंझलाकर दीये को ठोकर से बुझाकर चले आए। आज़ाद ने पूछा – 'कुछ लाया?' तो भगवान दास ने झल्लाकर कहा – 'उसमें था क्या, जो ले आता?'
> 'अरे दीया काहे का था? घी का या तेल का ?'
> 'घी का।'
> आज़ाद खिलखिलाकर हँसते हुए बोले, 'मैं तो जानता था कि तू कुछ लुक-लुक कर ही डालेगा। अबे दीया बुझाकर घी तो पी जाना था। तूने यूँ ही मिट्टी में मिला दिया।'

इन घटनाओं से हम समझ सकते है कि धार्मिक और तथाकथिक 'पवित्र' चीजों को ले कर आज़ाद और पूरे दल का दृष्टिकोण आस्थावान न होकर मात्र व्यावहारिक रह गया था।

एचएसआरए से जुड़े एक क्रांतिकारी और आज़ाद के निकट रहे छैलबिहारी लाल ने जो संस्मरण लिखा है उससे भी इस बात की पुष्टि होती थी। इसमें उन्होंने बताया है कि जब भगत सिंह और बटुकेश्वर दत्त को जेल से छुड़ाने के एचएसआरए की तरफ़ से एक असफल कोशिश हुई थी तब आज़ाद ने देखा कि वह (छैल बिहारी) जनेऊ पहने हुए थे। इससे आज़ाद काफ़ी नाराज़ हो गये थे और कहा था कि जल्दी इसे उतारो। इस प्रकरण के बारे में छैलबिहारी लिखते हैंः

> बड़े भैया ने मेरा जनेऊ देखकर कहा, 'यह यहाँ नहीं चलेगा।' मैंने उसी समय अपना जनेऊ उतार दिया। बड़े भैया ने कहा, 'देश के लिए जीवन की कुर्बानी देने

आये हो तो इसकी कुर्बानी पहले दो।'

अपने छह साल के सक्रिय क्रांतिकारी जीवन में आज़ाद कई तरह के वेश में रहे, जैसे – साधु की तरह, पठान की तरह और मोटर मैकेनिक की तरह। लेकिन ये सब भूमिगत रहने के तरीक़े थे। आज़ाद के लिए धार्मिक चिह्न या प्रतीक सिर्फ़ उनकी पहचान छिपाने के काम आते थे।

आधा-अधूरा मूल्यांकन

बेहद आश्चर्य की बात है कि जो सम्मान भगत सिंह को मिला, वह उन्हीं की पार्टी के सर्वोच्च नेता चंद्रशेखर आज़ाद को नहीं मिला। यह तो इस तरह की बात हुई कि हम मार्क्स को तो याद करें और एंगेल्स को भूल जाएं या चे गेवेरा को सम्मान दें लेकिन फिदेल कास्त्रो का नाम ना लें। यह इतिहास के साथ भयंकर अन्याय होगा। चंद्रशेखर आज़ाद उसी समाजवादी क्रांतिकारी आंदोलन के अगुआ थे, भगत सिंह जिसके सबसे चहेते नायक हुए। आज़ाद और भगत सिंह के पीछे 30 साल पुराने सशस्त्र क्रांतिकारी आंदोलन की उज्ज्वल परंपरा थी जिसको भुला देना अनुचित होगा। अरविंद घोष, लाला हरदयाल से लेकर यह परंपरा सान्याल, बिस्मिल और अशफ़ाक के कंधों पर आयी और भगत सिंह, आज़ाद आदि ने न सिर्फ़ इस परंपरा को आगे बढ़ाया बल्कि इसमें चार चांद भी लगा दिए। आज़ाद ने ज़बरदस्त तरीक़े से 6 साल तक क्रांतिकारी पार्टी का नेतृत्व संभाला और आज़ादी और बराबरी लाने की लड़ाई में अपना अभूतपूर्व योगदान दिया।

आज़ाद एक बेहद निर्धन परिवार से थे। ग़रीबी का दर्द उन्हें मालूम था। उन्होंने मज़दूरों के साथ समय बिताया था। मार्क्सवाद समझने के लिए उन्हें मोटी-मोटी किताबें पढ़ने की ज़रूरत नहीं थी क्योंकि किसान-मज़दूर राज के सपने से उन्हें स्वाभाविक सहानुभूति थी। क्रांति के इस आदर्श के लिए उन्होंने अपना सर्वस्व न्योछावर कर दिया। बड़े भाई की मृत्यु के बाद वह अपने माता-पिता की एकमात्र संतान थे। उनकी चिंता करने की बजाय उन्होंने देश की आज़ादी को अपना लक्ष्य बनाया। वह बेहद संवेदनशील थे। अपने किसी साथी को किसी संकट में देखते तो अपने आंसू रोक नहीं

पाते थे। यह उनके क्रांतिकारी व्यक्तित्व का ही हिस्सा था।

आज़ाद के माता-पिता ने बेहद ग़रीबी में अपने दिन गुजारे। आज़ादी के बाद भी कोई उनकी माता की सुध लेने वाला नहीं था। माता जगरानी देवी की तो आंखों की रोशनी तक चली गयी। अंत में मलकापुरकर जी को उनके बारे में पता चला और वह उन्हें अपने घर ले आये। यहीं पर आज़ाद की माता ने आख़िरी सांसें लीं। आज भी ग़रीबी और शोषण के ख़िलाफ़ तथा वर्गविहीन-जातिविहीन समाज की स्थापना के लिए संघर्षरत नौजवानों को आज़ाद का जीवन प्रेरित करता है।

सुखदेव

भगत सिंह के साथियों में सुखदेव थापर प्रमुख थे, जिन्होंने उनके साथ कंधे से कंधा मिलाकर ब्रिटिश साम्राज्यवाद के विरुद्ध लड़ाई लड़ी और उन्हीं के साथ शहीद भी हुए। वह बचपन से ही विद्रोही स्वभाव के थे और अपने आसपास हो रहे अन्याय के ख़िलाफ़ आवाज उठाते थे।

सुखदेव का जन्म 15 मई 1907 को पंजाब के लुधियाना के नौघरां नाम के एक मोहल्ले में हुआ। उनके पिता का नाम श्री रामलाल थापर था, जो लायलपुर में छोटे से व्यवसायी थे व उनकी माता का नाम श्रीमती रली देवी था। सुखदेव के जन्म के बाद उनकी माताजी उनको लेकर लायलपुर आ गयीं। जब उनकी उम्र मात्र 3 साल थी, तब उनके सर से पिता का साया उठ गया। रामलाल थापर की आकस्मिक मृत्यु के समय उनकी पत्नी छह माह की गर्भवती थीं, जिन पर अब अपने छोटे से परिवार की ज़िम्मेदारी अचानक से आ पड़ी।

संकट की इस कठिन घड़ी में सुखदेव के तायाजी लाला अचिंतराम थापर ने परिवार का हाथ थमा। लाला अचिंतराम ने सुखदेव को न सिर्फ़ पिता का स्नेह दिया बल्कि उनके चरित्र विकास में बहुत अहम योगदान भी दिया। यह कहना अतिशयोक्ति नहीं होगी कि सुखदेव के पहले राजनीतिक गुरु उनके पिता समान तायाजी ही थे।

तायाजी के तेवर

सुखदेव के छोटे भाई मथरादास थापर के अनुसार लाला अचिंतराम स्वयं में एक संस्था थे। वह ना सिर्फ़ थापर परिवार के ही मुखिया थे बल्कि नगर और समाज में भी काफ़ी लोकप्रियता और प्रतिष्ठा रखते थे। लाला अचिंतराम को उनकी निडरता और दबंग स्वभाव की वजह से 'शेरे-लायलपुर' कहकर पुकारा जाता था। वह आर्य समाज के एक कट्टर समर्थक और जुझारू नेता थे। जब आर्य समाज ने लायलपुर में 'शुद्धि' कार्यक्रम चलाया और दलित समाज के लोगों को जनेऊ पहनाने का निश्चय किया

तब वहां के तथाकथित उच्च जाति के लोगों ने इसका ख़ूब विरोध किया। अचिंतराम के पिता ने भी इसका विरोध किया और अपने पुत्र को आर्य समाज की किसी भी गतिविधि में शामिल होने से चेताया, लेकिन उन्होंने किसी की नहीं सुनी और आर्य समाज के काम में और ज़ोर-शोर से लग गये। अपने पुत्र के इस रवैये से नाराज़ होकर अचिंतराम के पिता ने वसीयत कर डाली कि उनका पुत्र उनके क्रियाकर्म में हिस्सा न ले। परंतु इन सबके बावजूद अचिंतराम अपने समाज-सुधार के कामों में पूरे जोश से लगे रहे।

कुछ समय बाद अचिंतराम के चाचा, लाला जीवनराम, जिनका रावलपिंडी में कारोबार था, उन्हें वहां ले गये और उनको अपने यहां मुलाजिम रख लिया। अचिंतराम का वहां मन नहीं लगा, कुछ समय बाद वह भाग कर वापस लायलपुर आ गये और फिर से आर्य समाज की गतिविधियों में हिस्सा लेने लगे। उनके चाचा उनके पीछे लायलपुर आये और डांट-डपट कर वापस रावलपिंडी ले गये। इस बार अचिंतराम की नौकरी एक प्रेस में लगी जहां से अंग्रेज़ी अख़बार *पंजाब टाइम्स* निकलता था। इस समाचार पत्रिका के संपादक पी. गुप्ता थे, जो पहले कलकत्ता से निकलने वाली *आनंद बाजार पत्रिका* में थे और घोर राष्ट्रवादी थे। उनके संपादन काल में *पंजाब टाइम्स* में अंग्रेज़ सरकार के विरुद्ध ख़बरें छपने लगीं, जिसके कारण प्रेस को विज्ञापन मिलना बंद हो गया। लाला जीवनराम ने अंग्रेज़ी सरकार के दबाव में आकर और घटते मुनाफ़े की वजह से पी. गुप्ता को नौकरी से निकाल दिया। इस पूरे प्रकरण से युवा अचिंतराम के मन में अपने चाचा और अंग्रेज़ सरकार के ख़िलाफ़ विरोध के बीज़ अंकुरित हो गये और वह रावलपिंडी से वापिस आ गये।

सन् 1907 में अंग्रेज़ सरकार ने एक नया कानून पास किया जिसका नाम था कॉलोनी एक्ट। इस नये कानून के अनुसार निजी संपत्ति का मालिक बड़ा पुत्र ही हो सकता था, जिसके मरणोपरांत संपत्ति सरकार के अधीन हो जानी थी। साथ ही साथ इस नये कानून के अनुसार किसान अपनी ज़मीन पर सिर्फ़ खेती कर सकता था। किसान से उसकी ज़मीन का मालिकाना हक़ छीन लिया गया था। वह न तो अपनी ज़मीन बेच सकता था ना उस पर कुछ बना सकता था। यहां तक कि पेड़ काटना भी

अपराध की श्रेणी में डाल दिया गया और 'अपराधी' की संपत्ति को तत्काल ज़ब्त कर लेने के आदेश दे दिए गये थे। इस कानून ने पूरे पंजाब में हलचल मचा दी थी और जगह-जगह इसे लेकर किसानों का विरोध प्रदर्शन होने लगा।

इस विरोध को सुचारू रूप देने के लिए 22 मार्च 1907 को लायलपुर में 'भारत माता सोसायटी' की एक विशाल बैठक हुई, जिसमें तक़रीबन 8000 लोगों ने हिस्सा लिया। इस सोसायटी की स्थापना सरदार अजीत सिंह और सूफी अम्बाप्रसाद ने 1907 में कॉलोनी एक्ट और दोआब बारी एक्ट (जिसके तहत नहर से खेती के लिए पानी का किराया बढ़ा दिया गया था) का विरोध करने के लिए ही किया था। लायलपुर में हुई सभा में लाला अचिंतराम ने भी हिस्सा लिया और दोनों काले कानूनों के ख़िलाफ़ संघर्ष में कूद पड़े। यह आंदोलन 'पगड़ी संभाल जट्टा' के नाम से प्रसिद्ध हुआ। किसानों के जुझारू संघर्ष के सामने ब्रिटिश सरकार को झुकना पड़ा और कानून वापस लेना पड़ा।

इस आंदोलन की सफलता के बाद अचिंतराम कांग्रेस के सदस्य बन गये और आज़ादी के आंदोलन में सक्रिय हो गये। आगे चल कर 1918 में उन्होंने लायलपुर में कांग्रेस कमिटी का गठन किया। 1919 में उन्होंने रौलेट एक्ट का भी ज़ोर-शोर से विरोध किया और मार्शल लॉ लगने के बाद गिरफ़्तार हो गये। 1920 -1922 के असहयोग आंदोलन में भी वह सक्रिय रहे और 1928 में उन्होंने पंजाब में किसानों के 'मोगा आंदोलन' का भी नेतृत्व किया।

लाला अचिंतराम के समय का लायलपुर सांप्रदायिक दंगों से मुक्त रहा। इसका मुख्य कारण कई लोग अचिंतराम और हकीम नूरुद्दीन की घनिष्ठ मित्रता और उन दोनों की अपने-अपने समाज में सर्वव्यापी प्रतिष्ठा को मानते हैं। आसपास के इलाक़ों में दंगे भड़कने की सूरत में दोनों अपने-अपने समुदाय से शांति बनाये रखने की अपील करते थे, जिसका वहां की जनता मान रखती थी।

जब पहली बार लाला अचिंतराम को पुलिस ने हथकड़ी पहनायी थी, तब सुखदेव की उम्र बारह वर्ष थी और दूसरी बार चौदह वर्ष। अपने पिता तुल्य तायाजी की गिरफ़्तारी के बाद सुखदेव के मन में अंग्रेज़ सरकार के ख़िलाफ़ विरोध और गहरा हो

गया। सुखदेव का बचपन ताया जी के साये में गुज़रा। वह उनकी छत्रछाया में बड़े हुए और उनकी राजनीतिक-सामाजिक और धार्मिक क्षेत्र में सक्रियता ने उन्हें काफ़ी प्रभावित किया। उनके साथी यशपाल के अनुसारः

> अंचितराम जी की उस समय की एक फोटो, जिसमें वो क़ैदी की वर्दी और हथकड़ी पहने हुए थे, सुखदेव की मेज पर रहती थी। यह कहना गलत नहीं होगा कि जो महत्त्व सरदार अजीत सिंह का भगत सिंह के जीवन में रहा, वही महत्त्व सुखदेव के जीवन में उनके ताया जी का रहा। दोनों ही अपने चाचा के मानस पुत्र थे।

बचपन के दिन

सुखदेव को तायाजी की कर्मठता, प्रगतिशीलता और देशभक्ति ने काफ़ी प्रभावित किया जिसके कई सारे प्रमाण मिलते हैं। सुखदेव के छोटे भाई ने उनके बचपन की कई ऐसी घटनाओं का वर्णन किया है जिससे पता चलता है कि सुखदेव ने अपने लिए जो आगे चल कर रास्ता चुना, जिस मंजिल को छूने की ओर अग्रसर हुए, उसकी नींव बचपन में ही पड़ चुकी थी।

सुखदेव का बचपन कई मामलों में साधारण और कुछ मामलों में असाधारण रहा। वह घर से बाहर खेलने कम ही जाते थे। अक्सर आसपास के बच्चे ही उनके यहां आ जाते थे। अपनी उम्र के किसी भी बालक की तरह वह ख़ूब शरारत करते और रोते थे; लेकिन कई बार गंभीर भी हो जाते थे और घंटों तक अकेले ही सैर-सपाटा करते हुए एकांत में रहते थे।

सुखदेव को उनकी चचेरी बहन गौरादेवी, जो उनसे सात साल बड़ी थी, से काफ़ी स्नेह और प्यार मिला। माताजी से राष्ट्रप्रेम, देशभक्ति और महापुरुषों से जुड़ी कहानियां सुनने को मिलीं। उनके घर पर एक मुसलमान महिला काम करती थी जिनका नाम रहिमन था। रहिमन उनसे बहुत प्यार करती थीं। सुखदेव भी उससे बहुत प्यार करते थे और उसके रोज़मर्रा के कामों में हाथ बंटाते थे।

सुखदेव बचपन से ही बहुत ज़िद्दी और गुस्सैल भी थे। उनकी ज़िद का एक

किस्सा उनके भाई मथरादास थापर सुनाते हैं, जो इस प्रकार हैः

> एक बार किसी बात पर नाराज़ होकर सुखदेव घर से निकल गये। गली के नुक्कड़ पर एक भड़भूजन[1] बैठी थी। वो उसी के पास जा बैठे और उसके काम में हाथ बंटाते रहे। भड़भूजन ने उन्हें दाने खिलाए, पानी पिलाया। दिन भर काम करके भड़भूजन अपने घर चली गयी। सुखदेव वहीं दुबक कर बैठे रहे। धुएं और धूल ने कपड़े, बाल और चेहरे की रंगत बिगाड़ दी। भाड़ की गर्मी के बावजूद वह जाड़े में ठिठुरते रहे। अंधेरा हो गया पर घर नहीं लौटे। तब लोगों ने उन्हें खोजना शुरू किया और उन्हें खोजकर लाया गया।

मथरादास कहते हैं कि दीवाली पर थापर परिवार के सभी बच्चों को आतिशबाजी, मिठाई इत्यादि खरीदने के लिए कुछ पैसे दिये जाते थे। अधिकतर बच्चे किसी देवी-देवता की तस्वीर लेते थे लेकिन सुखदेव सिर्फ़ और सिर्फ़ झांसी की रानी लक्ष्मीबाई की तस्वीर लेते थे। अगर उनको एक दुकान पर तस्वीर नहीं मिलती थी तो पूरा बाज़ार छान मारते थे और तस्वीर नहीं मिलने पर अगले दिन का इंतज़ार करते थे। तस्वीर पाकर सुखदेव का बाल ह्रदय खुशी से भर उठता और वह अपनी मां को तस्वीर दिखा कर बोलते थे, 'मां, देख यह लक्ष्मीबाई है, झांसी की रानी। इसने अंग्रेज़ों से लोहा लिया था। कितनी बहादुर है यह। ... मैं भी ऐसा ही बनूंगा मां।'

सुखदेव के बचपन में अंग्रेज़ विरोध का एक और किस्सा उनके छोटे भाई सुनाते हैं। वे लोग बाज़ार में सैर-सपाटा कर रहे थे, तभी उन्होंने देखा कि एक अंग्रेज़ अपनी छड़ी से एक भारतीय रिक्शावाले को बहुत बुरी तरह पीट रहा था। सुखदेव को यह देख कर गुस्सा आ गया और उन्होंने तायाजी का हाथ जोर से भींच दिया और क्रोध से थरथराने लगे। तायाजी ने सुखदेव का हाथ कस कर पकड़ लिया क्योंकि उनको लगा कि सुखदेव कहीं उस अंग्रेज़ से भिड़ न जाए। रास्ते भर सुखदेव तायाजी से पूछते रहे कि 'आपने अंग्रेज़ को रोका क्यों नहीं?' और घर आकर अपनी ताईजी को तैश में पूरा वाकया सुनाते हुए कहा, 'मै तायाजी के बराबर होता तो उस अंग्रेज़ के बच्चे को

[1] भड़भूजन – अन्न का दाना भूनकर बेचने वाली जाति की स्त्री

कच्चा चबा डालता।'

सुखदेव की बहादुरी का एक और किस्सा उनकी मां सुनाती थीं। एक बार एक सरकारी स्कूल के मैदान में कुछ बच्चे खेल रहे थे। सुखदेव भी वहां थे लेकिन अलग से कोने में बैठे हुए थे। अचानक से उन बच्चों में से एक खेलते-खेलते पास के एक कुएं में गिर गया। चारों तरफ़ अफरा-तफरी मच गयी, इसी में सुखदेव दौड़ते हुए अपनी मां के पास पहुंचे और उनसे रस्सी लाने को कहा।

मां ने चौंककर पूछा, 'रस्सी का क्या करोगे?'

सुखदेव हांफते हुए बोले, 'कुएं में एक बच्चा गिर गया है, उसे निकालूंगा'

मां ने कहा, 'तुम अभी छोटे हो। कैसे निकालोगे?'

लेकिन सुखदेव नहीं माने और ज़िद पर अड़े रहे। तब उनकी मां ने पास के एक व्यक्ति को बुला कर सुखदेव को रस्सी दी और साथ जाने को कहा। सुखदेव की इस सूझ-बूझ और बहादुरी से उस बच्चे की जान बच गयी जिसके लिए उनकी काफ़ी प्रशंसा हुई। स्कूल के शिक्षक और मोहल्ले के लोग सुखदेव के साहस का उदाहरण देते नहीं थकते थे।

सुखदेव एक आर्य समाज परिवार में पले-बढ़े थे। उन पर आर्य समाज के विचारों का काफ़ी असर पड़ा था, खास कर जाति-विरोध के मसले पर। एक बार जब सुखदेव को पता चला कि पास के ही सरकारी और धार्मिक स्कूलों में दलित बच्चों का प्रवेश मना है तो उनको इस बात से काफ़ी अचरज हुआ। सुखदेव ने इस समस्या का समाधान ख़ुद ही करने का निर्णय किया और एक दिन, 'स्लेट,बत्ती,वर्णमाला पहाड़ा आदि की किताब लेकर लायलपुर के पास ही हरचरणसिंघपुरा पहुंच गये और दलित बस्ती में शिक्षा का कार्य शुरू कर दिया।' इस काम को करने में जो ख़र्चा आता वह सुखदेव अपने जेब ख़र्च से वहन करते। सुखदेव की इस लगन और समाजसेवा का भाव देख कर वहां के ज़मींदार सरदार हरचरण सिंह उनकी मदद के लिए आगे आये और दलित बस्ती में शिक्षा की ज़िम्मेदारी उठायी।

सुखदेव के घर के पास लाला धनपतराय रहते थे, जो पढ़ाई-लिखाई में काफ़ी उद्यमी थे, लेकिन चेचक की वजह से उनकी आंख की रोशनी जाती रही थी। एक दिन धनपतराय के पिता, लाला पंजाबराय ने अपने पुत्र की यह व्यथा अचिंतराम को

सुनायी, जिसे सुखदेव ने भी सुन लिया और अंत में कहा 'मैं भाईजी को अकेलापन महसूस नहीं होने दूंगा।' इसके बाद सुखदेव हर रोज़ स्कूल के बाद धनपतराय के घर जाने लगे। उनसे बात करते, उनका काम भी कर देते और शाम में उनका हाथ पकड़ कर नहर के किनारे या बाग़ में घुमाते। धनपतराय ने प्रथम श्रेणी में एमए किया था और उनको पुराने कवियों की कविताएं कंठस्थ थीं, जो वह सुखदेव को सुनाते थे। धीरे-धीरे मोहल्ले के और भी बच्चे धनपतराय के घर आने लगे और उनका घर एक पाठशाला बन गया। जब सुखदेव को फांसी हुई तब धनपतराय ख़ूब रोये थे।

1918-1919 में पूरे विश्व में स्पेनिश फ्लू ने क़हर मचा रखा था। पंजाब के लायलपुर में भी इस बीमारी का कहर बरपा और लोग अपना घर छोड़ कर भागने लगे। सुखदेव के तायाजी लाला अचिंतराम भी अपने परिवार की सुरक्षा के लिए हरिद्वार चले गये लेकिन सुखदेव ने ज़िद पकड़ ली कि वह कहीं नहीं जाएंगे। उनकी ज़िद के आगे सभी को झुकना पड़ गया और उनकी माता जी भी रुक गयीं। उस वक़्त स्कूल के कुछ बच्चों ने महामारी से लड़ने के लिए एक बाल समिति बनायी, जिसका काम लोगों को दवाई और ज़रूरत का सामान पहुंचाना था। सुखदेव भी इस बाल समिति के सदस्य बन गये और जन-सेवा में लग गये। रोज़ जब वह लोगों की मदद करके घर आते तो उनकी मां फिनाइल मिले हुए पानी से नहाने के बाद ही उनको घर में प्रवेश करने देतीं।

सुखदेव के व्यक्तित्व के कुछ ऐसे पहलू भी थे, जो उनके दोस्तों को अजीबोग़रीब भी लगते थे और लुभावने भी। सुखदेव कभी भी किसी भी बात पर अचानक जोर से ठहाके मार कर हंसने लगते और लोट-पोट हो जाते। अपने दोस्तों की टांग खींचने में तो उन्होंने अलग से महारत हासिल कर रखी थी। सुखदेव को भुने हुए भुट्टे बहुत पसंद थे। सुखदेव के अंतरंग साथी शिव वर्मा लिखते हैः

> प्राय : रास्ता चलते तीन-चार भुने हुए भुट्टे वह अपनी बगल में दबा लेता और एक को दोनों हाथों से पकड़, दांतों से दाने निकालकर खाता हुआ चलता। रास्ते में अगर कोई जान-पहचान वाला मिल गया, तो बेतकल्लुफी के साथ उसे भी पकड़ा देता। इनकार के मायने होता गाली खाना। सुखदेव की जेब में मूंगफली

भी हमेशा रहती थी और उनको गन्ना चूसने का भी ख़ूब शौक़ था। इसके साथ ही साथ उनको गजरे का बड़ा शौक था। जहां पर भी बेला, चमेली और गुलाब के फूल मिल रहे हो, वह खरीद लेते थे और हाथ में बांध कर सूंघते हुए चलते थे।

सुखदेव ने कभी अपने कपड़े, जूते और रहन-सहन के बारे में नहीं सोचा और वह इस मुद्दे पर किसी की टीका-टिप्पणी बर्दाश्त भी नहीं करते थे। इन्हीं हरकतों के कारण पार्टी में सुखदेव का छद्म नाम 'विलेजर' रखा गया। 'दयाल' और 'स्वामी' उनके बाकी दो छद्म नाम थे। इसके अलावा सुखदेव को मालिश, दंड-बैठक, कुश्ती और दौड़ लगाने का शौक था हालांकि वह शारीरिक रूप से काफ़ी कमज़ोर थे। अपने बाकी साथियों की तरह ही सुखदेव को भी फिल्म देखने का बड़ा शौक था लेकिन साहित्य से थोड़ा दूर भागते थे।

सुखदेव के व्यक्तित्व का एक पहलू यह था, दूसरा इसके ठीक विपरीत। हंसते-हंसते अचानक से चुप और गंभीर हो जाना सुखदेव की आदत थी। शिव वर्मा लिखते हैं:

> ज़ोर से हंसते समय उसके हावभाव में एक बचकानी मासूमियत सी आ जाती थी और हंसते-हंसते जब वो अचानक से खामोश हो जाता था तो एक अजीब खोया खोयापन उस पर हावी हो जाता, मानो वह किन्हीं गहरे विचारों में डूब गया हो। लगता था जैसे कोई गहरा विषाद उसे अंदर-ही-अंदर कुरेद रहा हो। बातों और समस्याओं पर दिल ही दिल में घंटों अकेले ही सोचते रहना भी उसका स्वभाव था।

सुखदेव बहुत हठी, ज़िद्दी और सनकी किस्म के भी थे। उनकी हठधर्मिता और झक्कीपन का उल्लेख उनके सभी साथी करते हैं। शिव लिखते है, 'अगर एक बार उसे किसी बात की झक सवार हो गयी, तो किसकी मजाल कोई उसे अपने निर्णय से डिगा सके।' वहीं यशपाल लिखते हैं, 'उसमें अपने ही ढंग की तटस्थता और सहिष्णुता के

साथ ही सनक भी थी।'

सुखदेव के झक्कीपन और दूसरों की मिसाल से कुछ सीखने में कम ही विश्वास रखने का एक उदाहरण यशपाल ने 'सिंहावलोकन' में कुछ इस तरह दिया है :

> सुखदेव ने 'जुजुत्सु' की किसी किताब में पढ़ा था कि झगड़े या मारपीट के समय अपने से बहुत अधिक बलवान व्यक्ति से मुकाबला पड़ जाने पर आत्मरक्षा और प्रतिद्वंद्वी को परास्त कर देने का उपाय उसकी नाक पर जोर से घूंसा मार देना है। ऐसे आघात से कोई भी व्यक्ति सुध-बुध खोकर बेकाम हो जाएगा। साधारणतः यह नुस्ख़ा पढ़कर विश्वास कर लेना काफ़ी होना चाहिए परंतु, सुखदेव ने इसे परखना आवश्यक समझा।
>
> उन दिनों गांधीजी ने प्रत्येक मास की 18 तारीख उपवास के लिए निश्चित की हुई थी। सुखदेव यह उपवास रखता था। उपवास किये हुए वह अकेला ही किसी काम से सड़क पर चला जा रहा था। जुजुत्सु की किताब में पढ़ी हुई बात उसे याद आ गयी। वह किसी कद्दावर बलवान दिखाई देने वाले व्यक्ति को खोजने लगा। ऐसा एक व्यक्ति दिखाई भी दे गया। उसके समीप पहुंचकर उसकी बेखबरी में सुखदेव ने उसकी नाक पर घूंसा जमा दिया और चोट का प्रभाव देखने के लिए समीप ही खड़ा रहा।
>
> चोट खाने वाला आदमी सचमुच अपने चेहरे को दोनों हाथों से संभाल कर सड़क पर बैठ गया और काफ़ी देर बैठा रहा। इस बीच सुखदेव भाग कर फर्लांग दो फर्लांग दूर जा सकता था, परंतु वह तो अपने परीक्षण का प्रभाव देखने पर तुला था। वह समीप ही खड़ा रहा। कुछ देर बाद उस व्यक्ति ने होश संभाला और अपने ऊपर अकारण आघात करने वाले व्यक्ति को अपनी अवस्था पर गौर करते पाया। ऐसी अवस्था में चोट खाने वाले ने वही किया जिसकी किसी भी सामान्य व्यक्ति से आशा की जानी चाहिए। उसको अपनी ओर लपकता देख सुखदेव बचने के लिए भागा। एक तो सुखदेव उपवास के कारण सुबह से भूखा और कमज़ोर था, जिस पर उसके इस प्रशिक्षण का पात्र उससे ढाई

गुना बलवान। सुखदेव उसकी काबू में आ गया और उसे मार पड़ने लगी। वह असहाय हो मार खाने के लिए बैठ गया। आते-जाते आदमियों ने बीच-बचाव कर उसे छुड़ाया। पूछा गया कि आखिर तुमने पहले मारा क्यों? सुखदेव का उत्तर था, – 'मैंने मारा था, अब तुम मार लो।' अस्तु इस परीक्षा से सुखदेव को नाक पर घूंसे के फल का उचित अंदाज़ हो गया।

सुखदेव को दल में सबसे अधिक प्रेम भगत सिंह से था लेकिन उन्होंने कभी संगठन के उदेश्यों के बीच में अपने मित्र-प्रेम को नहीं आने दिया। पार्टी की केंद्रीय समिति की जिस बैठक में केंद्रीय असेंबली में बम फेंक कर गिरफ़्तारी देने का निर्णय हुआ था, उस बैठक में सुखदेव हिस्सा नहीं ले पाये थे। भगत सिंह की ज़िद थी कि संगठन बम फेंकने उनको भेजे, लेकिन समिति का फ़ैसला था कि बम फेंकने जयदेव कपूर और विजय कुमार सिन्हा जाएं, क्योंकि सांडर्स की हत्या के बाद पुलिस की भगत सिंह पर नज़र पैनी हो गयी थी।

सुखदेव को जब इस निर्णय का पता चला तो उन्होंने इसका कड़ा विरोध यह कहते हुए किया कि 'पकड़े जाने के बाद अदालत के मंच से दल के सिद्धांत, आदर्श, उद्देश्य और बम विस्फोट के राजनीतिक महत्त्व की भली प्रकार से चर्चा करने की क्षमता भगत सिंह की ही है।' जब सुखदेव के हज़ार ज़िरह करने पर भी केंद्रीय समिति ने अपना निर्णय नहीं बदला तो वह भगत सिंह को अकेले में ले गये और समिति का निर्णय मानने के लिए उन्हें फटकारा।

इस घटना पर प्रकाश डालते हुए शिव लिखते हैं:

> उसके व्यवहार में काफ़ी कठोरता थी। बातों-बातों में उसने भगत सिंह को काफ़ी सख़्त बातें कह डालीं – तुममें अहंकार आ गया है। तुम समझने लगे हो कि तुम्हारे ही सर दल का दारोमदार है। तुम मौत से डरने लगे हो। आदि। उसका तर्क था – जब तुम मानते हो कि तुम्हारे सिवा दूसरा कोई दल के उद्देश्य को अच्छी तरह नहीं रख सकेगा तो फिर तुमने केंद्रीय समिति को यह फ़ैसला क्यों लेने दिया कि तुम्हारे स्थान पर और कोई बम फेंकने जाएगा? भाई परमानंद के

बारे में लाहौर हाईकोर्ट के जज के शब्दों का भी ज़िक्र किया कि दल का मस्तिष्क और सूत्रधार होते हुए भी व्यक्तिगत तौर पर यह व्यक्ति कायर और संकट के कामों में दूसरों को आगे झोंककर अपने प्राण बचाता रहा है। तुम्हारे बारे में भी एक दिन वैसा ही फ़ैसला लिखा जाएगा। उसने भगत सिंह को घूरते हुए कहा।

भगत सिंह ने जितना ही सुखदेव के आरोपों का प्रतिरोध किया, वह उतने ही कठोर होते गये। भगत सिंह के यह कहने पर कि तुम मेरा अपमान कर रहे हो उन्होंने कठोर शब्दों में उत्तर दिया – 'मैं अपने मित्र के प्रति अपना कर्त्तव्य पूरा कर रहा हूं।'

सुखदेव के इन कटु-वचनों के बाद भगत सिंह ने फिर से केंद्रीय समिति की बैठक बुलायी और जब तक दिल्ली असेंबली में बम फेंकने के लिए अपने नाम पर रज़ामंदी नहीं बना ली, तब तक बहस होती रही। इस बैठक में सुखदेव भी थे लेकिन वह चुपचाप एक कोने में बैठे देखते रहे। जब भगत सिंह के नाम पर सहमति बन गयी, उसके अगले दिन सुखदेव लाहौर के लिए निकल गये और वहां दुर्गा भाभी से मिले। दुर्गा भाभी के अनुसार सुखदेव की आंखें सूजी हुई थीं। शायद सुखदेव अपने मित्र को निश्चित मौत की तरफ़ धकलने के दर्द को बर्दाश्त नहीं कर पाए और ख़ूब रोये थे लेकिन दल के ध्येय के आगे उन्होंने अपने मित्र-प्रेम की कोई परवाह नहीं की।

सुखदेव भगत सिंह से कितना प्रेम करते थे, उसका पता उनके एक लेख से चलता है, जो उन्होंने *बंदेमातरम्* अख़बार के एडिटर को भेजा था, जो भगत सिंह, सुखदेव और राजगुरु की शहादत के बाद 10 अप्रैल 1931 को छपा था। एडिटर ने लेख का शीर्षक दिया था – 'सरदार भगत सिंह – अपने शहीद साथी सुखदेव की नज़रों में'। लेख ज्यों का त्यों इस प्रकार है:

> इस रोज के वाकये (इशारा असेंबली बम कांड की ओर था) ने मेरी रूहानी जिंदगी में इंक़लाब पैदा कर दिया। आलम मुझे सुनसान नजर आने लगा। बहरूनी दुनिया के मजे मुझसे दूर भाग गये और मैं कहने लगा कि अब मेरा कोई नहीं रहा। जो मेरा था, वह चला गया। जो रह गया, वह काम है। उसमें इगनियत और आकवत नहीं है। मैं बातें करता था, लेकिन दिल किसी और ख्याल में मेहब

था। मैं हंसता था, लेकिन इस हंसी में मुसरात जरा भी नहीं थी। मैं काम में लगा रहता था – एक इंसान की शक्ल में नहीं बल्कि एक मशीन के मानिंद। ऐसा महसूस होता है कि मेरा जो कुछ था, वह मुझसे छिन चुका है। अब मेरे पास कुछ नहीं रहा। मुझे इल्म था कि मेरी ख्वाहिश से ही वह गया। मैंने ख़ुद उसे चले जाने को कहा था। मेरी अक्ल बार-बार मुझे समझाने की कोशिश करती थी, लेकिन जब मैंने अपनी इन आंखों से उसे जाते देखा था, जब वह मुझसे जुदा हो रहा था। वह मेरा नहीं था। हम दोनों वतन के थे। दुनिया के थे।

इसलिए मैंने उससे चले जाने के लिए कहा था और वह चला गया। मुझे अब मालूम हुआ कि वह मेरा था, मैं उसका हूं। मैं उससे तर्क नहीं कर सकता, अपने से दूर नहीं कर सकता, लेकिन वह तो चला गया। बहुत फासले पर! इतने फासले पर जहां मेरी रसाई नहीं हो सकती। न अब वह ही वापस आ सकता है। इस फिकर ने मुझे दिलवदसिता कर दिया और मेरा दिल उसकी तलाश में मेहब हो गया। आंखों के सामने उसकी तस्वीर हमेशा फिरने लगी। जिस्म बेहिस-बेहरकत हो गया। उठते-बैठते, चलते-फिरते हर वक़्त उसकी याद और उसका ध्यान रहता। हर चीज में, हर इंसान में, हर जगह आंखों के सामने वह नजर आने लगा। कई बार ऐसा महसूस हुआ कि वह मुझे बुला रहा है। और मैं चौंक उठता, लेकिन उसकी शक्ल नजर ना आती।

जिधर निगाह उठती उसका ख़ूबसूरत चेहरा, मस्त आंखें, फानूस खयाल की मानिंद घूमती दिखाई देती। मेरी मोहब्बत – मैंने सोचा था कि यह बेवकूफी है, लेकिन नहीं, एक नशा था, एक दीवानगी थी, मोहब्बत थी, जिसे मैंने उस वक़्त समझा जब मैं पुलिस की हवालात में गिरफ़्तार था। मेरी गिरफ़्तारी के कुछ रोज बाद एक डी.एस.पी मेरे पास पहुंचा। थोड़ी देर बातें करने के बाद उसने मुझे बताया कि वह दिल्ली से आया है। दिल्ली से! यह अल्फाज सुनते ही मेरे दिल के तार बजने लगे। दिल्ली से! उसके पास से! मैंने दरियाफ्त किया, कब आये? उससे मिले थे? उसके क्या हाल हैं? ख़ुश है? तंदुरुस्त है? इतना कहते-कहते मेरा दिल भर आया।

मेरे ख्वाबदीदा जज्बात में बेदार होकर जो कि चंद घड़ी पहले खामोश था,

महेशरस्तान बना दिया। मैं फूट-फूटकर रोने लगा। वह ख़ुश है। बहुत अच्छा है। इन्हीं अल्फाज की रट मैं दिल में लगाने लगा। अपनी हालत का ख्याल छोड़, लोहे के दरवाजे पर सर रखकर हिचकियां लेकर होने लगा। उसकी मस्त आंखें मुझे मोहब्बत भरी निगाहों से ताकने लगीं। मेरा रोना बंद हो गया। मैं भी दीवानावार उसकी तरफ़ टिकटिकी लगाकर देखने लगा। उसके बाद उस डी.एस. पी ने मुझसे दोबारा इस बारे में कुछ नहीं कहा और न ही मैंने कुछ पूछा। इस ख्याल से कि अवाम में उसकी चर्चा हो जाए, मुझे शर्म महसूस होने लगी। लेकिन शर्म अब कसूरवार की शर्म नहीं थी। बुजदिल की शर्म नहीं थी। मेरी फितरती कमजोरी के एक नावाकिफ शख्स पर जाहिर हो जाने पर शर्म थी। वह नावाकिफ शख्स जो मुझे अपने जिस्म के मानिंद मालूम होता था। उसी पुलिसवाले के सामने मैं रो दिया।

किसी से ज़िक्र करने पर वह क्या सोचता होगा। आदमी होकर, इंक़लाब पसंद होकर पुलिस वालों की मौजूदगी में मेरे लिए यह गैरमुनासिब था। इस वक़्त मुझे अपने जज्बात पर काबू हासिल करना चाहिए था। मैंने बहुत बुरा किया। उसके बाद मैंने पुलिस वालों से ज़्यादा बातचीत करना कम कर दिया। मैं हर वक़्त लेटा रहता था और उसकी याद में मेहब रहता था। उसका ख्याल रह-रहकर दिल में चुभता। उसकी मस्त आंखें हर वक़्त मेरी निगाहों के सामने रक्स करती रहतीं। कई बार मैं घुटनों में मुंह दबाकर बेसाख्ता रोने लगता। रोते हुए सोचता कि मुझे क्या हो गया? मैं तो उस तरह कभी रो नहीं दिया था।

कष्ट सहने की असीम क्षमता

बचपन से ही सुखदेव में शारीरिक कष्ट सहने की असीम क्षमता थी। जब से उन्होंने क्रांति की राह पर चलने का फ़ैसला किया तब से ही वे अपनी सहनशक्ति की परीक्षा लगातार लेते रहते और उसको बढ़ाने के लिए अनेक अजीबो-ग़रीब परीक्षण किया करते। एक क्रांतिकारी का जीवन बहुत ही कठिनाई का होता है और गिरफ़्तारी का ख़तरा परछाईं की तरह सदैव उसका पीछा करता है। पुलिस के हाथ आने का मतलब शारीरिक-मानसिक यातना का एक लंबा सिलसिला जिसके आगे झुकना किसी भी

सच्चे क्रांतिकारी के लिए शायद सबसे बड़ा अपराध था। सुखदेव इस अपराध के बोझ को हरगिज़ नहीं लेना चाहते थे। क्रांतिकारी जीवन में प्रवेश से पहले सुखदेव ने अपने बायें हाथ पर अपना नाम और 'ओम्' गुदवाया था। क्रांतिकारी हमेशा छद्म नाम से काम करते थे और पकड़े जाने की सूरत में सुखदेव के हाथ पर यह निशान उनकी पहचान को स्थापित करने में पुलिस के लिए अत्यंत लाभदायक सिद्ध होता। इस बात को ध्यान में रखते हुए सुखदेव ने एक दिन ख़ुद से ही निशान को मिटाने का फ़ैसला किया। शिव के अनुसारः

> आगरे में बम बनाने के लिए नाइट्रिक एसिड रखा गया था। किसी को बताये बगैर उसने (सुखदेव ने) बहुत-सा नाइट्रिक एसिड 'ओम्' तथा अपने नाम पर लगा लिया। शाम तक जहां-जहां एसिड लगा था, वहां गहरे जख्म हो गये और सारा हाथ सूज गया। ज्वर भी आ गया। लेकिन इसके बावजूद न तो उसने अपनी तकलीफ़ का किसी से ज़िक्र किया, न उफ़ की न उसकी चुहलबाजी में कमी आयी। सुखदेव को जब अपने इस दुस्साहस के लिए संगठन से काफ़ी फटकार मिली, तो उसने हंसते-हंसते कहा 'शिनाख़्त की निशानी भी मिट जाएगी और एसिड से कितना जलन है इसका भी अनुभव हो जाएगा।'

अपने साथियों के लगातार कहने पर भी सुखदेव ने न तो मरहम-पट्टी करायी न कोई इलाज करवाया। वह अपने काम में मशगूल रहे और कुछ समय बाद लाहौर चले गये। कुछ दिनों के बाद जब एसिड का ज़ख़्म भर गया तो उन्होंने देखा कि उसके नाम का कुछ निशान अभी भी बच गया है, उसने फिर उसको मिटाने का निश्चय किया। एक दिन सुखदेव भगवती चरण वोहरा से मिलने उनके घर पहुंचे। भगवतीचरण तब किसी काम से बाहर थे और उनकी पत्नी दुर्गा सुखदेव को इंतज़ार करने के लिए कह रसोई में चली गयीं। शाम का समय था, सुखदेव को पास में एक टेबल पर मोमबत्ती जलती हुई दिखी। वह मोमबत्ती के पास गये और अपना बायें हाथ का वह हिस्सा, जहां उनके नाम का निशान बचा हुआ था, मोमबत्ती की लौ के ऊपर रख दिया। कुछ समय बाद उस हिस्से की खाल पूरी तरह जल चुकी थी लेकिन इस बार सुखदेव काम

अधूरा नहीं छोड़ना चाहते थे। जलते मांस की गंध से दुर्गा दौड़ती हुई आयीं और उन्होंने सुखदेव के इस करतूत के लिए ख़ूब डांटा जिसके जवाब में उन्होंने मुस्कुराते हुए कहा 'कुछ नहीं।'

सुखदेव का शारीरिक कष्ट सहने का यह पहला प्रयोग नहीं था। उनके छोटे भाई मथरादास इसी संदर्भ में एक और वाकया सुनाते हैं, जो सुखदेव के क्रांतिकारी पार्टी में प्रवेश करने से पहले का है। एक बार सुखदेव के भाई और उनके कुछ मित्र उनका लाहौर वाले मकान पर इंतज़ार कर रहे थे। सुखदेव काफ़ी देर बाद घर आये। घर में प्रवेश करते ही उन्होंने अपने छोटे भाई से तेल की शीशी लाने को कहा। सुखदेव के बदन पर मार के बहुत सारे निशान थे और शरीर कई जगह से लहूलुहान था। जब उनके साथियों ने पूछा कि उनको इतनी मार कहां और कैसे पड़ी तो सुखदेव ने जवाब में पूरा किस्सा सुनाया।

मथरादास के शब्दों में वह किस्सा इस प्रकार हैः

> लायलपुर से लाहौर आते समय सुखदेव चलती ट्रेन को पकड़ने की गरज से जिस डिब्बे में चढ़े, संयोग से वह क़ैदियों का निकला। उसमें पुलिस गार्ड भी थे। पुलिस वालों ने समझा कि यह नौजवान क़ैदियों का साथी है और उन्हें छुड़ाने के लिए चढ़ा है। इसीलिए उन्हें पकड़कर अंदर खींच लिया। उससे पूछताछ शुरू हुई। अचानक सुखदेव को एक शरारत सूझी और उन्होंने अपने जबड़े भींच लिए। उनसे तरह-तरह के प्रश्न किये गये पर वह खामोश रहे। तंग आकर पुलिस वालों ने उन्हें पीटना शुरू कर दिया, फिर भी वह चुपचाप अंत तक पिटते ही रहे। कुछ बोले ही नहीं। परेशान होकर उन्हें सांगला हिल स्टेशन पर उतार दिया गया। जब वह प्लैटफॉर्म पर थे तो एक बूढ़े पुलिसमैन ने खिड़की से झांककर पूछा, 'इतनी मार पड़ी है। अब तो अपना नाम बता दे भलेमानस।' सुखदेव ने इस पर जोर से चिल्ला कर कहा 'मार खाणा' और हंसते हुए चल दिए।

सुखदेव की इस हरकत पर उनके साथी ख़ूब हंसे और जब उनसे पूछा गया कि आख़िर उन्होंने मार खाना क्यों तय किया तो सुखदेव ने कहा, 'मैं देखना चाहता था कि

मुझमें कष्ट सहने की कितनी क्षमता है।'

इसी संदर्भ में मथरादास सुखदेव के स्कूल जीवन से एक और वाकये का वर्णन करते हैं। 13 अप्रैल 1919 को जनरल डायर ने जलियांवाला बाग में जमा सैकड़ों निहत्थे लोगों पर असंख्य गोलियां बरसा दी थीं। इस नरसंहार के बाद पूरे पंजाब में ख़ौफ़ भी था और रोष भी। पंजाब में जगह-जगह अंग्रेज़ों के ख़िलाफ़ आवाज़ उठने लगी और विरोध होने लगे। इस विद्रोह को कुचलने के लिए 15 अप्रैल को अंग्रेज़ सरकार ने पूरे पंजाब में मार्शल लॉ लागू कर दिया। पंजाब के सारे बड़े शहरों में मिलिट्री तैनात कर दी गयी। अंग्रेज़ी हथियारबंद फ़ौज हर गली-मोहल्ले, नुक्कड़-सड़क पर दिखने लग गयी। हर स्कूल और दफ़्तर में मिलिट्री ऑफिसर्स की तैनाती कर दी गयी इस आदेश के साथ कि हर रोज़ तय समय पर परेड होगी और अफ़सर सलामी लेगा। सुखदेव तब सनातन धर्म स्कूल के छात्र थे। उनके स्कूल में तैनात अफ़सर ने जब परेड लेने का ऑर्डर दिया तब उसका भारी विरोध हुआ। सुखदेव ने भी इस विद्रोह में हिस्सा लिया और सलामी देने से इंकार कर दिया जिस पर अंग्रेज़ अफसर को गुस्सा आ गया। आग-बबूले अफ़सर ने सुखदेव पर रूल बरसा दिया पर वह तनकर खड़े रहे। मार के आगे झुके नहीं। इस घटना को सुखदेव ने घर जाकर अपनी मां को सुनाया और उनसे कहा, 'मैं अंग्रेज़ की हरगिज़ सलामी नहीं दूंगा। चाहे मुझे स्कूल ही क्यों न छोड़ना पड़े।' सुखदेव अपने शब्द पर कायम रहे और जब तक यह सलामी और परेड लेने का नियम वापस नहीं हुआ तब तक वह स्कूल नहीं गये।

क्रांति का रास्ता

सुखदेव ने लायलपुर के सनातन धर्म हाई स्कूल से 1922 में दसवीं पास की। आगे की पढ़ाई करने के लिए वह लाहौर आ गये। सुखदेव के तायाजी चाहते थे कि वह डीएवी कॉलेज में एडमिशन लें, लेकिन सुखदेव नेशनल कॉलेज में एडमिशन लेने के लिए अड़े रहे और आख़िरकार उनकी ज़िद के आगे एक बार फिर उनके परिवार वालों को झुकना ही पड़ा। सुखदेव ने जब नेशनल कॉलेज, लाहौर में प्रवेश किया तो वह दौर असहयोग आंदोलन का था। इस कॉलेज की स्थापना लाला लाजपत राय ने 1921 में असहयोग आंदोलन में भाग लेने वाले विद्यार्थियों को उच्च शिक्षा देने के

लिए की थी, जिसके कारण इस कॉलेज का वातावरण राजनीतिक चेतना से ओतप्रोत था। नेशनल कॉलेज के शुरुआती दिनों में सुखदेव कुछ दिन कांग्रेस कार्यकर्ताओं द्वारा गठित 'सत्याग्रह लीग' का हिस्सा रहे। यहीं पर उनकी मुलाक़ात भगत सिंह, भगवती चरण वोहरा और यशपाल से हुई और उनके जीवन का एक नया अध्याय शुरू हुआ।

जहां एक तरफ़ असहयोग आंदोलन की असफलता के कारण कांग्रेस और महात्मा गांधी के नेतृत्व में लड़ा जा रहा आज़ादी का आंदोलन सुस्त पड़ चुका था, तो वहीं दूसरी तरफ़ संयुक्त प्रांत और पंजाब में सशस्त्र क्रांति की विचारधारा दोबारा सिर उठा रही थी। पंजाब में हिंदुस्तान रिपब्लिकन एसोसिएशन(एचआरए) के सूत्रधार नेशनल कॉलेज में इतिहास के अध्यापक जयचंद्र विद्यालंकार थे, जिनके माध्यम से सुखदेव, भगत सिंह, भगवती चरण वोहरा आदि क्रांतिकारी पार्टी से जुड़े।

इसी संगठन के अंतर्गत सन् 1926 में सुखदेव, भगत सिंह, भगवती चरण वोहरा इत्यादि ने लाहौर में 'नौजवान भारत सभा' का गठन किया जिसका उद्देश्य सभाओं, वक्तव्यों, इश्तहारों और पर्चों के माध्यम से क्रांतिकारी राष्ट्रीय भावना को जनसामान्य तक पहुंचाना था। राजनीतिक मामलों में पहलकदमी के अलावा यह सभा सांप्रदायिक एकता और सौहार्द बढ़ाने के लिए विशेष प्रयास करती थी। इसके तहत यह सामूहिक भोज का आयोजन भी करती थी। इसके अलावा सभा ने धार्मिक अंधविश्वास और रूढ़िवाद के ख़िलाफ़ भी मोर्चा खोल रखा था। शुरुआती दौर में नौजवान भारत सभा बहुत ज़्यादा काम नहीं कर पायी जिससे निराश होकर भगत सिंह एचआरए के पुराने सूत्रों से संपर्क स्थापित करने के लिए संयुक्त प्रांत चले गये और भगवती चरण वोहरा भारतीय क्रांतिकारी आंदोलन के इतिहास पर पुस्तक लिखने में व्यस्त हो गये। इस स्थिति में सभा का जो भी कार्य था, उसका भार सुखदेव ने ही उठाया। इसी दौरान सुखदेव ने बी. ए. पास किया और कुछ समय के लिए लाहौर से निकलने वाले ऊर्दू अख़बार *बंदेमातरम्* में काम भी किया।

पहले यह बताया जा चुका है कि सुखदेव को पंजाब के संगठनकर्ता के रूप में चुना गया। एक अच्छे संगठनकर्ता की ख़ासियत यह होती है कि वह अपने संगठन के सदस्यों की रोजमर्रा की हर छोटी-मोटी ज़रूरतों का ख़्याल रखे। सुखदेव इसमें निपुण थे। शिव वर्मा के अनुसारः

> सुखदेव अपने साथियों के शौक और उनकी आवश्यकताओं के सामने अपनी बात बहुत कम सोचता था ... अपने साथियों को खिलाने और पहनाने में उसे बड़ी ख़ुशी होती थी ... दल में आने के बाद पार्टी की भलाई और आदर्श की पूर्ति – इन दो के सामने अन्य भावों को उसने एक क्षण के लिए भी ऊपर स्थान नहीं दिया। आराम-तकलीफ़, खाने-पहनने का शौक, प्यार-मुहब्बत, दोस्ती के लिए लगाव आदि मनुष्य की स्वाभाविक प्रवृत्तियां सुखदेव में भी थीं। लेकिन जीवन में इन सबका स्थान आदर्श से नीचे था।

सुखदेव ने अपना सर्वस्व संगठन व उसके उद्देश्य की पूर्ति के लिए लगा दिया था। सुखदेव की माता जी ने एक बार जब सुखदेव के शादी की बात की तो, सुखदेव का जवाब था, 'मैं शादी की घोड़ी पर चढ़ने के बदले फांसी पर चढ़ूंगा।'

सुखदेव परदे के पीछे रह कर काम करने वाले व्यक्ति थे, किसी ग़लती को सार्वजनिक रूप से स्वीकार करते थे लेकिन अच्छे काम की प्रशंसा की आकांक्षा नहीं रखते थे। काम के मामले में उनका एक सिद्धांत था, 'Mine the work and thine the praise'.

सुखदेव के अथक प्रयासों का ही नतीजा था कि पंजाब में लाहौर के अलावा अमृतसर, फिरोजपुर और यहां तक कि उत्तर-पश्चिमी सीमा प्रांत में भी क्रांतिकारी कार्यों का विस्तार हुआ। सुखदेव के इन सब गुणों को ध्यान में रखते हुए शिव वर्मा लिखते हैं

> एक संगठनकर्ता के नाते भगत सिंह की अपेक्षा सुखदेव मुझे कहीं अधिक जंचा ... भगत सिंह राजनीतिक नेता थे और सुखदेव संगठनकर्ता। एक एक ईंट रखकर इमारत खड़ी करने वाले।

गुप्त संगठन चलाने के अपने नियम होते हैं, अपनी शर्ते होती हैं जिसके अनुसार आप किसी पर भी आंख मूंद कर भरोसा नहीं कर सकते। संगठन की हर बात संगठन

के हर कार्यकर्ता को नहीं बतायी जा सकती और नये सदस्यों की भर्ती के समय बहुत ही सतर्क रहना पड़ता है। अच्छे से जांच-पड़ताल करके ही नये सदस्य की भर्ती की जाती है। सुखदेव इस नियम का बहुत ही बारीकी से पालन करते थे जिसकी वजह से उनको कई सदस्यों के गुस्से का पात्र बनना पड़ता था। लेकिन संगठन और उसका मकसद सबसे ऊपर होता है, उनमें भावनाओं का कोई स्थान नहीं होता है।

'सिंहावलोकन' में यशपाल लिखते हैः

> सुखदेव किसी भी काम (एक्शन) के पहले उसकी बात करना एवं उसकी रूपरेखा प्रकट करने से बचते थे तथा नये सदस्यों की भर्ती करने से पहले उनकी परीक्षा वो स्वयं ही लेते थे।

सुखदेव का पार्टी के लिए सदस्यों को खोजकर भर्ती करने और प्रत्येक से उसकी क्षमतानुसार काम लेने में कोई जवाब नहीं था। नये सदस्यों की भर्ती और संगठन के प्रचार-प्रसार के अलावा सुखदेव की एक और ज़िम्मेदारी थी, जिसमें उनको महारत हासिल थी। क्रांतिकारी आंदोलन का उद्देश्य अंग्रेज़ों के ख़िलाफ़ सशस्त्र विद्रोह था, जिसके लिए हथियार इकठ्ठा करना, बम बनाने की तरकीब सीखना एवं उसकी सामग्री जुटाना अत्यंत महत्त्वपूर्ण काम थे, जिसमें सुखदेव पारंगत थे। उनके अथक प्रयासों से पंजाब प्रांत में क्रांतिकारियों के पास भारी मात्रा में बम और अन्य हथियार जमा हो गये।

एचएसआरए की केंद्रीय समिति की पहली ही बैठक में यह तय किया गया था कि देश में आ रहे साइमन कमीशन पर बम फेंक कर विरोध प्रकट किया जाएगा। इसके अलावा नौजवान भारत सभा को कहा गया कि वह साइमन कमीशन के लाहौर आगमन पर एक विशाल प्रदर्शन करे। 30 अक्टूबर, 1928 को 'साइमन गो बैक' के नारे के साथ हज़ारों हज़ार लोग वयोवृद्ध नेता लाला लाजपत राय की अगुआई में लाहौर रेलवे स्टेशन पर विरोध करने पहुंच गये। इस प्रदर्शन में सुखदेव, भगत सिंह और नौजवान भारत सभा के कार्यकर्ता पहली कतार में खड़े थे।

अचानक पुलिस ने लाठीचार्ज शुरू कर दिया लेकिन प्रदर्शनकारी डटे रहे। पुलिस

सुपरिटेंडेंट जेम्स स्कॉट ने जमकर लाला लाजपत राय पर लाठी बरसायी जिससे वह घायल हो गये और कुछ दिनों बाद उनकी मृत्यु हो गयी। हालांकि लाला लाजपत राय के हिंदू महासभा की तरफ़ बढ़ते झुकाव के कारण उनमें और क्रांतिकारियों में काफ़ी वैचारिक मतभेद आ चुका था लेकिन देश के एक वृद्ध नेता पर अंग्रेज़ी सरकार की लाठियां क्रांतिकारियों को नागवार गुज़रीं। उन्होंने लाला लाजपत राय की मृत्यु का बदला लेने की ठानी और 17 दिसंबर 1928 को सहायक सुपरिटेंडेंट सांडर्स को मार गिराया गया। इसके लिए पहले भगत सिंह के साथ जयगोपाल को चुना गया था लेकिन सुखदेव के प्रतिवाद के बाद राजगुरु को चुना गया क्योंकि उसी रात जयगोपाल को प्रथम दिल्ली षड्यंत्र केस के वायदा माफ़ गवाह दीनानाथ की हत्या का कार्य सौंपा गया था। सुखदेव सांडर्स हत्याकांड के समय घटना स्थल पर मौजूद नहीं थे। उनको मोजांग हाउस, जो क्रांतिकारियों का अड्डा था, से हथियार, पर्चे इत्यादि हटाने की ज़िम्मेदारी दी गयी थी। अंग्रेज़ अफ़सर की हत्या के बाद वहां पुलिस का छापा पड़ सकने की पूरी आशंका थी। इस घटना को अंजाम देने से पहले एचएसआरए का पंजाब नेशनल बैंक में डकैती का एक प्रयास विफल हो चुका था, जिसमें सुखदेव को पिस्तौल दिखाकर पहरेदार से बंदूक छीनने की ज़िम्मेदारी दी गयी थी।

सांडर्स के मारे जाने के बाद एक बार फिर क्रांतिकारियों और अंग्रेज़ पुलिस में धर-पकड़ का खेल चला, जिसको ध्यान में रखते हुए सुखदेव के सुझाव पर क्रांतिकारी पार्टी का केंद्रीय कार्यालय आगरा से सहारनपुर ले जाया गया। घटना को अंजाम देने वाले सभी क्रांतिकारी छद्म भेस में लाहौर से बाहर निकल गये। दिल्ली की केंद्रीय असेंबली में धमाके के बाद सारे क्रांतिकारी फिर से भूमिगत हो गये लेकिन संगठन का काम अत्यधिक सावधानी से करते रहे।

गिरफ़्तारी, भूख हड़ताल और शहादत

सुखदेव को 15 अप्रैल, 1929 को लाहौर की कश्मीर बिल्डिंग से गिरफ़्तार किया गया। इस बिल्डिंग के कुछ कमरे वास्तव में बम बनाने का ठिकाना थे, जिसको 'लाहौर बम फैक्ट्री' के नाम से जाना गया। क्रांतिकारियों के इस ठिकाने पर जब पुलिस का छापा पड़ा तो वहां सुखदेव के अलावा किशोरीलाल और जयगोपाल भी मौजूद थे।

इन सभी को एक साथ गिरफ़्तार कर लिया गया। जयगोपाल आगे चल कर सरकारी गवाह बन गया।

गिरफ़्तारी के वक़्त सुखदेव ने अपनी खाली पिस्तौल पुलिस को थमा दी। पार्टी से जुड़ा एक कागज़ उन्होंने निगलने की कोशिश की। पर्चा पूरी तरह से पेट में चला जाए इसके लिए सुखदेव ने पानी मांगा लेकिन पुलिस को इस बात की भनक लग गयी और उन्होंने सुखदेव का गला पकड़ कर ज़ोर से दबाया ताकि वह पर्चा उलटी कर दें। सुखदेव की आंखें लाल हो गयीं और वह तड़पने लगे लेकिन उन्होंने उलटी नहीं की और पार्टी की नुकसान से बचा लिया।

पुलिस को लाहौर बम फैक्ट्री की तलाशी के दौरान बहुत कुछ हाथ लगा। पकड़े जाने वाली चीजों में एक ज़िंदा बम, आठ बम के खोल, अठारह कारतूस, एक एयर पिस्तौल, बम बनाने में इस्तमाल होने वाले रसायन, बटुकेश्वर दत्त की फोटो और कुछ नोट बुक्स जिसमें बम बनाने की विधि लिखी थी। इसके अलावा बहुत सारी किताबें और पर्चे भी बरामद हुए जैसे *काकोरी के शहीद, द रेवोलुशनरी, सिपॉय ऑफिसर्स मैनुअल, रिवोल्यूशनरी बायोग्राफिज, स्मॉल आर्म्स ट्रेनिंग, भाग-1 और 2, इंफैंट्री ट्रेनिंग, फाउंड्री वर्क, पैटर्न मेकिंग* इत्यादि।

लाहौर से सुखदेव आदि के पकड़े जाने के बाद गिरफ़्तारियों का तांता लग गया और पुलिस ने सहारनपुर बम फैक्ट्री पर छापा मारा जहां से शिव वर्मा, जयदेव कपूर, गया प्रसाद आदि को गिरफ़्तार किया गया। गिरफ़्तारी के बाद सुखदेव ने पुलिस को कुछ बयान दिए जिसके कारण उनको अपने साथियों से बहुत खरी-खोटी सुनने को मिली। लेकिन सुखदेव ने संगठन के जो भी ठिकाने बताये उसके बारे में पुलिस को पहले से ही पता था। क्रांतिकारी पार्टी का नियम था कि अगर कोई भी क्रांतिकारी पकड़ा गया तो उसकी जानकारी वाले सारे ठिकाने फ़ौरन ही खाली कर दिए जाएं। सुखदेव की गिरफ़्तारी से संगठन को अतिरिक्त नुकसान नहीं हुआ। सुखदेव के इन बयानों के संदर्भ में शिव वर्मा लिखते हैः

> उसका बयान देना गलत था इसमें दो मत नहीं हो सकते और उससे और कुछ नहीं तो दल की प्रतिष्ठा को काफ़ी आघात तो पहुंचा ही। लेकिन यह बयान उसने

अपने बचाव के ख़्याल से दिया, नुकसान पहुंचाने के ख़्याल से नहीं। उसने उन मकानों और स्थानों का पता बताया जिसके बारे में उसे पता था कि वे छोड़े जा चुके हैं। सहारनपुर के जिस मकान में मैं, डॉ. गया प्रसाद और जयदेव रह रहे थे उसका पता दो ही व्यक्ति जानते थे, सुखदेव और फणींद्र। सुखदेव चाहता तो हमारा पता देकर पुलिस को अपनी सच्चाई का यक़ीन दिला सकता था लेकिन उसने ऐसा नहीं किया। हम सहारनपुर के मकान में उस समय तक रहते रहे जब तक फणींद्र नहीं पकड़ा गया। इसी प्रकार से उसने किसी व्यक्ति का असली नाम और पता भी पुलिस को नहीं दिया। बयान के पीछे भावना थी- हां, हमने यह सब किया। अब तुम जो चाहे कर लो।

सुखदेव के इस बयान के पीछे ख़ुद को बचाना मकसद नहीं था। इसकी पुष्टि यशपाल भी अपने संस्मरण *सिंहावलोकन* में करते हैं। सुखदेव के बयान देने के पीछे असली कारण बताते हुए किशोरीलाल, जो सुखदेव के साथ ही गिरफ़्तार हुए थे, एक साक्षात्कार में कहते हैं, 'जयगोपाल के बयान देने से जो साथी गिरफ़्तार हुए, उन्हें बचाने के लिए सुखदेव ने कुछ बयान दिए, परंतु उससे कोई गिरफ़्तारी नहीं हुई।' सुखदेव दरअसल पुलिस का विश्वास जीत कर जयगोपाल तक पहुंचना चाह रहे थे, जिसका उल्लेख शिव वर्मा ने भी एक साक्षात्कार के दौरान किया है। उनके अनुसार, 'वह उस (जयगोपाल) तक पहुंचकर उसे बयान वापिस लेने के लिए कहना चाहता था और न मानने पर उसे मार देना।'

हालांकि सुखदेव को इस हरकत के लिए अपने साथियों का गुस्सा सहना पड़ा, लेकिन उन्होंने कभी कोई सफ़ाई नहीं दी। सुखदेव ने अपने आदर्शों को हमेशा आगे रखा। उन्होंने कभी यह चिंता नहीं की कि दूसरे उनके बारे में क्या सोचेंगे। वह बस अपने लक्ष्य को सही मान कर चलते रहे बाकी सब कुछ इतिहास पर छोड़ दिया। सुखदेव की इसी प्रवृत्ति की झलक क्रांतिकारियों द्वारा राजनीतिक बंदियों के अधिकारों के लिए चलाए गये भूख हड़ताल में भी दिखती है।

भगत सिंह और बटुकेश्वर दत्त को दिल्ली षड्यंत्र केस में आजीवन कारावास की सज़ा हुई थी, लेकिन लाहौर बम फैक्ट्री पर छापा और गिरफ़्तारियों के बाद उन दोनों

को दिल्ली से लाहौर के सेंट्रल जेल में ले जाया गया जहां उन पर लाहौर षड्यंत्र केस में भी मुक़दमा चलाया गया। लाहौर की जेल में क़ैदियों की ख़राब हालत को देखते हुए भगत सिंह और बटुकेश्वर दत्त ने राजनीतिक क़ैदियों के अधिकारों के लिए 11 जून 1929 को भूख हड़ताल आरंभ कर दी।

भगत सिंह, बटुकेश्वर दत्त और लाहौर षड्यंत्र केस के अन्य अभियुक्तों की मुलाक़ात 10 जुलाई, 1929 को हुई और सभी ने भगत सिंह-दत्त के संघर्ष को समर्थन दिया और उनके साथ भूख हड़ताल में शामिल होने का निर्णय किया। सुखदेव भूख हड़ताल के पक्ष में नहीं थे, क्योंकि वह विरोध के इस तरीक़े को गांधीवादी-सुधारवादी तरीका मानते थे। लेकिन जब सभी साथियों ने एक जेल कमिटी बना कर निर्णय किया तब सुखदेव ने संगठन के निर्णय को मानते हुए भूख हड़ताल में पूरे उत्साह और निष्ठा से भाग लिया।

क्रांतिकारियों ने जब भूख हड़ताल शुरू की तो कोर्ट की कार्यवाही ठप पड़ गयी, लेकिन इसके बावजूद शुरुआत में जेल अधिकारियों ने उनकी भूख हड़ताल को गंभीरता से नहीं लिया। धीरे-धीरे जैसे ही क्रांतिकारियों की शारीरिक हालत बिगड़ती गयी, जेल अधिकारियों ने उनको ज़बरन खिलाने की कोशिश की। एक क्रांतिकारी को आठ-दस तगड़े पुलिस वाले पकड़ कर लिटा देते थे और बलपूर्वक रबर की नली मुंह में घुसा कर दूध पिलाते थे।

भूख हड़ताल के संदर्भ में क्रांतिकारियों की काम चलाऊ जेल कमिटी ने निर्णय किया था कि 'अनशन के बीच बीमार पड़ने पर भी मुंह से किसी प्रकार की दवाई इत्यादि नहीं लेंगे और शक्ति रहते अधिकारियों को बलपूर्वक दूध भी नहीं पिलाने देंगे।' इस नियम की वजह से हर रोज़ क्रांतिकारियों और पुलिस वालों में झड़प होती थी। हर दिन मार-पिटाई, उठापटक लगी रहती थी। क्रांतिकारी हर दिन खाना नहीं खाने के लिए लड़ाई करते और जेल अधिकारी दिन में कई बार क्रांतिकारियों को खाना खिलाने के लिए पीटते।

भूख हड़ताल का दसवां दिन था। सुखदेव अपनी कोठरी में बैठे हुए थे, तभी जेल का दारोगा आठ-दस सिपाहियों के साथ आया। सुखदेव उनको देख कर मुस्कुराए और जैसे ही कोठरी का दरवाज़ा खुला, तीर की तरह निकल कर भागे। शिव वर्मा

लिखते हैं:

> दस दिन के अनशन के बाद उसने ऐसी दौड़ लगाई कि अधिकारी परेशान हो गये। दस दिन का भूखा आदमी भी इतना दौड़ लगा सकता है उसकी उन्हें आशा नहीं थी। कठिनाई से जब वह काबू आया तो उसने मारपीट शुरू कर दी – किसी को मारा, किसी को गुदगुदाया, किसी को काट खाया। इन सब बातों से दारोगा बेहद चिढ़ गया, डॉक्टर के पास ले जाने से पहले उसने सुखदेव की ख़ूब मरम्मत करवाई। वह मार खाता रहा और दारोगा की ओर देखकर उपेक्षा के भाव से मुस्कुराता रहा।

इतनी लड़ाई-झगड़े और विरोध के बावजूद जब जेल अधिकारी सुखदेव के गले में रबर की नाली डाल कर गले से दूध उतारने में सफल हो गये तो उनको यह अपमान लगा और मायूस होकर उस रात जेल की कोठरी में बेचैनी से टहलते रहे। अगले दिन जब दोबारा यही क्रम चला तो सुखदेव ने गले में उंगली डाल कर उलटी कर दी। दो-तीन दिन तक यह सब चलता रहा लेकिन बाद में गला इसका अभ्यस्त हो गया और उलटी होनी बंद हो गयी। इस हार से और खिन्न होकर सुखदेव ने मक्खी निगल ली, लेकिन फिर भी उलटी नहीं हुई।

इसके बाद सुखदेव को और कोई उपाय नहीं सूझा तो उन्होंने अपने एड़ी की नस काटने की सोची, लेकिन यह सोच कर रुक गये कि कहीं ऐसा न लगे कि उन्होंने फांसी के डर से आत्महत्या कर ली। सुखदेव को लगा कि इतनी जद्दोजहद करने के बावजूद जब जेल अधिकारी उनको दूध पिलाने में सफल हो ही जा रहा है तो भूख हड़ताल का क्या फयदा? इस सोच के साथ उन्होंने अगले ही दिन अपनी भूख हड़ताल समाप्त कर दी और जब सिपाही दूध पिलाने आया तो ख़ुद ही उसके हाथ से कटोरा लेकर पी लिया।

इस हरकत के लिए सुखदेव को फिर अपने साथियों के कोप का भाजन बनना पड़ा। भगत सिंह ने सुखदेव को रबर की नली से दूध लेते रहने को कहा लेकिन सुखदेव ने यह कह कर इंकार कर दिया कि 'मैं अपने से धोखा नहीं कर सकूंगा।'

जतिन दास की शहादत के बाद अंग्रेज़ सरकार ने राजनीतिक बंदियों के संदर्भ में क्रांतिकारियों की मांग मानने का ढोंग किया जिसको क्रांतिकारियों ने भांप लिया। दास की शहादत व्यर्थ न जाए इसके लिए क्रांतिकारियों ने अपनी मांगों को लेकर फरवरी 1930 में एक और भूख़ हड़ताल की घोषणा कर दी।

सुखदेव ने दूसरी भूख हड़ताल में पूरे उत्साह और दृढ़ता से हिस्सा लिया लेकिन उनके साथियों ने सोचा कि सुखदेव पछतावे के कारण इस भूख हड़ताल में शामिल हो रहे हैं लेकिन उन्होंने कुछ और ही सोच रखा था। अपनी पहली भूख हड़ताल तोड़ते समय उन्होंने भगत सिंह को कहा था कि 'भूख-हड़ताल की सफलता है किसी के मरने में। अनशन से डॉक्टर मरने नहीं देंगे और गला काट कर मैं मरना नहीं चाहता।' जतिन दास की शहादत पहली भूख हड़ताल के दौरान हो चुकी थी, दूसरी भूख-हड़ताल में सुखदेव ने मरने की ज़िम्मेदारी ख़ुद के ऊपर ले ली। उन्होंने इस बार पहले ही दिन से पानी भी पीना छोड़ रखा था, जिसकी वजह से हड़ताल के पंद्रहवें दिन उनकी हालत बहुत ख़राब हो गयी। उनके मुंह में छाले पड़ गये थे, ज़बान ऐंठने लगी, हाथों-पैरों की उंगलियां अकड़ गयी, बोलने की शक्ति भी जाती रही।

जब जेल अधिकारियों को सुखदेव की इस हालत का पता चला तो भगदड़ मच गयी। उनके साथी चिंतित हो गये। जतिन दास की मृत्यु के बाद बहुत हंगामा पहले ही खड़ा हो चुका था, जेल अधिकारी एक और शहादत बर्दाश्त नहीं कर सकते थे। तुरंत डॉक्टरों और सिपाहियों का एक दस्ता आया और ज्यों ही सुखदेव की कोठरी का दरवाज़ा खोला, वह फिर तीर की तरह निकल कर भागे। किसी ने पंद्रह दिन भूखे-प्यासे इंसान से इस तरह के विरोध की उम्मीद नहीं की थी। सुखदेव भागते-भागते लड़खड़ा कर गिर गये। डॉक्टरों ने उसी हालत में उनके गले में रबर की नली डाल कर पानी पिलाया जिसके बाद उनकी हालत सुधर गयी।

शिव वर्मा के अनुसार सुखदेव ने फिर एक बार जुआ खेला था जिसमें वह हार गये। एक अच्छे खिलाड़ी की तरह अपनी हार मानते हुए उन्होंने अपना अनशन समाप्त कर दिया, जिसकी वजह से दोबारा अपने साथियों का बहिष्कार सहना पड़ा लेकिन उन्होंने कोई सफ़ाई नहीं दी।

एक तरफ़ क्रांतिकारियों की भूख हड़ताल चल रही थी तो दूसरी तरफ़ लाहौर

षड्यंत्र का मुक़दमा भी अपनी गति से आगे बढ़ रहा था। किसी भी क्रांतिकारी ने कोर्ट में अपने बचाव की कोशिश नहीं की। वे अदालती करवाई को ढकोसला ही मानते थे और साम्राज्यवादी हुकूमत से किसी न्याय की उम्मीद नहीं रखते थे। सुखदेव बचपन से ही अंग्रेज़ों से किसी भी प्रकार के न्याय की उम्मीद नहीं रखते थे, जिसकी वजह से उन्होंने कई बार अदालती करवाई में हिस्सा लेने से साफ़ इंकार कर दिया। बोर्स्टल जेल के असिस्टेंट जेलर बक्शी लालचंद ने सुखदेव के इस निर्णय के बारे में कोर्ट को कहा था, 'Sukhdev stated that he did not recognise the court and so would not attend'.

केंद्रीय असेंबली में बम फेंकने का निर्णय यह सोच कर लिया गया था कि अदालत की करवाई से क्रांतिकारी अपना विप्लवी संदेश और विचारधारा देश के सामने रखेंगे। लाहौर षड्यंत्र मुक़दमे के दौरान भी उन्होंने यही रणनीति अपनायी और इसका संचालन करने के लिए एक समिति का गठन किया जिसमें सुखदेव भी थे। हालांकि सुखदेव इस समिति के सदस्य थे लेकिन वह इसको व्यर्थ ही समझते थे। सुखदेव की कोर्ट रूम में मौजूदगी के बारे में उनके चचेरे भाई जयदेव थापर लिखते हैं:

> वह न्यायालय में चुपचाप बैठा रहता था और किसी न किसी को पढ़ता रहता था। वह समय-समय पर पुस्तक से दृष्टि उठाकर न्यायालय में उपस्थित अपने रिश्तेदारों या न्यायालय की कार्यवाही को देखने वालों की ओर देख लेता था और फिर अपने अध्ययन में मग्न हो जाता था।

लाहौर षड्यंत्र केस, जिसके तहत अंत में भगत सिंह, सुखदेव और राजगुरु को फांसी की सजा हुई थी, में अंग्रेज़ सरकार ने मुख्य आरोपी सुखदेव को बनाया था क्योंकि वही पंजाब में पार्टी के प्रमुख संगठनकर्ता थे। एक तरफ़ लाहौर षड्यंत्र के अभियुक्त अपने अधिकारों की लड़ाई लड़ते हुए कोर्ट के मंच से अपने विचारों का प्रचार करते रहे तो दूसरी तरफ़ क्रांतिकारियों के साथी उनको छुड़ाने का प्रयत्न करते रहे और इसी बीच जस्टिस हिल्टन की अध्यक्षता वाले स्पेशल ट्रिब्यूनल ने 7 अक्टूबर 1930 को अपना फ़ैसला सुना दिया जिसमें सुखदेव, भगत सिंह और राजगुरु को

फांसी की सजा मुक़र्रर हुई। सुखदेव के बारे में फ़ैसला सुनते हुए जस्टिस हिल्टन ने कहाः

> सुखदेव को धारा 121, 302 व इसके साथ 109 और 120 बी (भारतीय दंड संहिता) के अंतर्गत दोषी करार दिया जाता है। अभियुक्त हिंदुस्तान सोशलिस्ट रिपब्लिकन पार्टी पंजाब शाखा का नेता था और पंजाब में इस पार्टी के कारण कई हिंसक घटनाएं घटीं। मिस्टर स्कॉट की हत्या के लिए सुखदेव प्रेरणास्रोत था, जिसके फलस्वरूप मि. सांडर्स की हत्या हुई। इसके अतिरिक़्त अभियुक्त बमों को बनाने के लिए, पार्टी में नये सदस्यों की भर्ती के लिए सक्रिय भाग लेता रहा। उसका अपराध भगत सिंह से किसी तरह कम नहीं है और भगत सिंह एक साधन था, जिसके माध्यम से सुखदेव ने अपनी योजना को पूरा किया।

7 अक्टूबर के फ़ैसले में फांसी की तारीख़ 27 अक्टूबर निश्चित की गयी लेकिन किन्हीं कारणवश इस निश्चित तारीख को फांसी नहीं दी जा सकी। जनता के विरोध और परिवारजन की कोशिशों के कारण तारीख़ बढ़ती गयी। 24 मार्च 1931 को फांसी का दिन तय किया गया लेकिन अंग्रेज़ी सरकार को आशंका थी कि इस अवसर पर जनता जेल के सामने बहुत बड़ा विरोध प्रदर्शन कर सकती है, जिसको ध्यान में रखते हुए पंजाब के गवर्नर ने 23 मार्च को ही फांसी देने का निर्णय कर लिया।

जेल अधिकारी सुखदेव को फांसी के तख़्ते तक ले जाने के लिए उनकी कोठरी में आये और उनको हथकड़ी पहनाने की कोशिश करने लगे। सुखदेव ने 'इंक़लाब ज़िंदाबाद' के नारे से इसका प्रतिरोध किया लेकिन फिर भगत सिंह के कहने पर मान गये और अपने बाकी दो साथियों के साथ 'मेरा रंग दे बसंती चोला' गाते हुए फांसी के तख़्ते तक पहुंचे। फांसी से पहले भगत सिंह ने जेलर से अनुरोध किया कि उनकी हथकड़ियां खोल दी जाएं और उनको नारे लगाने दिया जाए। जेलर उनकी आख़िरी इच्छा मान गया और उसने तीनों क्रांतिकारियों की हथकड़ियां खोल दीं जिसके बाद तीनों ने 'इंक़लाब ज़िंदाबाद', 'साम्राज्यवाद मुर्दाबाद' के नारे लगाये जिसके बाद उन्होंने फांसी के फंदे को चूम लिया।

भगत सिंह, राजगुरु और सुखदेव जैसे-जैसे अमरता की ओर अपने पांव बढ़ाते चले गये, वैसे-वैसे ही पूरी जेल 'इंक़लाब ज़िंदाबाद', 'भगतसिंह ज़िंदाबाद', 'सुखदेव ज़िंदाबाद' 'राजगुरु ज़िंदाबाद' के नारों से गूंज उठी और जैसे ही तीनों को फांसी हुई पूरे जेल में सन्नाटा पसर गया।

विचारों की सान पर

क्रांतिकारी आंदोलन के वैचारिक पक्ष और विकास की जब भी बात आती है तो भगत सिंह का उदाहरण दिया जाता है। भगत सिंह की लेखनी और वक़्तव्य को आधार बनाकर हम पूरे क्रांतिकारी आंदोलन के वैचारिक विकास को रेखांकित करने की कोशिश करते हैं। इस विश्लेषण की एक कमी यह है कि वह पूरे क्रांतिकारी आंदोलन को एक व्यक्ति तक सीमित कर देता है जिसकी वजह से क्रांतिकारी आंदोलन का संपूर्ण वैचारिक पक्ष और राजनीतिक अर्थ अंधेरे में रह जाता है।

जैसा कि हम ऊपर चर्चा कर चुके हैं क्रांतिकारी दल के नाम में 'समाजवादी' शब्द जोड़ने और समाजवाद का लक्ष्य घोषित करने का प्रस्ताव भगत सिंह के अलावा सुखदेव ने भी रखा था। भगत सिंह और सुखदेव की वैचारिक यात्रा एक साथ ही शुरू हुई। दोनों ने राष्ट्रवाद से अराजकतावाद और फिर समाजवाद तक का सफ़र एक साथ ही तय किया।

असहयोग आंदोलन की विफलता और कांग्रेस के ढुलमुल रवैये के कारण, सुखदेव, भगत सिंह, भगवती चरण वोहरा, यशपाल आदि ने आज़ादी के नये मार्ग की तलाश में विदेशों में हो चुके या चल रहे स्वाधीनता संघर्षों और क्रांतिकारी आंदोलन के बारे में पढ़ना शुरू किया। इस क्रम में उन लोगों ने डैन ब्रीन की आत्मकथा *माय फाइट फॉर आइरिश फ्रीडम* पढ़ी जिससे भगत सिंह काफ़ी प्रभावित हुए। इसके अलावा गैरीबाल्डी और मेजिनी की जीवनियां, फ्रांस की राज्यक्रांति, रौलेट कमिटी की रिपोर्ट, शचीन्द्रनाथ सान्याल की आत्मकथा *बंदी जीवन*, रूसो, वॉल्टेयर और क्रोपोटकिन की कृतियां, रूस के क्रांतिकारियों की जीवनी और अराजकतावादी साहित्य आदि का अध्ययन किया।

मथरादास लिखते हैं:

> सुखदेव की अलमारी ढेरों किताबों से भरी रहती थी ... मैंने उन्हें प्रायः विश्वक्रान्ति, राजनीति, समाजशास्त्र, भारतीय और विश्व इतिहास की पुस्तकों से ही चिपटे देखा। फ्रांस, इटली और रूस की राज्यक्रांति पर तथा विभिन्न देशों के स्वतंत्रता-संघर्षों में रुचि का पता उनके अध्ययन और वार्तालाप से चलता था। सुखदेव और भगत सिंह कभी-कभी कॉलेज से सीधा कमरे पर चले आते और देर तक कूका-विद्रोह, गदर पार्टी, कर्तारसिंह सराभा, सूफी अम्बाप्रसाद तथा बब्बर अकालियों के साहसपूर्ण कारनामों की चर्चा में उलझे रहते। गोर्की, मार्क्स, उमर खैयाम, एंगेल्स, ऑस्कर वाइल्ड, बर्नार्ड शॉ, चार्ल्स डिकेन्स, विक्टर ह्यूगो, टॉलस्टॉय और दोस्तोव्यस्की जैसे महान चिंतको और लेखकों पर वह घंटों सिर जोड़े चर्चा करते रहते।

सुखदेव और भगत सिंह अक्सर अराजकतावाद और साम्यवाद पर बहस करते थे। *ऐनार्किज़म् एंड अदर एसेज* को लेकर दोनों में महीनों बहस चली थी।

रोपशिन की *रशियन डेमोक्रेसी*, मैकस्विनी की *प्रिंसिपल ऑफ़ फ्रीडम*, मार्क्स की *सिविल वॉर इन फ्रांस*, बुखारिन की *हिस्टोरिकल मटेरॉलिस्म* सुखदेव के मेज़ पर पड़ी रहने वाली कुछ प्रमुख पुस्तकें थी। शिव वर्मा लिखते हैं, 'जेल के साथियों में भगत सिंह के बाद समाजवाद पर अगर सबसे अधिक अगर किसी साथी ने पढ़ा और मनन किया था तो वह सुखदेव था।'

जैसे-जैसे क्रांतिकारियों का लाहौर और कानपुर में चल रहे किसान और मज़दूर आंदोलनों में क्रमशः आना-जाना हुआ और वे राधामोहन गोकुल, सत्यभक्त, छबील दास, सोहन सिंह जोश जैसे साम्यवादी चिंतक और कार्यकर्ताओं के संपर्क में आये, उनका झुकाव साम्यवाद की तरफ़ होने लगा, जिसके फलस्वरूप दल के विधान में 'समाजवाद' शब्द जोड़ा गया और भारत में सर्वहारा राज कायम करने का लक्ष्य रखा गया।

जेल में रहते हुए क्रांतिकारी आंदोलन की कमियों और उसकी समीक्षा भगत सिंह के अलावा सुखदेव ने भी की थी जिसके आधार पर उन्होंने भविष्य के क्रांतिकारी आंदोलन और संगठन का एक प्रारूप तैयार कर लिया था। अपनी समीक्षा और सुझाव सुखदेव ने तीन पत्रों के माध्यम से जेल के बाहर अपने साथियों तक पहुंचाया। जेल में रहते हुए सुखदेव ने महात्मा गांधी को भी एक पत्र लिखा जिसमें उन्होंने अहिंसा की रणनीति और कांग्रेस की राजनीतिक बंदियों के प्रति दोहरी नीति आदि की आलोचना करते हुए क्रांतिकारी आंदोलन का बचाव किया। इसके साथ ही उन्होंने कांग्रेस के सुधारवाद की आलोचना कांग्रेस नेताओं के वर्ग-चरित्र के आधार पर की।

सुखदेव आदि क्रांतिकारियों की गिरफ़्तारी के बाद पंजाब में बम फ़टने का सिलसिला चल निकला। इन छोटी घटनाओं के अलावा क्रांतिकारियों ने वायसराय इरविन को भी बम से उड़ाने की कोशिश की। सुखदेव ने इन सब की कड़ी आलोचना करते हुए अपने साथियों को लिखाः

> मुझे समझ नहीं आई कि यह एक्शन किस विचार से किये गये हैं। जहां तक मै अनुभव करता हूं जनता में ऐसे एक्शन से कुछ विशेष जागृति तो आती नहीं है। यदि terrorise करने का विचार था तो मैं पूछना चाहता हूं कि आप लिखें कि इन एक्शन ने इस उद्देश्य की कहां तक पूर्ति की है।

सुखदेव के अनुसार 'बम और पिस्तौल' का उद्देश्य जनता में क्रांतिकारी चेतना और सहानभूति पैदा करना था, जो असेंबली बम कांड और लाहौर मुक़दमे के दौरान पूरा हो चुका था। अब ज़रूरत थी जनता के बीच प्रचार-प्रसार कर संगठन बनाने की। इस काम को करने के लिए सुखदेव ने नये आधार पर पार्टी के गठन का सुझाव दिया जिसका नाम उन्होंने 'सेंट्रल रेड रिवोल्यूशनरी पार्टी' प्रस्तवित किया जिसका उनके शब्दों में मुख्य काम, 'भिन्न-भिन्न लोकल स्थानों पर क्रांतिकारी कार्य और रणनीति का प्रचार और अच्छे क्रांतिवादी कार्यकर्ता और व्यवस्था [तैयार करना] होना चाहिए।' इसके साथ-साथ प्रचार के लिए प्रिंटिंग प्रेस स्थापित करने की बात भी उन्होंने कही।

इसके अलावा सुखदेव ने क्रांतिकारी चरित्र निर्माण पर काफ़ी ज़ोर दिया। अपने

साथियों में विचार, उद्देश्य की समझ और दृढ़ता की कमी को रेखांकित करते हुए उन्होंने भावी साथियों के राजनीतिक प्रशिक्षण पर विशेष ज़ोर देते हुए लिखाः

> याद रखो अपनी सफलता इस बात पर निर्भर है कि हमारे कार्यकर्ता अपने क्रांतिकारी आदर्श, रणनीति और संघर्ष की प्रकृति को ख़ूब समझते हैं। आज के आर्मचेयर पॉलिटिशियन और भावुकतापूर्ण व्याख्यानों द्वारा क्रांति का कार्य नहीं चलाया जाना चाहिए। बल्कि ऐसे व्यक्तियों को अपने संगठन में ही नहीं लेना चाहिए। क्रांति करने हेतु वो ही व्यक्ति लाभदायक सिद्ध हो सकते हैं जो आत्मोत्सर्ग के लिए प्रतिबद्ध हों। जो क्रांतिकारी शिक्षा प्राप्त किये हों और जीवन में क्रांति को पेशा समझे हों। जो व्यक्ति क्रांतिकारी कार्य को अपना पेशा नहीं बना सकता वह एक सिम्पैथाइजर के सिवा कुछ नहीं है।

सुखदेव के इन शब्दों में लेनिन की छाप साफ़ दिखाई पड़ती है। क्रांतिकारी अब बम फैक्ट्री की जगह प्रिंटिंग प्रेस लगाने की बात करने लगे थे। 'क्रांति की तलवार विचारों की सान पर तेज होती है', यह सिर्फ़ एक कथनी न रह कर वास्तविक रूप ले रही थी।

शिव वर्मा

शिव वर्मा का जन्म 9 फरवरी, 1904 को उत्तर प्रदेश के हरदोई ज़िले के कलौरी गांव में हुआ था। निम्न मध्यवर्गीय परिवार में जन्मे शिव, आर्य समाजी माहौल में पले बढ़े। अपने माता-पिता से ज़्यादा उन पर अपने चाचा बलदेव प्रसाद का प्रभाव था, जो कि आगे चल कर एक तालुकदार के तहसीलदार बने और बेहद संपन्न हो गये। वह अपने इलाक़े के एक जाने-माने पहलवान भी थे। शिव की माता का नाम कुंती देवी और पिता का नाम कन्हैया लाल वर्मा था जो कि पेशे से एक वैद्य थे लेकिन कभी-कभी कविता भी लिखते थे।

शिव के पांच भाई थे- बुद्धीसागर, शिव गोपाल, शिव नारायण, कैलाश और जनेश्वर। पहलवानी के साथ-साथ चाचा बलदेव प्रसाद रामायण और महाभारत भी सुनाते थे और बच्चों को शिवाजी, राणा प्रताप और गुरु गोविंद सिंह की कहानियों से प्रेरित करते थे। चाचा के अलावा बालक शिव पर जो दूसरा प्रभाव पड़ा, वह था कानपुर से निकलने वाले पत्र *प्रताप* का जिसके संपादक गणेश शंकर विद्यार्थी थे। विद्यार्थी जी अपने पत्र में अक्सर साम्राज्यवाद विरोधी आंदोलन पर चर्चा करते और देश-दुनिया के क्रांतिकारियों पर लेख छापते थे। इसी दौरान एक घटना हुई जिसने बालक शिव को हिला कर रख दिया। वह थी राम प्रसाद बिस्मिल द्वारा *देशवासियों के नाम संदेश* शीर्षक पर्चे का प्रकाशन, जिसे यूपी के अधिकतर ज़िलों में बांटा गया। यह पर्चा सन 1919 में लिखा गया था और इस पर अखिल भारतीय क्रांतिकारी कमेटी की मोहर थी। शिव अपनी आत्मकथा में लिखते हैः

> इस पर्चे ने मेरा जीवन ही बदल दिया। इसकी आख़िरी दो पंक्तियों ने मुझे बेहद प्रभावित किया –
>
> ‘भारतीय आगे बढ़ो और फोर्ट विलियम छीन लो,
> जितने हैं अंग्रेज़ यहां पर शीघ्र उनको बीन लो।’

नवंबर 1920 में जब महात्मा गांधी ने असहयोग आंदोलन का आह्वान किया उस समय शिव मात्र 16 वर्ष के थे और अपने बाल सखा जयदेव कपूर के साथ तहसील के स्कूल में पढ़ रहे थे। शिव के एक बड़े भाई इसी समय ज़िला कांग्रेस कमेटी के सचिव चुने गये और आंदोलन में जेल चले गये। जब और कोई उनकी जगह लेने सामने नहीं आया तो शिव ने उनकी जगह ली। वह लिखते हैं, 'गिरफ़्तारी के डर से कोई भी सामने नहीं आया। जिनको हम पूजते थे वह घर में दुबके रहे।' अंततः शिव ने स्कूल को तिलांजलि दी और कांग्रेस 'होलटाइमर' बन गये। लेकिन कुछ ही दिनों में कांग्रेस के आंदोलन की कमियां उनके सामने उजागर होने लगीं। जिलाधीश के दफ़्तर के बाहर प्रदर्शन करना, चुपचाप लाठी खाना और गिरफ़्तार हो जाना, उन्हें सुहाया नहीं। जब इस प्रकार के विरोध प्रदर्शन बस रिवाज़ बनकर रह गये तो शिव ने वैकल्पिक राजनीति की खोज करनी शुरू कर दी।

एका किसान आंदोलन

यह विकल्प उन्हें मिला किसानों के जुझारू नेता मदारी पासी के एका आंदोलन में। मदारी दलित थे और उनके ही ज़िले के थे। वैसे तो वह एक संपन्न किसान थे लेकिन उस दौर में सभी वर्गों के किसान, भूमिहीन मज़दूर और यहां तक कि छोटे ज़मींदार भी तालुकदारों के शोषण और दमन से त्रस्त थे। तालुकदार यानी बड़े ज़मींदार, जिन्हें कई गांवों से लगान वसूलने का अधिकार प्राप्त था। लगान के अलावा वे सैकड़ों प्रकार के अतिरिक्त मनमाने कर किसानों से वसूलते थे और उनसे बेगारी (जबरिया मजदूरी) भी करवाते थे। आर्थिक शोषण के साथ-साथ जातीय उत्पीड़न चरम पर था। पासी, अहीर और कुर्मी जैसी पिछड़ी जातियां तालुकदार और ज़मींदारों का भयंकर उत्पीड़न झेल रही थीं। प्रथम विश्व युद्ध ने किसानों की कमर तोड़ दी थी और युद्ध के बाद की महंगाई, आवश्यक वस्तुओं की कमी और हैजे की महामारी ने उनके लिए लगान देना असंभव बना दिया था। लेकिन ज़मीन जोतने वाले किसान का अपनी ही ज़मीन पर कोई अधिकार नहीं था और लगान न दे पाने की सूरत में या किसी भी और कारण से ज़मींदार जब चाहते उन्हें बेदख़ल करके उनकी ज़मीन नीलाम कर देते थे। इसी कारण

अवध क्षेत्र में बाबा रामचंद्र के नेतृत्व में किसान आंदोलन छिड़ गया। इस आंदोलन की असफलता के बाद हरदोई ज़िले में मदारी पासी ने विद्रोह का बिगुल बजाया। शिव भी इस आंदोलन में कूद पड़े और मदारी ने उन्हें कम उम्र के बावजूद किसानों के सामने एक कांग्रेस नेता के रूप में पेश किया। मदारी ने ज़िले के अलग-अलग गांवों में कथाओं का आयोजन करवाया जिसमें हज़ारों की संख्या में किसान हिस्सा लेते थे। मंच पर एक तरफ़ गीता तो दूसरी तरफ़ क़ुरान रखी जाती थी और सभी किसान आगे बढ़ कर शपथ लेते थे कि आपसी एका कभी ख़त्म नहीं होने देंगे। गंगाजल की जगह मदारी चमत्कारी ढंग से कुएं के पानी से ही लोगों को कसम खिलाते थे कि एक किसान भाई की ज़मीन कोई दूसरा किसान भाई नहीं खरीदेगा। मदारी अपने भाषणों में कहते – 'यह तुम्हारी ज़मीन है और यह सारी फसल भी तुम्हारी है। ज़मींदार को लगान देने की कोई ज़रूरत नहीं।' शिव लिखते हैं कि इस आंदोलन में किसान एक दूसरे को संदेश भेजने के लिए सुपारी का इस्तेमाल करते थे। जल्दी ही एका आंदोलन सीतापुर, लखनऊ, उन्नाव, कानपुर, फतेहपुर और फर्रुखाबाद में भी फैल गया। गौरतलब है कि इस आंदोलन को कांग्रेस का कोई समर्थन नहीं मिला क्योंकि स्थानीय कांग्रेस का नेतृत्व उन्हीं ज़मींदारों और उनके कारिंदों के हाथ में था जिनके ख़िलाफ़ किसान लड़ रहे थे। ब्रिटिश सरकार ने भी बर्बरतापूर्वक किसानों का दमन किया। हज़ारों किसानों को जेल की सलाखों के पीछे डाल दिया और उनके घर और संपत्ति की कुर्की कर दी।

19 वर्षीय शिव के मन पर इन घटनाओं का गहरा असर पड़ा और उन्होंने कांग्रेस के प्रांतीय नेतृत्व से मदद मांगने की ठान ली। सन् 1923 में यूपी कांग्रेस का प्रांतीय अधिवेशन लखनऊ में हो रहा था। शिव वहां हरदोई के प्रतिनिधि के रूप में शामिल हुए। उन्होंने सभापति मदन मोहन मालवीय से मुलाक़ात की और उनसे हरदोई के किसानों के समर्थन में एक प्रस्ताव जारी करने के लिए कहा। लेकिन मालवीय ने मना कर दिया, यह कहते हुए कि किसानों ने हिंसा की है। उसके बाद वह स्वामी सत्यदेव परिव्राजक के पास गये जो एक जाने-माने गरम दलीय बुद्धिजीवी थे, लेकिन उनसे भी कोई सहायता नहीं मिली। शिव कांग्रेसी नेताओं के रवैये से काफ़ी निराश हुए। किसी ने उन्हें सलाह दी कि गणेश शंकर विद्यार्थी से मिलो। विद्यार्थी जी तो उनके बाल्यकाल के नायक थे। एक बार हरदोई की एक सभा में उन्होंने उनका भाषण भी

सुना था। शिव किसी तरह कानपुर के प्रताप प्रेस पहुंचे और विद्यार्थी जी से मिले। विद्यार्थी जी ने उनसे और उनके मकसद से पूरी सहानुभूति दिखाई और कहा कि वह एका आंदोलन पर लेख लिखकर प्रताप के लिए भेजते रहें। दुर्भाग्यवश उसी समय मदारी पासी गिरफ़्तार हो गये और लगभग 3 साल जेल में ही रहे। इस कारण एका आंदोलन लगभग ख़त्म हो गया।

गौरतलब है कि 1926 में जेल से छूटने के बाद मदारी पासी शिव के क्रांतिकारी दल एचआरए में शामिल हो गये। उन्होंने हरदोई के आसपास के जंगलों में आदिवासियों को संगठित करना शुरू किया और उनकी एक छापामार फ़ौज बना ली। शिव उनके साथ कई दिन रहे और उनसे भगत सिंह और जयदेव कपूर को भी मिलवाया। मदारी ने क्रांतिकारियों को कई देसी हथियार दिए लेकिन मदारी और क्रांतिकारियों का यह गठबंधन ज़्यादा दिन तक नहीं चल पाया क्योंकि एचआरए को डर था कि मदारी की गतिविधियां कहीं उनके गुप्त संगठन के भेद पुलिस तक न पहुंचा दें।

ख़ैर, अगर हम वापस 1923 में लौटें तो शिव जब विद्यार्थी जी से मिलने कानपुर गये थे, वहीं उनकी मुलाक़ात गया प्रसाद ब्रह्मचारी से हुई जिन्होंने उनका परिचय भूमिगत सशस्त्र क्रांतिकारियों से करवाया। ब्रह्मचारी ने उन्हें भारतीय क्रांतिकारी आंदोलन, इटली व जर्मनी के राष्ट्रीय आंदोलन, आयरिश स्वंतत्रता संग्राम और रूसी क्रांति पर साहित्य पढ़ने को दिया। कुछ दिन मिलने के बाद ब्रह्मचारी अचानक से गायब हो गये। क्रांतिकारी साहित्य पढ़कर शिव को यह विश्वास हो गया कि बिना सशस्त्र क्रांति के न तो ज़मींदारों को हराया जा सकता है और ना ही अंग्रेज़ों को। हरदोई लौटते ही उन्होंने अपने सबसे करीबी दोस्त जयदेव के साथ मिलकर एक गुप्त क्रांतिकारी संगठन कायम किया और एका के बचे-खुचे कार्यकर्ताओं से भी संपर्क साधा। लेकिन यह संगठन ज़्यादा दिन तक नहीं चल पाया और अंत में शिव और जयदेव ने डीएवी कॉलेज, कानपुर में दाखिला लेकर अपनी पढ़ाई पूरी करने का फ़ैसला लिया।

एचआरए में प्रवेश

कानपुर में हिंदुस्तान रिपब्लिकन एसोसिएशन के मुखिया सुरेशचंद्र भट्टाचार्य थे।

उन्होंने अपने आसपास युवकों का एक गुट तैयार कर लिया जिसमें मुख्य थे- विजय कुमार सिन्हा, अजय घोष, बटुकेश्वर दत्त, सुरेंद्र पांडेय और महावीर सिंह। जल्द ही शिव वर्मा और जयदेव का भी परिचय इन छात्रों से हो गया। दरअसल शिव डीएवी कॉलेज के माहौल से ख़ुश नहीं थे। आये तो वह बड़ी उम्मीदें लेकर थे क्योंकि यह आर्य समाज का एक संस्थान था लेकिन यहां के लड़कों का दोहरा चरित्र देखकर वह बहुत निराश हुए। वह मानसिक अवसाद में चले गये। नवंबर 1925 में अपने बड़े भाई बुद्धीसागर को एक पत्र में वह लिखते हैं,

> मैं DAV कॉलेज में आया था, बहुत बड़े इरादे ले कर ... पर यहाँ आने पर मामला बिलकुल उलटा नज़र पड़ा ... सिगरेट, हुक्का आदि तो मामूली बातें हैं। पहला धक्का मेरे विचारों को यहाँ आते ही इस प्रकार लगा ... थोड़े ही दिनों में एक-एक कर सब (लड़के) खुल गये। सभी एक से एक बढ़कर निकले ... परिणाम यह हुआ कि मैं कुमार सभा आदि सभी जगहों से त्यागपत्र देकर सबसे अलग रहने लगा ... पढ़ने बैठता तो यही सब विचार दिमाग़ में चक्कर लगाने लगते और फिर तो कुछ भी पढ़ना मुश्किल हो जाता ... रोज़मर्रा के कार्यक्रम का तो कोई नियम ही न रह गया था। सभी काम ऊट-पटांग होते थे। इस बात ने अपने को अपने से ही असंतुष्ट कर दिया।

शिव आर्थिक संकट से भी जूझ रहे थे। उनके निम्न-मध्यम वर्गीय परिवार के लिए उन्हें हॉस्टल में रख कर पढ़ाना मुश्किल हो रहा था। ऊपर से अपने आसपास की ग़रीबी और लाचारी देखकर वह और निराश हो गये। वह लिखते हैः

> शाम के समय मेस बंद था, टहलते-टहलते बाज़ार की ओर निकल गया ... एक पूड़ी वाली की दूकान पर बैठ कर पूड़ियां खाने लगा। दो ही पूड़ियां खाई थीं कि एक 12-13 वर्ष का लड़का आकर तार के खम्बे के सहारे सामने खड़ा हो गया। उसकी निगाह में कुछ ऐसा असर था कि मैं बाकी खाना उसे दे देने को विवश हो

गया ... पास में और पैसे न थे ... उसकी शक्ल और भूख से खड़ा तक न हो पाने वाली दशा मुझे कई दिनों तक न भूली।

शिव का यह मानसिक अवसाद तभी दूर हुआ जब वह क्रांतिकारी पार्टी एचआरए के सदस्य बन गये। अब उनके जीवन में एक नयी ऊर्जा का संचार होने लगा। एक नये शोषणरहित समाज के लिए संघर्ष करने की भावना उनके अंदर हिलोरे मारने लगी। काकोरी ट्रेन डकैती जैसी घटना ने उन्हें और जयदेव को रोमांचित कर दिया लेकिन इस घटना से संगठन को भी बहुत बड़ा धक्का लगा और इसके सभी मुख्य नेता गिरफ़्तार हो गये। कानपुर से सुरेश चंद्र भट्टाचार्य भी पकड़ लिए गये और विजय कुमार सिन्हा के बड़े भाई राजकुमार भी गिरफ़्तार हो गये। दल छिन्न-भिन्न हो गया और इसके साथी यूपी और पंजाब में बंट गये। पंजाब में भगत सिंह, सुखदेव, यशपाल, भगवतीचरण वोहरा और दुर्गा देवी सक्रिय थे तो यूपी में शिव, जयदेव, सिन्हा, बटुकेश्वर दत्त और सुरेन्द्र पांडेय ने दल को पुनर्गठित करने का प्रयास किया। इस कार्य में कानपुर के क्रांतिकारियों को नगर के प्रगतिशील बुद्धिजीवियों का बहुत सहयोग मिला विशेषकर गणेश शंकर विद्यार्थी, मौलाना हसरत मोहानी, अर्जुन अरोड़ा, राधामोहन गोकुल और सत्यभक्त का।

समाजवाद की ओर झुकाव

इन्हीं दिनों शिव 1926 के अंत में पहली बार मार्क्सवादी चिंतक और लेखक राधामोहन गोकुल से मिले। विजय कुमार सिन्हा उन्हें गोकुल जी के कमरे पर ले गये थे जो कि कानपुर की एक मज़दूर बस्ती में स्थित था। गोकुल जी के कमरे में कम्युनिस्ट साहित्य का अपार भंडार था। उन्होंने शिव को अपनी लिखी हुई दो पुस्तकें दीं : *साम्यवाद क्या है* और *ईश्वर का बहिष्कार*। शिव लिखते हैं :

> गोकुल जी की 'कम्युनिज्म क्या है' मेरे लिए मार्क्सवाद में प्रथम शिक्षा थी। मैंने रूसी क्रांति और सोवियत संघ की उपलब्धियों के बारे में तो पहले से पढ़ रखा

था लेकिन वैज्ञानिक समाजवाद को मैंने पहली बार 1926 में गोकुल जी से ही समझा।

राधामोहन गोकुल वाकई एक मौलिक विचारक थे और प्रेमचंद ने तो उन्हें 'आधुनिक भारत का चार्वाक' तक कहा है। गोकुल जी का संबंध बंगाल की 'अनुशीलन समिति' से था और सन 1908 में उन्होंने राजनीतिक अर्थशास्त्र के विषय पर एक बहुत महत्त्वपूर्ण किताब की रचना की जिसका नाम था *देश का धन*। रूसी क्रांति के बाद उन्होंने मार्क्सवाद का अध्ययन और गहनता से किया और कानपुर को अपनी कर्मभूमि बनायी। सन 1925 में सत्यभक्त द्वारा जिस प्रथम कम्युनिस्ट सम्मेलन का आयोजन किया गया उसमें गोकुल जी ने अग्रणी भूमिका निभायी। एचआरए के क्रांतिकारियों पर उनका अच्छा ख़ासा प्रभाव था।

इसी दौरान शिव और साथियों का लाहौर में भगत सिंह और झांसी में चंद्रशेखर आज़ाद से संपर्क हो गया। तय हुआ कि काकोरी केस में बंद साथियों को छुड़ाया जाए। राम प्रसाद बिस्मिल और जोगेशचंद्र चटर्जी को छुड़ाने के प्रयत्न हुए लेकिन सब विफल रहे। अंत में जब बिस्मिल की फांसी टालने का कोई तरीका नहीं रहा तो शिव को उनसे मिलने गोरखपुर जेल भेजा गया। शिव अपनी डायरी में लिखते हैः

> फांसी के एक दिन पहले अंतिम मुलाक़ात का दिन था। समाचार पाकर (बिस्मिल के) पिता गोरखपुर आ गये। मां का कोमल हृदय शायद इस आघात को संभाल न सके, यही समझ कर उन्हें वे साथ ना लाये थे। प्रातः जब हम लोग जेल के फाटक पर पहुंचे तो देखा कि मां वहाँ पहले से ही मौजूद है। अन्दर जाने के समय सवाल आया मेरा, मुझे कैसे अन्दर ले जाया जाए? ... मुझे खामोश रहने का आदेश देकर मां ने अपने साथ ले लिया। पूछने पर कह दिया 'मेरी बहन का लड़का है' ... मां को देखकर रामप्रसाद रो पड़े ... मां ने ऊंचे स्वर में कहा 'मैं तो समझती थी मेरा बेटा बहादुर है जिसके नाम से अँगरेज़ सरकार भी कांपती है! मुझे नहीं पता था कि वह मौत से डरता है। तुम्हें यदि रोकर ही मरना था तो व्यर्थ ही इस काम में आए।' बिस्मिल ने आश्वासन दिया, 'आंसू मौत के डर के

नहीं वरन मां के मोह के थे। मौत से मैं नहीं डरता मां, तुम विश्वास करो।' मां ने मेरा हाथ पकड़ कर आगे कर दिया। 'यह तुम्हारा आदमी है, पार्टी के बारे में जो कहना है इनसे कह सकते हो।' उस समय मां का स्वरूप देख कर जेल के अधिकारी तक कहने को बाध्य हुए कि ऐसी मां का बेटा ही ऐसा बहादुर हो सकता है!

काकोरी के नायकों को न छुड़ा पाने का भगत सिंह और उनके साथियों को बहुत दुःख था लेकिन उन्होंने हिम्मत नहीं हारी और दल को पुनर्गठित करने के प्रयासों में लगे रहे। तय हुआ कि देशभर के क्रांतिकारियों को एक करने के लिए दिल्ली में एक गुप्त मीटिंग बुलायी जाए। इस कार्य के लिए शिव को बंगाल भेजा गया तो सिन्हा को बिहार, राजस्थान और बंबई। अब तक एचआरए के क्रांतिकारी यह समझ चुके थे कि अंग्रेज़ों के विरुद्ध सशस्त्र विद्रोह तभी कामयाब होगा जब किसानों और मज़दूरों का समर्थन उन्हें प्राप्त हो, इसलिए उनकी मांगों को भी अपने कार्यक्रम में शामिल करना ज़रूरी था। दूसरा अंग्रेज़ों के जाने के बाद देश में किस तरह की व्यवस्था होगी, इस पर भी वे लोग सोच रहे थे। अंत में वे लोग इस निर्णय पर पहुंचे कि केवल समाजवाद से ही मनुष्य की मुक्ति संभव है। लेकिन बंगाल के क्रांतिकारी उनके विचारों से सहमत नहीं हुए। शिव बताते हैं कि वह बंगाल में सरकार नाम के किसी व्यक्ति से मिलेः

कलकत्ते में मेरा परिचय जिन सज्जन से कराया गया उनके बारे में कहा गया कि वे अभी-अभी जेल से छूटकर आये हैं। देखने में वो बुजुर्ग लगते थे। उनका शरीर मोटा और थुलथुला था और उनका व्यवहार बड़ा ही अरुचिकर था। उनकी बातचीत और हाव-भाव से मुझे यह समझने में देर नहीं लगी कि मैं जिस व्यक्ति से मिल रहा हूँ, वह तानाशाही प्रवृत्ति वाला एक दम्भी एवं बड़ा अहंकारी व्यक्ति है। चार-पाँच नौजवान लड़के जो बराबर वहाँ मौजूद रहे, उन्हें सुशील दा कहकर सम्बोधित करते थे। मैंने जैसे ही उनके कमरे में प्रवेश किया वैसे ही उन्होंने यू.पी. ग्रुप को काकोरी कांड के लिए डांटना फटकारना शुरू कर दिया। 'तुम लोगों ने यह काम हम लोगों से पूछे बगैर क्यों किया? और अब सारा संगठन चौपट कर

देने के बाद हमसे सहायता मांगने आने से क्या फायदा?' मैंने उनसे कहा कि मैं आपसे कोई सहायता मांगने नहीं आया हूं बल्कि कुछ मुद्दों पर बातचीत करने और आपको दिल्ली मीटिंग के लिए आमंत्रित करने आया हूं। इसके बाद मैंने एक-एक करके सभी प्रस्तावों के बारे में उन्हें बतलाया और उनसे दिल्ली मीटिंग में भाग लेने का अनुरोध किया।

उन्होंने कहा कि वे अपनी शर्तों पर ही मीटिंग में भाग ले सकेंगे और मुझसे यह आश्वासन मांगा कि उनकी शर्तें मान ली जाएंगी। उनकी शर्तें इस प्रकार थी; कि हम लोग समाजवाद और कम्युनिज्म से कोई सरोकार नहीं रखेंगे; कि पार्टी का नाम नहीं बदला जाएगा; कि हमें सरकार से सीधे भिड़ा देने वाले काकोरी जैसे काम भविष्य में हमसे पूछे बगैर नहीं किये जाएंगे; कि केंद्रीय कमेटी जैसी कोई चीज नहीं होगी और हम लोगों को केवल उन्हीं के माध्यम से बंगाल के मातहत रहकर काम करना होगा; कि हम लोगों को अपनी गतिविधियाँ सिर्फ़ संगठन बनाने, हथियार और पैसा जमा करने तक ही सीमित रखनी होंगी; कि पैसे के लिए सिर्फ़ अराजनीतिक कामों की ही इजाजत होगी। मैंने उन्हें इस बात पर राजी करने की कोशिश की कि वे बगैर किसी प्रकार की शर्तें लगाए खुले दिल से मीटिंग में आयें और सभी बातों पर बहस में हिस्सा लें। उन्होंने मेरी बात मानने से साफ़ इन्कार कर दिया। चूंकि उनकी सभी शर्ते हमारे प्रस्तावों से बिल्कुल भिन्न थीं इसलिए मैंने विनम्रतापूर्वक उनकी शर्तें मानने से इनकार कर दिया।

शिव को बंगाल से निराश होकर वापस लौटना पड़ा। जब दिल्ली के फिरोजशाह कोटला में क्रांतिकारियों की मीटिंग हुई जिसमें नयी केंद्रीय समिति चुनी गयी, शिव को यूपी में पार्टी का संगठनकर्ता चुना गया।

उत्तर प्रदेश में एचएसआरए की गतिविधियां

पार्टी का मुख्यालय आगरा में खोला गया। शिव ने सहारनपुर, मेरठ, कानपुर, झांसी, लखनऊ, इलाहाबाद, बनारस, गोरखपुर आदि ज़िलों में पार्टी के मज़बूत केंद्र स्थापित किये। कॉलेजों और यूनिवर्सिटियों में जोर-शोर से प्रचार किया गया

और चुनिंदा छात्रों को गुप्त संगठन का हिस्सा बनाया गया। शिव और उनके साथी कानपुर में मज़दूर आंदोलन और विभिन्न इलाक़ों में चल रहे किसान आंदोलन में भी सक्रिय थे। इसी बीच साइमन कमीशन भारत आया और जगह-जगह उसके विरोध में प्रदर्शन हुए। लाहौर में ऐसे ही एक प्रदर्शन पर हुए लाठीचार्ज के कारण पंजाब के वृद्ध नेता लाला लाजपत राय की मृत्यु हो गयी और एचएसआरए ने इस हत्या का बदला लेने का फ़ैसला किया। परिणामस्वरूप लाहौर के एएसपी सांडर्स को गोली से उड़ा दिया गया। इसी दौरान भगत सिंह कलकत्ता गये और वहां से बम बनाने में माहिर जतिन दास को साथ लाये। जतिन की मदद से शिव ने आगरा और सहारनपुर में बम बनाने के गुप्त कारखाने स्थापित किये।

हथियारबंद संघर्ष के साथ-साथ शिव ने प्रचार कार्य पर भी ध्यान दिया। इलाहाबाद से प्रकाशित *चांद* पत्रिका के मालिक रामरख सहगल, फांसी की सज़ा पर एक विशेषांक निकालना चाहते थे और इसके लिए उन्होंने जाने-माने साहित्यकार चतुरसेन शास्त्री से संपर्क किया। जब शिव को इस विशेषांक के बारे में पता चला तो वह भगत सिंह को लेकर इलाहाबाद पहुंचे और *चांद* के दफ़्तर में रहकर दोनों ने मिलकर भारतीय क्रांतिकारी आंदोलन के शहीदों पर करीब 80 लेख लिख डाले। *चांद* के इस फांसी विशेषांक पर छपते ही प्रतिबंध लग गया लेकिन फिर भी इसकी बिक्री बहुत बड़ी संख्या में हुई और इसने हिंदी भाषी क्षेत्र के युवाओं पर गहरा प्रभाव डाला।

गिरफ़्तारी और जेल में संघर्ष

जब मज़दूर आंदोलन को दबाने के लिए लाए गए कानूनों के विरोध में भगत सिंह और दत्त का असेंबली में बम फेंकना तय हुआ, तो शिव और जयदेव को यह काम सौंपा गया कि वे दोनों के साथ दिल्ली जाएं और उनकी मदद करें। आगरा में बने बम दिल्ली पहुंचा दिए गये और दल का मुख्यालय आगरा से झांसी स्थानांतरित कर दिया गया। जब शिव दिल्ली की ओर जाने लगे तो दल के सेनापति आज़ाद ने उनसे कहा 'प्रभात! (शिव का दल का नाम) अब यह दोनों (भगत-दत्त) राष्ट्र की संपत्ति हैं इनका ख्याल रखना, इन्हें किसी चीज की कमी ना हो।'

8 अप्रैल 1929 को असेंबली में बम फेंके गये और भगत सिंह और दत्त

गिरफ़्तार हो गये। इसी बीच शिव और जयदेव को ख़बर मिली कि वायसराय शिकार खेलने देहरादून आया हुआ है और वे लोग उसका 'शिकार' करने देहरादून पहुंचे लेकिन योजना विफल रही। शिव ने दिल्ली से वापस लौटकर आगरा की बम फैक्ट्री को सहारनपुर शिफ्ट कर लिया और वहां पर वे जयदेव और डॉक्टर गया प्रसाद के साथ भेष बदलकर रहने लगे। लेकिन मई 1929 में असेंबली बमकांड की तहक़ीक़ात करते-करते लाहौर में कश्मीरी बिल्डिंग नामक एक स्थान पर पुलिस ने छापा मारा और सुखदेव सहित दो और क्रांतिकारियों को पकड़ लिया। इनमें से जयगोपाल सरकारी गवाह बन गया। सहारनपुर की पुलिस को भी शिव और उनके साथियों पर शक हो गया था। आख़िर ये लोग भी जून के महीने में पकड़े गये। हुआ यूं कि शिव ने डॉक्टर साहब को कुछ पैसे लेने कानपुर भेजा, इतने में पुलिस ने इनके मकान को घेर लिया। पूछताछ में इन्होंने बताया कि ये लोग डॉक्टर साहब के भाई हैं लेकिन तलाशी के दौरान पुलिस को मकान में कुछ आपत्तिजनक सामग्री मिल गयी। दारोगा ने एक अलमारी की ओर इशारा किया और शिव से कहा 'इसे खोलो!' शिव ने झट से अलमारी खोली और उसमें से दो बम निकालकर अपने हाथ में ले लिए। दारोगा की सिट्टी-पिट्टी गुम हो गयी और वह वहां से भाग खड़ा हुआ। लेकिन सचाई यह थी कि बम में अभी पिन नहीं लगी थी और वह इस्तेमाल करने लायक नहीं था। इसका फ़ायदा उठाकर एक भारी-भरकम हवलदार शिव पर हावी हो गया और वह और जयदेव गिरफ़्तार कर लिए गये। बाद में जब पुलिस वालों को पता चला कि वे लोग कौन हैं तो एक पुलिस वाला उनसे बोला, 'हम लोग कुत्ते हैं साहब! आपने हमें मार दिया होता। देश को आपकी ज़रूरत है।' इस पर शिव ने कहा, 'हम लोग हिंदुस्तानियों को चोट नहीं पहुंचाते।'सहारनपुर के मजिस्ट्रेट ने भी उनसे काफ़ी सहानुभूति दिखायी। शिव को विश्वास हो गया कि देशवासियों में क्रांतिकारियों को लेकर अच्छी-ख़ासी सहानुभूति है। दो दिन बाद जब गया प्रसाद लौटे तो वह भी गिरफ़्तार हो गये।

शिव और बाकी सभी गिरफ़्तार साथियों को सांडर्स मर्डर केस में अभियुक्त बनाने के लिए लाहौर लाया गया। कुछ समय पहले बिछड़े साथी फिर एक हो गये। अदालत के लिए रणनीति तैयार की गयी। क्रांतिकारियों ने अपने आप को तीन हिस्सों में बांट लिया : पहले दल में शिव, भगत सिंह, जयदेव, सिन्हा और राजगुरु थे जिन्होंने

अपने लिए कोई वकील नियुक्त नहीं किया था। इन्होंने अपना मुक़दमा ख़ुद लड़ा। गवाहों से ज़िरह की। कोर्ट में नारेबाजी की और समय-समय पर राजनीतिक बयान जारी किये। दूसरे ग्रुप ने, जिसमें अन्य साथी थे, ना तो अपने लिए वकील नियुक्त किया न ही अपना केस ख़ुद लड़ा। उन्होंने अदालत पर ही सवालिया निशान खड़ा कर दिया और पूरी व्यवस्था के ख़िलाफ़ ज़बरदस्त बयान जारी किये। तीसरा ग्रुप उन लोगों का था जिनके बचने की कुछ उम्मीद थी। इन लोगों के लिए वकील नियुक्त किये गये और इनका केस अच्छे से लड़ा गया।

अदालत के साथ-साथ जेल में भी संघर्ष जारी रखा गया। भगत सिंह और दत्त ने जेल में राजनीतिक बंदियों के अधिकारों को लेकर भूख हड़ताल छेड़ रखी थी। अब सभी साथी इसमें सम्मिलित हो गये। कुछ दिनों में शिव की हालत बहुत बिगड़ गयी और सब को लगा कि वह नहीं बचेंगे। उन्हें तेज बुख़ार और सीने में बहुत जोर का दर्द रहने लगा। अजय घोष, जो स्वयं भूख हड़ताल में शामिल थे, लिखते हैं, 'वर्मा ने दवाई लेने से मना कर दिया क्योंकि हमने कसम खाई थी। उन्होंने असीम साहस का परिचय दिया।'

वर्मा तो बच गये लेकिन 63 दिन की भूख हड़ताल के बाद जतिन दास शहीद हो गये। फिर भी सरकार के कान पर जूं नहीं रेंगी। अंत में सरकार ने एक जांच कमेटी बनाने का वादा किया। अब राष्ट्रीय नेताओं ने क्रांतिकारियों से अपील की कि वे अपने हड़ताल तोड़ दें। इस अपील को मानते हुए भगत सिंह और साथियों ने अपनी भूख हड़ताल ख़त्म कर दी। इस भूख हड़ताल ने लाहौर केस के बंदियों को पूरे भारत में प्रसिद्धि दिलायी और घर-घर इनके नाम लिए जाने लगे। आगे चलकर जब सरकार अपने वादे से मुकर गयी तो जनवरी 1930 में क्रांतिकारियों ने एक बार फिर भूख हड़ताल शुरू कर दी। इस बार सरकार घबरा गयी और उसने जल्दी-जल्दी जांच कमेटी का गठन कर दिया। यह भगत, शिव और उनके सभी साथियों की बड़ी जीत थी। हालांकि राजनीतिक बंदियों का ओहदा उन्हें अभी भी नहीं मिला लेकिन जेल में 'ए' क्लास और 'बी' क्लास क़ैदी नाम की दो श्रेणियां बना दी गयीं।

7 अक्टूबर 1930 को केस का फ़ैसला हुआ और भगत सिंह, सुखदेव, राजगुरु को फांसी जबकि शिव और अन्य साथियों को आजीवन कारावास की सजा सुनायी

गयी। कुछ को दूसरी अवधियों के लिए कारावास मिला और कुछ सबूतों के अभाव में छोड़ दिये गये।

जेल में एचएसआरए के क्रांतिकारियों ने मार्क्सवाद का गहन अध्ययन किया था और बाहर आने के बाद कम्युनिस्ट पार्टी में काम करने का फ़ैसला किया था। अब फैसले के बाद जब भगत सिंह और सभी साथी बिछड़ने लगे तो उन्होंने शिव से कहा,

> भावुक बनने का समय अभी नहीं आया है, प्रभात! मैं तो कुछ ही दिनों में सारे झंझटों से छुटकारा पा जाऊंगा, लेकिन तुम लोगों को लम्बा सफर पार करना पड़ेगा। मुझे विश्वास है उत्तरदायित्व के भारी बोझ के बावजूद इस लम्बे अभियान में तुम थकोगे नहीं, पस्त नहीं होगे और हार मान कर रास्ते में बैठ नहीं जाओगे।

लाहौर से शिव और उनके साथियों को मद्रास प्रांत में भेज दिया गया, जहां उन्हें अपनी सजा काटनी थी। उन्हें और सिन्हा को राजमुंदरी जेल में डाल दिया गया। यहां उनकी मुलाक़ात भविष्य के प्रसिद्ध मार्क्सवादी नेता पी. सुंदरैया से हुई जिन्होंने अपनी आत्मकथा में लिखा है 'मैंने कम्युनिज्म का अपना पहला सबक वर्मा से ही सीखा।' वर्मा ने मार्क्सवाद का अपना अध्ययन जारी रखा और कई कांग्रेसी क़ैदियों को भी अपनी विचारधारा से प्रभावित किया। वह जेल में सुभाषचंद्र बोस से भी मिले। जब जयदेव को भी उसी जेल में भेजा गया तो वर्मा, विजय कुमार सिन्हा और जयदेव – तीनों ने मिलकर राजनीतिक बंदियों के अधिकारों को लेकर भूख हड़ताल शुरू कर दी। सरकार ने सोचा कि घर से इतनी दूर रहने से ये क्रांतिकारी हतोत्साहित हो जाएंगे लेकिन शिव और उनके साथियों ने दक्षिण भारत की जेलों में भी क्रांति का डंका बजा दिया। सरकार ने उनकी मांगें तो मान ली लेकिन उनको अंडमान की सेलुलर जेल भेजने का भी फ़ैसला कर लिया।

मार्क्सवाद का प्रचार-प्रसार

वर्मा, कपूर और सिन्हा 14 जून 1933 को अंडमान पहुंचे। तब तक उनके एक साथी महावीर सिंह जेल अधिकारियों के ज़ुल्म के ख़िलाफ़ भूख हड़ताल करते

हुए शहीद हो चुके थे। जेल की स्थिति भयावह थी! न खाने-पीने की व्यवस्था कायदे की थी, ना सोने की, ना साफ़-सफाई की। पढ़ने-लिखने की कोई सुविधा थी ही नहीं और बीमार पड़ने पर इलाज करवाना भी बहुत मुश्किल था। परिजनों से मिलना या पत्र भेजना तो लगभग असंभव ही था। महावीर सिंह के बलिदान से बहुत मुश्किल से हालात में कुछ सुधार आया था और क़ैदियों को पढ़ने-लिखने और अपना खाना ख़ुद बनाने की सुविधा मिल गयी थी। इसका पूरा फ़ायदा शिव ने उठाया और जेल के अंदर ही अपने साथियों के साथ मिलकर 'कम्युनिस्ट कंसोलिडेशन' की स्थापना की। उनका सीपीआई की बंगाल कमेटी से संपर्क हो गया था और वहां से उन्हें संदेश आया कि वे सभी वामपंथी विचारों वाले क्रांतिकारियों को एकजुट करें, जेल के अंदर मार्क्सवाद का प्रचार-प्रसार करें और जेल अधिकारियों के ख़िलाफ़ संघर्ष जारी रखें। इसी उद्देश्य की पूर्ति के लिए शिव ने 26 अप्रैल 1935 को अपने 35 साथियों के साथ कंसोलिडेशन की नींव डाली। अंडमान में अलग-अलग संगठनों के कुल 300 क्रांतिकारी क़ैद थे। इनमें से अधिकतर को मार्क्सवाद का कुछ ज्ञान नहीं था और कई तो खुलकर कम्युनिज्म का विरोध भी करते थे। शिव और उनके साथियों ने क़ैदियों को मार्क्सवाद पढ़ाने के लिए स्टडी सर्कल शुरू किये और जेल के अंदर एक पुस्तकालय भी स्थापित किया। इसी के साथ कंसोलिडेशन की तरफ़ से दो पत्रिकाएं भी निकाली गयीं : *कॉल* और *दुनियार खबर*। धीरे-धीरे दूसरे क्रांतिकारी भी मार्क्सवाद की ओर आकर्षित होने लगे क्योंकि शिव और उनके साथियों ने यह सवाल उठाया कि आज़ादी के बाद का भारत कैसा होगा? क्या फिर भी यहां शोषण, अन्याय और ग़रीबी ज्यों की त्यों बनी रहेगी? पुराने क्रांतिकारियों के पास इसका कोई जवाब नहीं था। लेकिन शिव के पास इसका जवाब था : समाजवाद। धीरे-धीरे क़ैदियों का सबसे बड़ा हिस्सा कंसोलिडेशन के साथ हो गया। अब नियमित रूप से इतिहास, राजनीति, अर्थशास्त्र, साहित्य आदि पर कक्षाएं होने लगी। जेल में मार्क्सवादी साहित्य चोरी-छिपे लाया गया और गुप्त पुस्तकालय का भी निर्माण किया गया। मई दिवस, लेनिन दिवस जैसे समारोह जोर-शोर से मनाये गये।

इसी बीच अंडमान में गदर पार्टी के एक पुराने नेता बाबा गुरुमुख सिंह का आगमन हुआ। सिंह ने आते ही शिव वर्मा से विपरीत लाइन लेनी शुरू कर दी। उनके

अनुसार सच्चे कम्युनिस्टों को पढ़ाई-लिखाई से ज़्यादा शारीरिक प्रशिक्षण पर ध्यान देना चाहिए। कई युवा साथी उनकी ओर आकर्षित हुए और उन्होंने कक्षाओं में जाना बंद कर दिया। शिव ने इसकी रिपोर्ट पार्टी की बंगाल कमेटी को भेजी और अंत में उनकी लाइन को ही सही बताया गया। कंसोलिडेशन का पुनर्गठन हुआ और एक बार फिर जोर-शोर से काम शुरू हो गया। यह फ़ैसला हुआ कि अब सरकार से टक्कर लेने का समय आ गया है। इसी समय सामूहिक भूख हड़ताल की घोषणा कर दी गयी और यह मांग की गयी कि जब तक सभी क़ैदियों को रिहा नहीं कर दिया जाता क़ैदी अन्न को हाथ तक नहीं लगाएंगे। जेल प्रशासन की चौकसी के बावजूद ख़बर बाहर पहुंच गयी और बवाल हो गया। महात्मा गांधी ने भी इस मुद्दे को उठाया। उन्होंने क्रांतिकारियों को पत्र लिखकर पूछा कि क्या उन लोगों ने आतंकवाद का रास्ता त्याग दिया है? शिव और उनके साथियों ने जो जवाब लिखकर भेजा वह इस प्रकार हैः

> हमें इस बात की ख़ुशी है कि आपने 'आतंकवाद' पर हमारी राय पूछी है। हमें यह बात आपको बताते हुए गर्व हो रहा है, और आपके माध्यम से संपूर्ण राष्ट्र को, कि हम में से जिन लोगों का कभी आतंकवाद पर विश्वास था भी, वे भी अब उसे त्याग चुके हैं और यह मानते हैं कि वह एक राजनैतिक हथियार के रूप में किसी काम का नहीं। हम यह मानते है कि इससे देश का फ़ायदा नहीं नुकसान है।

आख़िरकार शिव और उनके साथियों की जीत हुई और अधिकतर क्रांतिकारी जेल से रिहा हो गये। लेकिन शिव जैसे 'खतरनाक' क्रांतिकारियों को अभी जेल से रिहा नहीं किया गया और इसके बदले उन्हें अपने राज्यों की जेलों में भेज दिया गया। इस प्रकार शिव लखनऊ जेल पहुंच गये। यहां भी उन्होंने मार्क्सवाद का प्रचार-प्रसार जारी रखा। अजय घोष, जो अब कम्युनिस्ट पार्टी के बड़े नेता थे, उनसे मिलने पहुंचे। वह लिखते हैः

> हालांकि उन्हें पता है कि अभी उन्हें कई वर्ष जेल की सलाखों के पीछे काटने हैं लेकिन फिर भी वह अपनी विचारधारा पर अडिग हैं और भारतीय जनता की

अंतिम विजय को लेकर आश्वस्त हैं।

शिव, जयदेव, गया प्रसाद और किशोरीलाल आख़िरकार सबसे अंत में फरवरी, 1946 में जेल से रिहा हुए। शिव अपनी डायरी में लिखते हैं,

> मैं 17 साल बाद जेल से बाहर आया। बाहर आकर मुझे लगा जैसे मेरा कुछ अन्दर छूट गया है। जेल में जो साथी बिछड़ गये थे उनके चेहरे आँखों के सामने आने लगे। वे कहने लगे, 'हमें भूलना नहीं, हमें बलिदानों को भूलना नहीं!' घर का रास्ता, जहाँ मैं बड़ा हुआ था, अनजान सा लगा। घर पहुच के मेरी आँखे मेरी सबसे बड़ी क्षति को ढूंढ रही थीं – मेरी मां को . . .

17 साल के जेल जीवन और उससे पहले के क्रांतिकारी संघर्ष ने शिव के शरीर को एक तरह से ख़त्म कर दिया था। अंडमान की जेल में वे अपनी एक आंख भी खो चुके थे। फिर भी एक सच्चे क्रांतिकारी की तरह वह आते ही कम्युनिस्ट पार्टी में सक्रिय हो गये। उन्होंने पूरे उत्तर प्रदेश का दौरा किया और कांग्रेस की प्रतिक्रियावादी राजनीति को अपनी आंखों से देखा। 1947 में देश आज़ाद हुआ और कांग्रेस के हाथ में सत्ता आ गयी। 1948 में वर्मा को सीपीआई की यूपी कमेटी का सचिव चुना गया। इसी वर्ष पार्टी पर प्रतिबंध लग गया और शिव ने 3 वर्ष भूमिगत रहकर यूपी राज्य कमेटी का संचालन किया। जब पार्टी पर से बैन हटा तो उन्हें पार्टी की साहित्यिक पत्रिका *नया पथ* की ज़िम्मेदारी सौंप दी गयी।

नया पथ : क्रांति की सशक्त आवाज

शिव वर्मा बहुत अच्छे लेखक एवं साहित्य के जानकार व्यक्ति थे। जेल में रहते हुए भी वह अलग-अलग नामों से यशपाल की पत्रिका *विप्लव* में नियमित रूप से लिखते थे। इससे पहले वह *प्रताप* में कई लेख लिख चुके थे और युवावस्था में आर्य समाज की पत्रिकाओं में भी काम कर चुके थे। जेल से बाहर आने के बाद उन्होंने माओ की जीवनी और *मार्क्सवाद परिचयमाला* जैसे सशक्त कृतियों की रचना की।

इसलिए उन्हें *नया पथ* का सम्पादक बनाया गया। *नया पथ* के प्रथम संपादकीय में वह लिखते हैं:

> *नया पथ* राजनीति के क्षेत्र में निष्पक्षता का दावा नहीं करता। ये हमेशा झूठ के ख़िलाफ़ सत्य का, युद्ध के ख़िलाफ़ अमन का, गुलामी के ख़िलाफ़ आज़ादी का और शोषक के ख़िलाफ़ शोषितों का पक्ष लेगा ... हमारे शहीदों के स्वप्न आज भी अधूरे हैं और जो संघर्ष उन्होंने शुरू किया था अभी भी ख़त्म नहीं हिया है। ऐसी स्थिति में कोई भी क्रांतिकारी घर नहीं बैठ सकता। हमारा मिशन तब तक अधूरा है जब तक इस धरती पर हर एक व्यक्ति को भर पेट खाना नहीं नसीब होता ...

इस पत्र में इन्होंने हिंदी जगत के जाने-माने लेखकों, साहित्यकारों और आलोचकों को अपने साथ जोड़ा और साहित्य और राजनीति के अनेक जटिल विषयों पर बहस चलायी। अपने संपादकीय में उन्होंने नेहरू सरकार की जनविरोधी नीतियों का पर्दाफाश किया और सांप्रदायिकता एवं अंध-राष्ट्रवाद के ख़िलाफ़ भी आवाज बुलंद की। 1958 तक उन्होंने *नया पथ* को चलाया। इसके बाद उन्हें इस ज़िम्मेदारी से मुक्त कर दिया गया।

1962 का युद्ध और माकपा की स्थापना

1962 के भारत-चीन युद्ध के दौरान शिव और उनके कई साथियों को जेल में बंद कर दिया गया। एक लंबे समय से पार्टी के अंदर यह बहस छिड़ी हुई थी कि भारत में समाजवादी क्रांति का सही रास्ता क्या है? एक ओर एस. ए. डांगे और पी. सी. जोशी जैसे नेता थे, जो कांग्रेस का समर्थन करते थे, तो दूसरी ओर शिव, ईएमएस नंबूदरीपाद और सुंदरैया थे, जो कांग्रेस को एक बुर्जुआ पार्टी मानते थे। आख़िरकार पार्टी के अंदर की बहस बहुत तीखी हो गयी और पार्टी दो भागों में विभक्त हो गयी – भाकपा और माकपा। शिव माकपा में चले गये और उन्होंने शंकर दयाल तिवारी जैसे साथियों के साथ मिलकर उत्तर प्रदेश में इसके संगठन की ज़िम्मेदारी संभाली। वह मज़दूर आंदोलन में भी सक्रिय रहे और पार्टी के मुखपत्र *लोकलहर* का भी संपादन

किया। इसी बीच उन्होंने अपने एचएसआरए के साथियों के संस्मरण *संस्मृतियाँ* नाम से छपवाए जो विश्व प्रसिद्ध हुए। इस पुस्तक में उन्होंने न केवल यह सिद्ध किया कि भगत सिंह और उनके साथी समाजवाद को समर्पित थे बल्कि यह भी दिखाया कि वे लोग देवतुल्य ना होकर आम इंसान थे जिनके सपने बेहद ख़ास और आदर्श बहुत ऊंचे थे।

शहीद स्मारक एवं स्वतंत्रता संग्राम शोध केंद्र

सन 1983 में शिव वर्मा ने सक्रिय राजनीति से संन्यास ले लिया और अपना शेष जीवन अपने शहीद साथियों की याद में समर्पित करने का फ़ैसला किया। इसी लक्ष्य की पूर्ति के लिए उन्होंने लखनऊ में क्रांतिकारी दुर्गा भाभी के घर पर शहीद स्मारक एवं स्वतंत्रता संग्राम शोध केंद्र की स्थापना की। राजनीति में गिरते आदर्श और सांप्रदायिकता के बढ़ते प्रभाव से वह बेहद परेशान थे। इसलिए उन्होंने फ़ैसला किया कि अपने शहीद साथी भगत सिंह के विचारों को जनता के सामने लाएंगे ताकि युवा पीढ़ी उनसे कुछ प्रेरणा ले सके। इसका परिणाम था *शहीद भगत सिंह की चुनी हुई कृतियां* नामक पुस्तक का प्रकाशन जो क्रांतिकारी साहित्य में मील का पत्थर साबित हुई। लोगों को समझ में आया कि भगत सिंह सिर्फ़ एक गोली बंदूक चलाने वाले रोमांटिक क्रांतिकारी नहीं थे बल्कि एक गंभीर मार्क्सवादी विचारक भी थे। शिव ने देश भर से उनकी रचनाओं को इकट्ठा किया और प्रकाशित किया। उनके शोध केंद्र ने इस प्रकार की अनेक रचनाएं प्रकाशित की और आज भी कर रहा है।

90 की आयु पार करने के बाद उनका स्वास्थ्य धीरे-धीरे गिरता जा रहा था। वह जीवन भर अविवाहित रहे थे और इस उम्र में उनकी सेवा कानपुर में उनका भतीजा कर रहा था। फिर भी उनके क्रांतिकारी तेवर जैसे के तैसे थे। वह लिखते हैं, ‘इस प्रकार की बीमारियाँ मेरी उम्र में होना स्वाभाविक हैं ... कम से कम में दूसरों से तो स्वस्थ ही हूँ ...’

वर्ष 1998 में उनका निधन हो गया। उनकी शवयात्रा में बड़ी संख्या में कानपुर की जनता तथा प्रदेश के राजनीतिक कार्यकर्ता उमड़ पड़े। शिव वर्मा आज हमारे बीच नहीं हैं लेकिन उनके शब्द आज भी हमारा मार्गदर्शन कर रहे हैं और यह विश्वास दिलाते हैं कि एक वैकल्पिक दुनिया संभव है।

भगवती चरण वोहरा

भगवती चरण वोहरा का जन्म 15 नवंबर 1903 को लाहौर के एक संपन्न परिवार में हुआ था। उनके पिता रेलवे के बड़े अधिकारी थे। मूल रूप से वे लोग गुजरात के रहने वाले थे, लेकिन कई वर्षों से लाहौर में बसे हुए थे। स्वाभाविक है कि परिवार पूरी तरह अंग्रेज़ सरकार के प्रति वफ़ादार था। फिर भी ऐसे खानदान में भगवती चरण जैसा बागी पैदा हो गया। जब उनके पिता को 'रायबहादुर' का खिताब मिला तो उन्होंने अपने परिवार से अलग हो जाना ही ठीक समझा। इसमें उनका साथ दिया उनकी जीवनसंगिनी दुर्गा देवी वोहरा ने, जो आगे चलकर 'दुर्गा भाभी' के नाम से प्रसिद्ध हुईं।

भगवती चरण ने वर्ष 1921 में एफएससी की परीक्षा दी। उनका मन आगे की पढ़ाई विदेश जाकर करने का था, लेकिन इसी बीच जलियांवाला बाग हत्याकांड हो गया था और गांधीजी ने असहयोग आंदोलन शुरू कर दिया। दोनों पति-पत्नी आज़ादी की लड़ाई में कूद पड़े। भगवती चरण ने नेशनल कॉलेज में बी.ए. में दाख़िला ले लिया। यहीं उनका संपर्क प्रोफेसर जयचंद्र विद्यालंकर और उनके छात्रों से हुआ जिनमें मुख्य थे भगत सिंह, सुखदेव और यशपाल। असहयोग आंदोलन की विफलता के बाद भगवती चरण का ध्यान मार्क्सवाद और अराजकतावाद जैसी क्रांतिकारी विचारधाराओं की ओर आकर्षित हुआ। उन्होंने बकुनिन, क्रोपोटकिन, प्रूधों, मार्क्स और लेनिन की रचनाओं का अध्ययन करना शुरू कर दिया और एक अच्छी-ख़ासी लाइब्रेरी अपने घर पर ही बना ली। प्रख्यात मार्क्सवादी क्रांतिकारी एम.एन. राय का पत्र *दि वेनगार्ड ऑफ इंडियन इंडिपेंडेंस* भी गुप्त रूप से उन्होंने मंगवाना शुरू कर दिया। सन 1923 में एचआरए की स्थापना हुई और पंजाब में विद्यालंकार जी इसके संगठनकर्ता चुने गये। भगवती चरण और दुर्गा भाभी भी संगठन में शामिल हो गये और खुलकर क्रांतिकारियों की सहायता करने लगे। भाभी ने कन्या विद्यालय, जालंधर से 'प्रभाकर' की परीक्षा उत्तीर्ण की और लाहौर कॉलेज में अध्यापिका हो गईं।

भगवती चरण के पिता की मृत्यु के बाद उनके हिस्से में अच्छा-ख़ासा धन और संपत्ति आ गयी थी लेकिन उन्होंने अपना सब कुछ क्रांति के लिए न्योछावर कर दिया। दिसंबर 1925 में उनके पुत्र का जन्म हुआ तो उसका नाम उन्होंने प्रसिद्ध क्रांतिकारी शचीन्द्रनाथ सान्याल के नाम पर 'शची' रखा।

नौजवान भारत सभा की स्थापना

काकोरी कांड के बाद एचआरए की हालत बहुत ख़राब हो गयी क्योंकि इसके अधिकतर सदस्य गिरफ़्तार हो गये। पंजाब में पार्टी को पुनर्गठित करने की ज़िम्मेदारी भगवतीचरण और भगत सिंह आदि के कंधों पर आ गयी। इन लोगों ने तय किया कि क्रांतिकारी आंदोलन के लिए एक खुले मंच की ज़रूरत है जिससे छात्रों, मज़दूरों और किसानों को संगठित किया जा सके। इस उद्देश्य की पूर्ति के लिए दो संगठन बनाये गये : नौजवान भारत सभा और लाहौर स्टूडेंट्स यूनियन। भगवती चरण नौजवान सभा के प्रचार मंत्री चुने गये। संगठन ने नाटकों, पब्लिक मीटिंग, मैजिक लैंटर्न और पर्चों के वितरण द्वारा जोर-शोर से क्रांतिकारी विचारधारा और हिंदू-मुस्लिम एकता का प्रचार-प्रसार किया। असहयोग आंदोलन की विफलता के बाद से देश का माहौल अत्यंत सांप्रदायिक हो गया था। भगवती चरण ने इस जहरीली विचारधारा के ख़िलाफ़ लड़ना अपना उद्देश्य बनाया। सामूहिक भोजों का आयोजन करके सभी संप्रदायों और जातियों के बीच भेदभाव मिटाने की कोशिश की गयी। एक बार तो हलाल और झटके का मांस एक ही देग में पकाकर गोश्त और रोटी के भोज का आयोजन किया गया जिसमे मुसलमान, सिख और हिंदू नौजवान काफ़ी संख्या में शामिल हुए। संगठन में दुर्गा भाभी और सुशीला मोहन ने भी अग्रणी भूमिका निभायी। नौजवान भारत सभा ने 1926 के चुनावों में लाजपत राय की हिंदू महासभा का विरोध किया और धर्मनिरपेक्ष कांग्रेस के दीवान चमन लाल का समर्थन किया। इस पर लाजपत राय के समर्थकों से भगवती और भगत को मार भी खानी पड़ी। नेशनल कॉलेज के प्रिंसिपल छबीलदास जिन्होंने इन लोगों का ध्यान अराजकतावाद से हटाकर मार्क्सवाद की ओर आकर्षित किया, इन गतिविधियों में भरपूर सहयोग करते थे।

'जोश' से संपर्क और प्रथम नौजवान भारत सभा सम्मेलन

इसी दौरान भगत सिंह और भगवती को पता चला कि अमृतसर में प्रथम नौजवान सम्मेलन नाम से एक कार्यक्रम किया जा रहा है। आयोजक थे सोहन सिंह जोश, भाग सिंह कनेडियन, केदारनाथ सहगल और अब्दुल मजीद। सोहन सिंह जोश गदर पार्टी से जुड़े हुए थे और वामपंथी विचारों वाले बाबा संतोख सिंह के प्रभाव में आकर अमृतसर से *किरती* (मज़दूर) अख़बार निकालते थे। कालांतर में यही अख़बार किरती किसान पार्टी नाम के एक संगठन में परिवर्तित हो गया। भगत सिंह और भगवती भी इस अख़बार के लिए लिखते थे। वे लोग जोश से मिले और उन्हें सुझाव दिया कि अमृतसर में जो संगठन बन रहा उसका नाम भी नौजवान भारत सभा रखा जाए। जोश को यह प्रस्ताव पसंद आया। अपनी आत्मकथा में वह लिखते हैः

> भगत सिंह और उनके लाहौर के साथियों ने नौजवान सम्मेलन में हमारा साथ दिया। हमारा यानी किरती ग्रुप का यह मानना था कि संगठन में किसी भी सांप्रदायिक ग्रुप से जुड़े व्यक्ति को सदस्यता लेने की मनाही हो। कुछ लोगों ने हमारा विरोध किया लेकिन भगत सिंह और उनके साथियों की मदद से हमने ऐसे लोगो को मात दी और धर्मनिरपेक्षता की विजय हुई ... बाद में भगत सिंह मुझे अपने साथ लाहौर भी ले गया ... वहां मैं भगवती चरण वोहरा के घर ठहरा था।

भगवती चरण ने इस नये संगठन का घोषणा पत्र लिखने का काम किया। सभा का प्रथम सम्मेलन जलियांवाला बाग कांड की बरसी यानी 13-14 अप्रैल 1928 को होना था। भगवती ने एक शानदार घोषणा पत्र तैयार किया जिसके कुछ अंश इस प्रकार हैं ...

> **देश की स्थिति**
>
> ... हमारा देश एक अव्यवस्था की स्थिति से गुजर रहा है। चारों तरफ़ एक-दूसरे के प्रति अविश्वास और हताशा का साम्राज्य है। देश के बड़े नेताओं ने अपने आदर्श के प्रति आस्था खो दी है और उसमें से अधिकांश को जनता का विश्वास

प्राप्त नहीं है। भारत की आज़ादी के पैरोकारों के पास कोई कार्यक्रम नहीं है और उनमें उत्साह का अभाव है। चारों तरफ़ अराजकता है। लेकिन किसी राष्ट्र के निर्माण की प्रक्रिया में अराजकता एक अनिवार्य तथा आवश्यक दौर है। ऐसी ही नाजुक घड़ियों में कार्यकर्ताओं की ईमानदारी की परख होती है, उनके चरित्र का निर्माण होता है, वास्तविक कार्यक्रम बनता है, और तब नये उत्साह, नयी आशाओं, नये विश्वास और नये जोशो-खरोश के साथ काम आरम्भ होता है ...

... बीसवीं शताब्दी के आरम्भ से अंग्रेज़ नौकरशाही ने भारत के प्रति एक नयी नीति अपनायी है। वे हमारे देश के पूँजीपति तथा निम्नपूँजीपति वर्ग को सहूलियतें देकर उन्हें अपनी तरफ़ मिला रहे हैं। दोनों का हित एक हो रहा है। भारत में ब्रिटिश पूँजी के अधिकाधिक प्रवेश का अनिवार्यतः यही परिणाम होगा। निकट भविष्य में बहुत शीघ्र हम उस वर्ग को तथा उसके नेताओं को विदेशी शासकों के साथ जाते देखेंगे। किसी गोलमेज कान्फ्रेन्स या इसी प्रकार की और किसी संस्था द्वारा दोनों के बीच समझौता हो जायेगा। तब उनमें शेर और लोमड़ी के बच्चे का रिश्ता नहीं रह जायेगा ...'

साम्राज्यवाद की आलोचना

... भारत के उद्योग-धंधों के पतन और विनाश के बारे में बतौर गवाही क्या रमेशचन्द्र दत्त, विलियम डिगबी और दादाभाई नौरोजी के सारे ग्रन्थों को उद्धृत करने की आवश्यकता होगी? क्या इस बात को साबित करने के लिए कोई प्रमाण जुटाना पड़ेगा कि अपनी उपजाऊ भूमि तथा खानों के बावजूद आज भारत सबसे ग़रीब देशों में से एक है, कि भारत जो अपनी महान सभ्यता पर गर्व कर सकता था आज बहुत पिछड़ा हुआ देश है, जहाँ साक्षरता का अनुपात केवल पाँच प्रतिशत है? क्या लोग यह नहीं जानते कि भारत में सबसे अधिक लोग मरते हैं और यहाँ बच्चों की मौत का अनुपात दुनिया में सबसे ऊँचा है? प्लेग, हैजा, इन्फ्लुएंजा तथा इसी प्रकार की अन्य महामारियाँ आए दिन की व्याधियाँ बनती जा रही हैं ... हमने अपने वाणिज्य और व्यवसाय को उसकी शैशवास्था में ही कुचला जाते ... देखा।'

सांप्रदायिकता पर हमला

... भारतवासी क्या कर रहे हैं? पीपल की एक डाल टूटते ही हिन्दुओं की धार्मिक भावनाएँ चोटिल हो उठती हैं! बुतों को तोड़ने वाले मुसलमानों के ताजिये नामक कागज के बुत का कोना फटते ही अल्लाह का प्रकोप जाग उठता है और फिर वह 'नापाक' हिन्दुओं के खून से कम किसी वस्तु से सन्तुष्ट नहीं होता! मनुष्य को पशुओं से अधिक महत्त्व दिया जाना चाहिए, लेकिन यहाँ भारत में लोग पवित्र पशु के नाम पर एक-दूसरे का सिर फोड़ते हैं ...

... धार्मिक अन्धविश्वास और कट्टरपन हमारी प्रगति में बहुत बड़े बाधक हैं। वे हमारे रास्ते के रोड़े साबित हुए हैं और हमें उनसे हर हालत में छुटकारा पा लेना चाहिए। 'जो चीज आज़ाद विचारों को बर्दाश्त नहीं कर सकती उसे समाप्त हो जाना चाहिए।' ... इस काम के लिए सभी समुदायों के क्रांतिकारी उत्साह वाले नौजवानों की आवश्यकता है ...

सुधारवाद के ख़िलाफ़ तर्क

... अब दो शब्द समाज-सेवा के बारे में। बहुत से नेक मनुष्य सोचते हैं कि समाज-सेवा (उन संकुचित अर्थों में जिनमें हमारे देश में इस शब्द का प्रयोग किया जाता है और समझा जाता है) हमारी सभी बीमारियों का इलाज है और देशसेवा का सबसे अच्छा तरीका है। इस प्रकार हम देखते हैं कि बहुत से ईमानदार नौजवान सारी ज़िन्दगी ग़रीबों में अनाज बाँटकर या बीमारों की सेवा करके ही सन्तुष्ट हो जाते हैं। ये अच्छे और आत्मत्यागी लोग हैं लेकिन वे वह समझ पाने में असमर्थ हैं कि भारत में भूख और बीमारी की समस्या को खैरात के माध्यम से हल नहीं किया जा सकता ...

नौजवान और क्रांति

... हमने केवल नौजवानों से ही अपील की है क्योंकि नौजवान बहादुर होते हैं, उदार एवं भावुक होते हैं, क्योंकि नौजवान भीषण अमानवीय यंत्रणाओं को मुस्कुराते हुए बर्दाश्त कर लेते हैं और बगैर किसी प्रकार की हिचकिचाहट के

> मौत का सामना करते हैं, क्योंकि मानव-प्रगति का सम्पूर्ण इतिहास नौजवान आदमियों तथा औरतों के खून से लिखा है; क्योंकि सुधार हमेशा नौजवानों की शक्ति, साहस, आत्मबलिदान और भावात्मक विश्वास के बल पर ही प्राप्त हुए हैं...
>
> नौजवानों को चाहिए कि वे स्वतन्त्रतापूर्वक, गम्भीरता से, शान्ति और सब्र के साथ सोचें। उन्हें चाहिए कि वे भारतीय स्वतन्त्रता के आदर्श को अपने जीवन के एकमात्र लक्ष्य के रूप में अपनायें। उन्हें अपने पैरों पर खड़े होना चाहिए।... उन्हें चाहिए कि संजीदगी और ईमानदारी के साथ 'सेवा, त्याग, बलिदान' को अनुकरणीय वाक्य के रूप में अपना मार्गदर्शक बनायें

इस घोषणापत्र में तत्कालीन राजनैतिक स्थिति पर बहुत ही संजीदगी से प्रकाश डाला गया है। साम्राज्यवाद और सांप्रदायिकता दोनों को बराबर दुश्मन बताया गया है। साम्राज्यवाद की जो आलोचना इस दस्तावेज़ में की गयी है वह भावनात्मक न होकर आर्थिक और राजनैतिक है। सुधारवादी तरीकों पर खुलकर हमला किया गया है और यह घोषणा की गयी है कि बिना क्रांति के समाजवाद संभव नहीं। सभा का प्रचार मंत्री पुनः भगवती चरण को चुना गया और सभा का लक्ष्य तय हुआ : 'सर्विस, सफरिंग, सैक्रिफाइस' यानी सेवा, त्याग और बलिदान। सुखदेव, रामचन्द्र, एहसान इलाही और धन्वन्तरी ने भी सभा में महत्त्वपूर्ण भूमिका निभायी। सभा का काम जोर-शोर से आगे बढ़ रहा था और पंजाब के कई ज़िलों में फैल गया था लेकिन उसी वक़्त कुछ ऐसा हुआ जो कि उस समय के क्रांतिकारी आंदोलन के लिए बहुत दुर्भाग्यपूर्ण साबित हुआ।

संदेह के घेरे में

पंजाब में क्रांतिकारी संगठन के मुख्य कर्ताधर्ता जयचंद्र विद्यालंकार थे लेकिन उनका स्वभाव धीरे-धीरे काम करने और फूंक-फूंक के कदम रखने का था। इस बात से युवा साथी उनसे बहुत खार खाते थे। भगवती चरण भी अक्सर उनकी निष्क्रियता के लिए उनकी आलोचना किया करते थे। धीरे-धीरे यह विवाद गहराता गया और

अंत में एक छोटी सी घटना संगठन के टूटने का कारण बनी। हुआ यूं कि विद्यालंकार जी की भांजी की शादी होनी थी। उसके लिए उन्हें सोने के कंगनों की आवश्यकता थी। इस पर सुशीला दीदी ने यह प्रस्ताव रखा कि वह उनके सोने के कंगन ले लें और बदले में धन पार्टी के कोष में जमा कर दें। यह सुनकर भगवती चरण भड़क गये और उन्होंने कहा कि अगर दीदी सोने के कंगन के बिना रह सकती हैं तो विद्यालंकार जी की भांजी भी उसके बिना रह सकती है। उसे बेच कर जो धन मिले और विद्यालंकार जी द्वारा दिया गया पैसा, दोनों पार्टी के कोष में जमा कर दिए जाएं। विद्यालंकार जी ने इसे व्यक्तिगत हमले की तरह लिया और भगवती चरण को कभी एजेंट प्रोवोकेटर तो कभी सीआईडी का आदमी कहना शुरू कर दिया। उन्होंने भगत सिंह, सुखदेव और यशपाल के भी कान भर दिए। यशपाल लिखते हैः

> कुछ दिन हम लोग बड़ी उधेड़बुन में रहे ... आख़िरकार सच्चाई का पता लगाने मैं उस वक़्त भगवती चरण के घर गया जब वे वहां नहीं थे। मैंने सोचा शायद कुछ सबूत मिल जाए ... मैं एक-एक चीज़ की जांच-पड़ताल करने लगा। प्रत्येक कागज़ को ध्यान से देखता गया ... मैं जितनी भी तलाशी ले सकता, ली परन्तु कोई संदेहजनक चीज़ न मिली।

फिर भी इन लोगों का शक दूर नहीं हुआ। इस घटना ने भगवती चरण को बेहद दुःखी कर दिया। असमंजस की स्थिति में सभी क्रांतिकारियों ने उनसे दूरी बना ली। इसी कारण एचएसआरए के स्थापना सम्मेलन में भी उन्हें नहीं बुलाया गया। हालांकि आश्चर्य की बात है कि सांडर्स की हत्या के बाद भगत सिंह और सुखदेव मदद मांगने उन्हीं के घर पहुंचे! इस समय भगवती चरण कांग्रेस अधिवेशन में भागीदारी करने के उद्देश्य से कलकत्ता गये हुए थे। फिर भी वह घर पर कुछ पैसा दुर्गा भाभी के पास रखवा गये थे क्योंकि उन्हें लगता था कि भगत सिंह और उनके साथियों को इन पैसों की ज़रूरत पड़ सकती है। अंततः भगत सिंह और राजगुरु दुर्गा भाभी की मदद से लाहौर से फ़रार हो गये और कलकत्ता पहुंचे। रास्ते में लखनऊ पहुंचकर भगत सिंह ने भगवती को तार भेजा, 'भाई के साथ आ रही हूं, दुर्गावती।' भगवती अचरज में पड़

गये कि यह दुर्गावती कौन है? जब दुर्गा, भगत और राजगुरु के साथ कोलकाता पहुंची तो भगवती चरण आश्चर्यचकित रह गये और भाभी को बोले 'आज तुम्हें पहचाना!' कलकत्ता में भगत सिंह के रुकने का इंतजाम सुशीला दीदी ने किया। विद्यालंकार भी अधिवेशन में आये हुए थे। उन्होंने भगत सिंह को चेतावनी दी, 'भगवती भी यहीं है, सावधान रहना!' लेकिन अब तक भगत सिंह और विद्यालंकार में दूरी बन चुकी थी।

दल में वापसी

मार्च 1929 में मेरठ षड्यंत्र केस के तहत देश भर में गिरफ़्तारियां शुरू हो गयीं और भगवती चरण के ख़िलाफ़ भी वारंट निकल गया। वह फ़रार हो गये। ऐसा कहा जाता है कि असेंबली में बम फेंकने से पहले भगत सिंह दिल्ली के एक पार्क में भगवती से मिले थे जहां वह फ़रारी का जीवन जी रहे थे। 8 अप्रैल 1929 को भगत सिंह और दत्त गिरफ़्तार हो गये। बमकांड की तहक़ीक़ात के दौरान लाहौर पुलिस के हाथ कुछ सुराग लग गये और वे लोग जांच करते-करते कश्मीर बिल्डिंग पहुंच गये जहां क्रांतिकारियों ने भगवती चरण के नाम पर कुछ कमरे किराये पर ले रखे थे। जैसा कि पहले ही बताया जा चुका है कि पुलिस ने जब इन कमरों पर छापा मारा तो सुखदेव, किशोरीलाल और जयगोपाल बम बनाने के सामान समेत पकड़े गये। पुलिस ने कमरा जिनके नाम पर था यानी भगवती चरण के ख़िलाफ़ भी वारंट जारी कर दिया। जुलाई में लाहौर षड्यंत्र केस शुरू हो गया। हालांकि भगवती चरण फ़रारी का जीवन जी रहे थे लेकिन वह शांत नहीं बैठे। उन्हें पता था कि इस केस में भगत सिंह और दूसरे साथियों को फांसी तक हो सकती है। इसलिए उन्होंने अपने स्तर पर ही उन्हें छुड़ाने की योजना बनायी।

15 अक्टूबर 1929 को शेरजंग और हरनाम सिंह समेत 6 क्रांतिकारियों ने पंजाब के अहमदगढ़ स्टेशन के पास एक ट्रेन लूटने की कोशिश की लेकिन वे लोग असफल रहे। यह योजना भगत सिंह को छुड़ाने के लिए धन इकठ्ठा करने के लिए बनायी गयी थी। उधर चंद्रशेखर आज़ाद भी जेल पर धावा बोलकर भगत सिंह और दत्त को छुड़ाने की योजना बना रहे थे। इस कार्य की योजना बनाने के लिए उन्होंने अपने ख़ास आदमी वैशम्पायन को लाहौर भेजा। वैशम्पायन लाहौर तो पहुंच गये

लेकिन वहां पुलिस की ज़बरदस्त सरगर्मी थी और वह रहने का सुरक्षित ठिकाना नहीं खोज पा रहे थे। फिर भी किसी ने उनके रुकने और खाने-पीने का इंतजाम कर दिया तो वह अचरज में पड़ गये कि यह सब किसने किया? जब अपना काम पूरा करके वह लाहौर से चलने लगे तब उन्हें पता चला कि यह सारा इंतजाम दुर्गा भाभी ने किया था। उनके आश्चर्य का ठिकाना न रहा। जिस व्यक्ति को वे लोग सीआईडी एजेंट समझ बैठे थे, उस व्यक्ति की पत्नी ने आड़े वक़्त में उनकी इतनी मदद की! वह तुरंत कानपुर वापस गये और आज़ाद को सब सूचना दी। आज़ाद ने भगवती चरण से मिलने की ठान ली और किसी तरह उनसे संपर्क साधा। कानपुर में ही यह ऐतिहासिक मिलन हुआ। आज़ाद बोले, 'देखो भाई, मुझसे जो लोगों ने बोला मैंने मान लिया। अब दिल में किसी तरह का कोई मलाल मत रखना।'

भगवती चरण ने आज़ाद को गले लगा लिया और सारे गिले-शिकवे दूर हुए। आज़ाद ने भगवती को पार्टी की केंद्रीय समिति में ले लिया।

आज़ाद और भगवती के मिलने से क्रांतिकारी दल को नया बल मिला और नयी-नयी योजनाओं पर बातें होने लगीं। आज़ाद को मिलने से पहले भगवतीचरण और यशपाल एक ख़तरनाक योजना पर काम कर रहे थे – वह योजना थी वायसराय को बम से उड़ाने की। भगवती चरण ने आज़ाद को अपनी इस योजना से अवगत कराया और उनका समर्थन मिलते ही इसके कार्यान्वन में लग गये। इसी समय आज़ाद की गणेश शंकर विद्यार्थी से मुलाक़ात हुई जो क्रांतिकारियों के सबसे बड़े हमदर्द थे। विद्यार्थी जी को क्रांतिकारियों की योजना का कुछ आभास हो गया था। उन्होंने आज़ाद से कहा, 'इस वक़्त वायसराय को निशाना बनाना ठीक ना होगा। जल्दी ही गांधीजी और वायसराय की वार्ता होने वाली है। लोगों को उम्मीद है कि शायद वायसराय 'डोमिनियन स्टेटस' (औपनिवेशिक स्वराज) दे दे। अगर इससे पहले ही वायसराय की हत्या हो गयी तो लोग इसका सारा दोष क्रांतिकारियों पर डालेंगे।' आज़ाद ने विद्यार्थी जी का सुझाव मानते हुए भगवती चरण को एक्शन के लिए मना कर दिया लेकिन तब तक योजना बहुत आगे बढ़ चुकी थी। 23 दिसंबर 1929 को यशपाल ने वायसराय की स्पेशल ट्रेन के नीचे विस्फोट कर दिया। उनका तर्क था कि क्रांतिकारी तो चाहते ही यही हैं कि डोमिनियन स्टेटस ना मिले और पूर्ण स्वराज के

लिए संघर्ष शुरू हो। हालांकि वायसराय बच गया लेकिन इस घटना ने ब्रिटिश साम्राज्य को हिला कर रख दिया। भगवती और यशपाल ने जनता के सामने अपना कार्यक्रम स्पष्ट करने के लिए एचएसआरए का घोषणापत्र जारी किया जिसे लाहौर कांग्रेस के अवसर पर भारी संख्या में देशभर में बांटा गया। इसमें भगवती चरण और यशपाल लिखते हैं:

> स्वतंत्रता का पौधा शहीदों के रक्त से फलता-फूलता है। भारत में स्वतंत्रता का पौधा फलने के लिए दशकों से क्रांतिकारी अपना रक्त बहाते रहे हैं। बहुत कम लोग हैं जो उनके मन में पाले हुए आदर्शों की उच्चता तथा उनके महान बलिदानों पर प्रश्नचिन्ह लगा सकते हैं, लेकिन उनकी कार्यवाहियाँ गुप्त होने की वजह से उनके वर्तमान इरादे और नीतियों के बारे में देशवासी अंधेरे में हैं, इसलिए हिन्दुस्तान सोशलिस्ट रिपब्लिकन एसोसिएशन ने यह घोषणापत्र जारी करने की आवश्यकता महसूस की है। विदेशियों की गुलामी से भारत की मुक्ति के लिए ये एसोसिएशन सशस्त्र संगठन द्वारा भारत में क्रांति के लिए दृढ़ संकल्प है। गुलाम लोगों के लिए विद्रोह से पूर्व गुप्त प्रचार और गुप्त तैयारियाँ करनी आवश्यक होती हैं। ... मानवीय स्वभाव भ्रमपूर्ण और यथास्थितिवादी होने के कारण क्रांति से एक प्रकार का भय प्रकट करता है। सामाजिक परिवर्तन सदा ही ताकत और विशेष सुविधाएँ मांगनेवालों के लिए भय पैदा करता है। क्रांति एक ऐसा करिश्मा है जिसे प्रकृति स्नेह करती है और जिसके बिना कोई प्रगति नहीं हो सकती ... क्रांति एक नियम है, क्रांति एक आदर्श है और क्रांति एक सत्य है। हमारे देश के नौज़वानों ने इस सत्य को पहचान लिया है। उन्होंने बहुत कठिनाइयाँ सहते हुए यह सबक सीखा है कि क्रांति के बिना – अफ़रा-तफ़री, क़ानूनी गुण्डागर्दी और नफ़रत की जगह, जो आजकल हर ओर फैली हुई है – व्यवस्था, क़ानूनपरस्ती और प्यार स्थापित नहीं किया जा सकता ... किसी को ऐसा विचार नहीं आना चाहिए कि हमारे नौजवान ग़ैर-ज़िम्मेदार हैं। वे पूरी तरह जानते हैं कि वे कहां खड़े हैं ...
>
> आजकल यह फ़ैशन हो गया है कि अहिंसा के बारे में अंधाधुंध और निरर्थक

बात की जाए। महात्मा गांधी महान हैं और हम उनके सम्मान पर कोई भी आंच नहीं आने देना चाहते, लेकिन हम यह दृढ़ता से कह सकते हैं कि हम देश को स्वतंत्र कराने के उनके ढंग को पूर्णतया नामंजूर करते हैं। यदि हम देश में चलाए जा रहे उनके असहयोग आंदोलन द्वारा लोक जागृति में उनकी भागीदारी के लिए उनको सलाम न करें तो यह हमारे लिए बड़ा नाशुक्रापन होगा। परंतु हमारे लिए महात्मा असंभवताओं का एक दार्शनिक हैं। अहिंसा भले ही एक नेक आदर्श है, लेकिन यह अतीत की चीज़ है। जिस स्थिति में आज हम हैं, सिर्फ़ अहिंसा के रास्ते से कभी भी आज़ादी प्राप्त नहीं कर सकते। दुनिया सिर तक हथियारों से लैस है और (ऐसी) दुनिया हम पर हावी है। अमन की सारी बातें ईमानदार हो सकती हैं, लेकिन हम जो गुलाम क़ौम हैं, हमें झूठे सिद्धांतों के लिए अपने रास्ते से नहीं भटकना चाहिए। हम पूछते हैं कि जब दुनिया का वातावरण हिंसा की लूट और ग़रीब की लूट से भरा हुआ है, तब देश को अहिंसा के रास्ते पर चलाने का क्या तुक है? हम अपने पूरे ज़ोर के साथ कहते हैं कि क़ौम के नौजवान कच्ची नींद के ऐसे सपनों से रिझाए नहीं जा सकते।

... क्रांतिकारियों का मकसद आतंकवाद नहीं है; हम यह विश्वास रखते हैं कि आतंकवाद के रास्ते से क्रांति नहीं आएगी। पर इसमें कोई शक नहीं है कि क्रांतिकारी बिल्कुल दुरुस्त सोचते हैं कि अंग्रेज़ी सरकार का जवाब देने के लिए इन तरीकों का इस्तेमाल करना ही कारगर तरीका है। अंग्रेज़ों की सरकार इसलिए चलती है, क्योंकि वे सारे भारत को भयभीत करने में कामयाब हुए हैं। हम इस सरकार दहशत का किस तरह मुकाबला करें? सिर्फ़ क्रांतिकारियों की ओर से मुकाबले की दहशत ही उनकी दहशत को रोकने में कामयाब हो सकती है।...

भारत साम्राज्यावाद के जुए के नीचे पिस रहा है। इसमें करोड़ों लोग आज अज्ञानता और ग़रीबी के शिकार हो रहे हैं। भारत की बहुत बड़ी जनसंख्या जो मज़दूरों और किसानों की है, उनको विदेशी दबाव एवं आर्थिक लूट ने पस्त कर दिया है। भारत के मेहनतकश वर्ग की हालत आज बहुत गंभीर है। उसके सामने दोहरा ख़तरा है – विदेशी पूंजीवाद का एक तरफ़ से और भारतीय पूंजीवाद के

धोखे भरे हमले का दूसरी तरफ़ से ख़तरा है। भारतीय पूंजीवाद विदेशी पूंजी के साथ रोज़ाना बहुत से गठजोड़ कर रहा है। कुछ राजनैतिक नेताओं का डोमिनयन स्टेटस स्वीकार करना भी हवा के इसी रुख़ को स्पष्ट करता है।

भारतीय पूंजीपति भारतीय लोगों को धोखा देकर विदेशी पूंजीपति से अपनी गद्दारी की कीमत के रूप में सरकार में कुछ हिस्सा प्राप्त करना चाहता है। इसी कारण मेहनतकश की तमाम आशाएं अब सिर्फ़ समाजवाद पर टिकी हैं और सिर्फ़ यही पूर्ण स्वराज और सब भेदभाव ख़त्म करने में सहायक हो सकता है।

... भारतीय रिपब्लिक के नौजवानो, नहीं सिपाहियो, कतारबद्ध हो जाओ। आराम के साथ न खड़े रहो और न ही निरर्थक कदमताल किये जाओ। लम्बी दरिद्रता को, जो तुम्हें नाकारा कर रही है, सदा के लिए उतार फेंको। तुम्हारा बहुत ही नेक मिशन है। देश के हर कोने और हर दिशा में बिखर जाओ और भावी क्रांति के लिए, जिसका आना निश्चित है, लोगों को तैयार करो।

... तब, और सिर्फ़ तभी, एक भारतीय कौम जागेगी, जो अपने गुणों और शान से इन्सानियत को हैरान कर देगी, चालाक और बलवान सदा से कमजोर रहे लोगों से हैरान रह जायेंगे। तभी व्यक्तिगत मुक्ति भी सुरक्षित होगी और मेहनतकश की सत्ता को मान्यता मिलेगी। हम ऐसी ही क्रांति के आने का इंतज़ार कर रहे हैं। क्रांति अमर रहे!’

गांधीजी ने क्रांतिकारियों के इस कृत्य और कृति दोनों की घोर आलोचना की और ईश्वर का धन्यवाद किया कि वायसराय की जान बच गयी। उन्होंने *यंग इंडिया* में *कल्ट ऑफ बॉम्ब* शीर्षक लेख में लिखाः

हमारे यानी भारत के राजनीतिक रूप से सचेत हिस्से के आसपास के माहौल में इतनी हिंसा व्याप्त है कि यहां-वहां एकाध बम फेंका जाना कोई खास बैचेनी पैदा नहीं करता। कुछ लोगों के दिलों में तो शायद ऐसी घटना पर खुशी भी छा जाती है ...

खैर है कि पिछले बारह महीनों के दौरान मध्य भारत के दौरे के दौरान अपने

अविरल अनुभवों के आधार पर मुझे पक्का यकीन है कि उस विशाल आवाम को हिंसा की भावना छू तक नहीं पाई है जो इस बात के प्रति जागरूक हो गया है कि उसे आज़ादी मिलनी ही चाहिए। इसलिए वायसराय की रेलगाड़ी के नीचे बम-धमाके इक्का-दुक्का हिंसक घटनाओं के बावजूद मुझे लगता है कि हमारी राजनीति की लड़ाई के लिए अहिंसा का रास्ता ही अपनाया जाना है। राजनीतिक संघर्ष में अहिंसा का असर और जनसाधारण द्वारा इस पर अमल की सम्भावना में मेरी आस्था बढ़ती जा रही है। इसीलिए मैं उन लोगों से तर्क करना चाहता हूं जो हिंसा की भावना से इतने लबरेज हो गये हैं कि तर्क की हद के परे जा चुके हैं।

... पल भर को सोचिए कि वायसराय अगर गंभीर रूप से जख्मी या हलाक हो गये होते तो क्या हुआ होता। तय है कि तब पिछले महीने 23 तारीख को हुई बैठक नहीं हुई होती। इसलिए यह भी निश्चित नहीं होता कि कांग्रेस कौन सा रास्ता अख्तियार करेगी। बेशक यह अवांछित नतीजा होता, हमारी ख़ुशकिस्मती है कि वायसराय ओर उनके समूह को कुछ भी नहीं हुआ। वे बड़े संयत अंदाज में उस दिन की दिनचर्या में लगे रहे मानो कुछ हुआ ही नहीं था। मुझे पता है कि इस अटकल पचीसी के तर्क का उन लोगों पर कोई भी असर नहीं पड़ेगा जिनके दिल में कांग्रेस के लिए भी कोई कद्र नहीं, लेकिन मुझे उम्मीद है कि अन्य लोग जिन्हें इससे कोई भी उम्मीद नहीं और जिनकी उम्मीदें हिंसा पर ही टिकी हैं, इस दलील की सच्चाई का अहसास करेंगे ...

... विदेशी शासक के ख़िलाफ़ हिंसा का स्वाभाविक और आसान सा अगला कदम है, अपने ही लोगों के ख़िलाफ़ इसका इस्तेमाल, जो भी हमें देश की तरक्की की राह में बाधक लगते हों ...

अब हम एक नये युग में प्रवेश कर रहे हैं। मुकम्मल आज़ादी अब हमारा दूरगामी लक्ष्य नहीं बल्कि तत्कालिक लक्ष्य है। क्या यह बात स्पष्ट नहीं है कि अगर हमें करोड़ों-करोड़ लोगों के दिलों में आज़ादी की सच्ची भावना जगानी है तो ऐसा हमें अहिंसा के जरिये ही करना होगा और इसके लिए वह सब करना होगा जो जरूरी है? इतना ही काफ़ी नहीं है कि गुप्त हिंसा के जरिये अंग्रेज़ों को आतंकित कर उन्हें यहां से भगा दें। यह हमें आज़ादी तक नहीं बल्कि घोर

गड़बड़ी की ओर ले जायेगा।

... इसलिए जो लोग विवेक से परे नहीं हैं उन्हें इस ताजातरीन बम कांड जैसे नृशंस गतिविधियों को छिपे या खुले तौर पर समर्थन देना बंद कर देना चाहिये। इसके उलट उन्हें इन नृशंस कार्रवाहियों की खुलकर और तहेदिल से निंदा करनी चाहिये ताकि बहकावे में पड़े हमारे देशभक्तों की हिंसक भावनाओं को बढ़ावा न मिले। उन्हें हिंसा की निरर्थकता का एहसास हो और वे महसूस करें कि हिंसक कार्रवाही से हर बार कितना नुकसान पहुंचा है'

भगवती ने सुझाव दिया कि इस लेख का जवाब दिया जाए। उन्होंने यशपाल और आज़ाद के साथ मिलकर एक ऐतिहासिक दस्तावेज तैयार किया जिसे उन्होंने नाम दिया *फिलोसोफी ऑफ बॉम्ब*। इसमें उन्होंने लिखाः

... 23 दिसंबर, 1929 को वायसराय की स्पेशल ट्रेन उड़ाने का जो प्रयत्न किया गया था, उसकी निन्दा करते हुए कांग्रेस द्वारा पारित किया गया प्रस्ताव तथा *यंग इण्डिया* में गांधी जी द्वारा लिखे गये लेखों से स्पष्ट हो जाता है कि भारतीय राष्ट्रीय कांग्रेस ने गांधी जी से साँठ-गाँठ कर भारतीय क्रांतिकारियों के विरुद्ध एक अभियान छेड़ दिया है। जनता के बीच भाषणों तथा पत्रों के माध्यम से क्रांतिकारियों के विरुद्ध बराबर प्रचार किया जाता रहा है। या तो यह जानबूझकर किया गया या फिर केवल अज्ञान के कारण उनके विषय में गलत प्रचार होता रहा है और उन्हें गलत समझा जाता रहा। परन्तु क्रांतिकारी अपने सिद्धान्तों तथा कार्यों की ऐसी आलोचना से नहीं घबराते हैं। बल्कि वे ऐसी आलोचना का स्वागत करते हैं, क्योंकि वे इसे इस बात को स्वर्णावसर मानते हैं कि ऐसा करने से उन्हें लोगों को क्रांतिकारियों के मूलभूत सिद्धान्तों तथा उच्च आदर्शों को, जो उनकी प्रेरणा तथा शक्ति के अनवरत स्रोत हैं, समझाने का अवसर मिलता है। आशा की जाती है कि इस लेख द्वारा आम जनता को यह जानने का अवसर मिलेगा कि क्रांतिकारी क्या हैं तथा उनके विरुद्ध किये गये भ्रमात्मक प्रचार से उत्पन्न होने वाली गलतफहमियों से उन्हें बचाया जा सकेगा।

पहले हम हिंसा और अहिंसा के प्रश्न पर ही विचार करें। हमारे विचार से इन शब्दों का प्रयोग ही गलत किया गया है, और ऐसा करना ही दोनों दलों के साथ अन्याय करना है, क्योंकि इन शब्दों से दोनों ही दलों के सिद्धान्तों का स्पष्ट बोध नहीं हो पाता। हिंसा का अर्थ है कि अन्याय के लिए किया गया बल प्रयोग,परन्तु क्रांतिकारियों का तो यह उद्देश्य नहीं है, दूसरी ओर अहिंसा का जो आम अर्थ समझा जाता है वह है आत्मिक शक्ति का सिद्धान्त। उसका उपयोग व्यक्तिगत तथा राष्ट्रीय अधिकारों को प्राप्त करने के लिए किया जाता है। अपने आप को कष्ट देकर आशा की जाती है कि इस प्रकार अन्त में अपने विरोधी का हृदय-परिवर्तन सम्भव हो सकेगा।

एक क्रांतिकारी जब कुछ बातों को अपना अधिकार मान लेता है तो वह उनकी मांग करता है, अपनी उस मांग के पक्ष में दलीलें देता है, समस्त आत्मिक शक्ति के द्वारा उन्हें प्राप्त करने का प्रयत्न करता है, उसकी प्राप्ति के लिए अत्यधिक कष्ट सहन करता है,इसके लिए वह बड़े से बड़ा त्याग करने के लिए प्रस्तुत रहता है और उसके समर्थन में वह अपना समस्त शारीरिक बल प्रयोग भी करता है। इसके इन प्रयत्नों को आप चाहे जिस नाम से पुकारें,परंतु आप इन्हें हिंसा के नाम से सम्बोधित नहीं कर सकते,क्योंकि ऐसा करना कोश में दिए इस शब्द के अर्थ के साथ अन्याय होगा। सत्याग्रह का अर्थ है, सत्य के लिए आग्रह। उसकी स्वीकृति के लिए केवल आत्मिक शक्ति के प्रयोग का ही आग्रह क्यों? इसके साथ-साथ शारीरिक बल प्रयोग भी [क्यों] न किया जाए? क्रांतिकारी स्वतन्त्रता प्राप्ति के लिए अपनी शारीरिक एवं नैतिक शक्ति दोनों के प्रयोग में विश्वास करता है परन्तु नैतिक शक्ति का प्रयोग करने वाले शारीरिक बल प्रयोग को निषिद्ध मानते हैं। इसलिए अब यह सवाल नहीं है कि आप हिंसा चाहते हैं या अहिंसा,बल्कि प्रश्न तो यह है कि आप अपनी उद्देश्य प्राप्ति के लिए शारीरिक बल सहित नैतिक बल का प्रयोग करना चाहते हैं, या केवल आत्मिक शक्ति का?

क्रांतिकारियों का विश्वास है कि देश को क्रांति से ही स्वतन्त्रता मिलेगी। वे जिस क्रांति के लिए प्रयत्नशील हैं और जिस क्रांति का रूप उनके सामने स्पष्ट है, उसका अर्थ केवल यह नहीं है कि विदेशी शासकों तथा उनके पिट्ठुओं से

क्रांतिकारियों का केवल सशस्त्र संघर्ष हो, बल्कि इस सशस्त्र संघर्ष के साथ-साथ नवीन सामाजिक व्यवस्था के द्वार देश के लिए खुल जाएं। क्रांति पूँजीवाद, वर्गवाद तथा कुछ लोगों को ही विशेषाधिकार दिलाने वाली प्रणाली का अन्त कर देगी। यह राष्ट्र को अपने पैरों पर खड़ा करेगी, उससे नवीन राष्ट्र और नये समाज का जन्म होगा। क्रांति से सबसे बड़ी बात तो यह होगी कि वह मज़दूर व किसानों का राज कायम कर उन सब सामाजिक अवांछित तत्त्वों को समाप्त कर देगी जो देश की राजनीतिक शक्ति को हथियाए बैठे हैं।

आज की तरुण पीढ़ी को मानसिक गुलामी तथा धार्मिक रूढ़िवादी बंधन जकड़े हैं और उससे छुटकारा पाने के लिए तरुण समाज की जो बैचेनी है, क्रांतिकारी उसी में प्रगतिशीलता के अंकुर देख रहा है। नवयुवक जैसे-जैसे क्रांति के मनोविज्ञान को आत्मसात् करता जाएगा, वैसे-वैसे राष्ट्र की गुलामी का चित्र उसके सामने स्पष्ट होता जाएगा तथा उसकी देश को स्वतन्त्र करने की इच्छा प्रबल होती जाएगी।

... आतंकवाद सम्पूर्ण क्रांति नहीं और क्रांति भी आतंकवाद के बिना पूर्ण नहीं। यह तो क्रांति का एक आवश्यक अंग है। इस सिद्धान्त का समर्थन इतिहास की किसी भी क्रांति का विश्लेषण करके किया जा सकता है। आतंकवाद आततायी के मन में भय पैदा कर पीड़ित जनता में प्रतिशोध की भावना जाग्रत कर उसे शक्ति प्रदान करता है। अस्थिर भावना वाले लोगों को इससे हिम्मत बँधती है तथा उनमें आत्मविश्वास पैदा होता है ... जैसे दूसरे देशों में होता आया है, वैसे ही भारत में आतंकवाद क्रांति का रूप धारण कर लेगा और अन्त में क्रांति से ही देश को सामाजिक, राजनैतिक तथा आर्थिक स्वतन्त्रता मिलेगी।

तो यह हैं क्रांतिकारी के सिद्धान्त, जिनमें वह विश्वास करता है ... इसकी प्राप्ति के लिए वह गुप्त तथा खुलेआम दोनों ही तरीकों से प्रयत्न कर रहा है।

... इस बीच कांग्रेस क्या कर रही थी? उसने अपना ध्येय स्वराज्य से बदलकर पूर्ण स्वतन्त्रता घोषित किया। इस घोषणा से कोई भी व्यक्ति यही निष्कर्ष निकालेगा कि कांग्रेस ने ब्रिटिश शासन के विरुद्ध युद्ध की घोषणा न कर क्रांतिकारियों के विरुद्ध युद्ध की घोषणा कर दी है। इस सम्बन्ध में कांग्रेस का

पहला वार था उसका वह प्रस्ताव जिसमें 23 दिसम्बर, 1929 को वायसराय की स्पेशल ट्रेन उड़ाने के प्रयत्न की निन्दा की गयी। और प्रस्ताव का मसौदा गांधी जी ने स्वयं तैयार किया था और उसे पारित करने के लिए गांधी जी ने अपनी सारी शक्ति लगा दी। परिणाम यह हुआ कि 1913 की सदस्य संख्या में वह केवल 31 अधिक मतों से पारित हो सका। क्या इस अत्यल्प बहुमत में भी राजनीतिक ईमानदारी थी? इस सम्बन्ध में हम सरलादेवी चौधरानी का मत ही यहाँ उद्धृत करें। वे तो जीवन-भर कांग्रेस की भक्त रही हैं। इस सम्बन्ध में प्रश्न के उत्तर में उन्होंने कहा है – मैंने महात्मा गांधी के अनुयायियों के साथ इस विषय में जो बातचीत की, उससे मालूम हुआ कि वे इस सम्बन्ध में स्वतन्त्र विचार महात्माजी के प्रति व्यक्तिगत निष्ठा के कारण प्रकट न कर सके, तथा इस प्रस्ताव के विरुद्ध मत देने में असमर्थ रहे, जिसके प्रणेता महात्मा जी थे।

... इतना सब कुछ किये जाने पर भी यह प्रस्ताव बहुत थोड़े मतों से ही पारित हो सका। इससे यह बात बिना शक प्रमाणित हो जाती है कि देश की जनता पर्याप्त संख्या में क्रांतिकारियों का समर्थन कर रही है। इस तरह से इसके लिए गांधी जी हमारे बधाई के पात्र हैं कि उन्होंने इस प्रश्न पर विवाद खड़ा किया और इस प्रकार संसार को दिखा दिया कि कांग्रेस, जो अहिंसा का गढ़ माना जाता है, वह सम्पूर्ण नहीं तो एक हद तक तो क्रांतिकारियों के साथ है।

इस विषय में गांधी जी ने जो विजय प्राप्त की वह एक प्रकार की हार ही के बराबर थी और अब वे *दि कल्ट ऑफ दि बॉम्ब* लेख द्वारा क्रांतिकारियों पर दूसरा हमला कर बैठे हैं।

... गांधी जी सोचते हैं कि उनकी यह धारणा सही है कि अधिकतर भारतीय जनता को हिंसा की भावना छू तक नहीं पाई है और अहिंसा उनका राजनीतिक शस्त्र बन गया है। हाल ही में उन्होंने देश का जो भ्रमण किया है उस अनुभव के आधार पर उनकी यह धारणा बनी है, परन्तु उन्हें अपनी इस यात्रा के इस अनुभव से इस भ्रम में नहीं पड़ना चाहिए। यह बात सही है कि (कांग्रेस) नेता अपने दौरे वहीं तक सीमित रखता है जहां तक डाक गाड़ी उसे आराम से पहुँचा सकती है, जबकि गांधी जी ने अपनी यात्रा का दायरा वहाँ तक बढ़ा दिया है जहाँ

तक मोटरकार द्वारा वे जा सकें। इस यात्रा में वे धनी व्यक्तियों के ही निवास स्थानों पर रुके। इस यात्रा का अधिकतर समय उनके भक्तों द्वारा आयोजित गोष्ठियों में की गयी उनकी प्रशंसा, सभाओं में यदा-कदा अशिक्षित जनता को दिए जाने वाले दर्शनों में बीता, जिसके विषय में उनका दावा है कि वे उन्हें अच्छी तरह समझते हैं, परंतु यही बात इस दलील के विरुद्ध है कि वे आम जनता की विचारधारा को जानते हैं।

कोई व्यक्ति जनसाधारण की विचारधारा को केवल मंचों से दर्शन और उपदेश देकर नहीं समझ सकता। वह तो केवल इतना ही दावा कर सकता है कि उसने विभिन्न विषयों पर अपने विचार जनता के सामने रखे। क्या गांधी जी ने इन वर्षों में आम जनता के सामाजिक जीवन में कभी प्रवेश करने का प्रयत्न किया? क्या कभी उन्होंने किसी सन्ध्या को गाँव की किसी चौपाल के अलाव के पास बैठकर किसी किसान के विचार जानने का प्रयत्न किया? क्या किसी कारखाने के मज़दूर के साथ एक भी शाम गुजारकर उसके विचार समझने की कोशिश की है? पर हमने यह किया है इसलिए हम दावा करते हैं कि हम आम जनता को जानते हैं . . .

गांधी जी घोषणा करते हैं कि अहिंसा के सामर्थ्य तथा अपने आप को पीड़ा देने की प्रणाली से उन्हें यह आशा है कि वे एक दिन विदेशी शासकों का हृदय परिवर्तन कर अपनी विचारधारा का उन्हें अनुयायी बना लेंगे . . . परंतु क्या वे बता सकते हैं कि भारत में कितने शत्रुओं का हृदय-परिवर्तन कर वे उन्हें भारत का मित्र बनाने मे समर्थ हुए हैं? वे कितने ओडायरों, डायरों तथा रीडिंग और इरविन को भारत का मित्र बना सके हैं?

. . . यदि वायसराय की गाड़ी के नीचे बमों का ठीक से बिस्फोट हुआ होता तो दो में से एक बात अवश्य हुई होती, या तो वायसराय अत्यधिक घायल हो जाते या उनकी मृत्यु हो गयी होती। ऐसी स्थिति में वायसराय तथा राजनीतिक दलों के नेताओं के बीच मंत्रणा न हो पाती, यह प्रयत्न रुक जाता उससे राष्ट्र का भला ही होता। कलकत्ता कांग्रेस की चुनौती के बाद भी स्वशासन की भीख मांगने के लिए वायसराय भवन के आस-पास मंडराने वालों के घृणास्पद प्रयत्न

विफल हो जाते। यदि बमों का ठीक से विस्फोट हुआ होता तो भारत का एक शत्रु उचित सजा पा जाता। ... देश में ऐसे भी लोग होंगे जिन्हें कांग्रेस के प्रति श्रद्धा नहीं,इससे वे कुछ आशा भी नहीं करते। यदि गांधी जी क्रांतिकारियों को उस श्रेणी में गिनते हैं तो वे उनके साथ अन्याय करते हैं। वे इस बात को अच्छी तरह जानते हैं कि कांग्रेस ने जन जागृति का महत्त्वपूर्ण कार्य किया है। उसने आम जनता में स्वतन्त्रता की भावना जाग्रत की है लेकिन उनका यह दृढ़ विश्वास है कि जब तक कांग्रेस में सेनगुप्ता जैसे 'अद्भुत' प्रतिभाशाली व्यक्तियों का, जो वायसराय की ट्रेन उड़ाने में गुप्तचर विभाग का हाथ होने की बात करते हैं तथा अन्सारी जैसे लोग, जो राजनीति कम जानते हैं और उचित तर्क की उपेक्षा कर बेतुकी और तर्कहीन दलील देकर यह कहते हैं कि किसी राष्ट्र ने बम से स्वतन्त्रता प्राप्त नहीं की- जब तक कांग्रेस के निर्णयों में इनके जैसे विचारों का प्राधान्य रहेगा,तब तक देश उससे बहुत कम आशा कर सकता है। क्रांतिकारी तो उस दिन की प्रतीक्षा में हैं जब कांग्रेसी आंदोलन से अहिंसा की यह सनक समाप्त हो जाएगी और वह क्रांतिकारियों के कन्धे से कन्धा मिलाकर पूर्ण स्वतन्त्रता के सामूहिक लक्ष्य की ओर बढ़ेगी। इस वर्ष कांग्रेस ने इस सिद्धान्त को स्वीकार कर लिया है, जिसका प्रतिपादन क्रांतिकारी पिछले 25 वर्षों से करते चले आ रहे हैं। हम आशा करें कि अगले वर्ष वह स्वतन्त्रता प्राप्ति के तरीकों का भी समर्थन करेगी ...

गांधी जी सोचते हैं हम नये युग में प्रवेश कर रहे हैं। परंतु कांग्रेस विधान में शब्दों का हेर-फेर मात्र कर, अर्थात् स्वराज्य को पूर्ण स्वतन्त्रता कह देने से नया युग प्रारम्भ नहीं हो जाता। वह दिन वास्तव में एक महान दिवस होगा जब कांग्रेस देशव्यापी आंदोलन प्रारम्भ करने का निर्णय करेगी, जिसका आधार सर्वमान्य क्रांतिकारी सिद्धान्त होंगे। ऐसे समय तक स्वतन्त्रता का झंडा फहराना हास्यास्पद होगा ... भारतीय राष्ट्रीय कांग्रेस के लिए उचित तो यही होता कि वह पहले स्वतन्त्रता प्राप्त कर फिर उसकी घोषणा करती। यह सच है कि अब औपनिवेशिक स्वराज्य के बजाय कांग्रेस के वक़्ता जनता के सामने पूर्ण

स्वतन्त्रता का ढोल पीटेंगे। वे अब जनता से कहेंगे कि जनता को संघर्ष के लिए तैयार हो जाना चाहिए जिसमें एक पक्ष तो मुक्केबाजी करेगा और दूसरा उन्हें केवल सहता रहेगा, जब तक कि वह ख़ूब पिटकर इतना हताश न हो जाए कि फिर न उठ सके? क्या उसे संघर्ष कहा जा सकता है और क्या इससे देश को स्वतन्त्रता मिल सकती है? किसी भी राष्ट्र के लिए सर्वोच्च लक्ष्य प्राप्ति का ध्येय सामने रखना अच्छा है, परन्तु साथ में यह भी आवश्यक है इस लक्ष्य तक पहुंचने के लिए उन साधनों का उपयोग किया जाए जो योग्य हों और जो पहले उपयोग में आ चुके हों,अन्यथा संसार के सम्मुख हमारे हास्यास्पद बनने का भय बना रहेगा।

... एक क्रांतिकारी सबसे अधिक तर्क में विश्वास करता है। वह केवल तर्क और तर्क में ही विश्वास करता है। किसी प्रकार का गाली-गलौज या निन्दा, चाहे फिर वह ऊँचे-से-ऊँचे स्तर से की गयी हो,उसे वह अपनी निश्चित उद्देश्य प्राप्ति से वंचित नहीं कर सकती ... यदि तुम चाहते हो कि क्रांतिकारी अपनी गतिविधियों को स्थगित कर दें तो उसके लिए होना तो यह चाहिए कि उनके साथ तर्क द्वारा अपना मत प्रमाणित किया जाए। यह एक और केवल यही एक रास्ता है, और बाकी बातों के विषय में किसी को संदेह नहीं होना चाहिए। क्रांतिकारी इस प्रकार की डराने-धमकाने से कदापि हार मानने वाला नहीं।

हम प्रत्येक देशभक्त से निवेदन करते हैं कि वह हमारे साथ गम्भीरतापूर्वक इस युद्ध में शामिल हो। कोई भी व्यक्ति अहिंसा और ऐसे ही अजीबोग़रीब तरीकों से मनोवैज्ञानिक प्रयोग कर राष्ट्र की स्वतन्त्रता के साथ खिलवाड़ न करे ...

हम किसी से भी दया की भिक्षा नहीं मांगते हैं और हम किसी को क्षमा भी नहीं करेंगे। हमारा युद्ध विजय या मृत्यु तक चलता रहेगा। क्रांति चिरंजीवी हो।

इन कार्रवाइयों और सशक्त प्रचार से क्रांतिकारी दल की प्रतिष्ठा में भारी इज़ाफ़ा हुआ। आज़ाद ने भी अंत में भगवती चरण और यशपाल को उनकी हुक्मउदुली के लिए माफ़ कर दिया। अब उन्होंने भगवती को एक और कार्य सौंपा। उन्होंने कुछ

समय पहले अपने दो साथियों – भगवानदास माहौर और सदाशिवराव मलकापुरकर को बंबई प्रांत में संगठन का निर्माण करने के लिए कुछ असलहा लेकर भेजा था लेकिन वे लोग भुसावल स्टेशन पर पकड़े गये। भगवती चरण वकील का भेष बनाकर उनसे जेल में मिलने गये और उन लोगों को एक माउजर पिस्तौल भिजवा दी गयी। भरी अदालत में माहौर और मलकापुरकर ने लाहौर केस के सरकारी गवाहों पर गोली चला दी। हालांकि सरकारी गवाह बच गये लेकिन इन दोनों क्रांतिकारियों के इस दुस्साहस ने जनता को रोमांचित कर दिया। इस घटना के बाद आज़ाद ने बंबई जाने का विचार त्याग दिया और सारा ध्यान अब भगत सिंह और दत्त को छुड़ाने पर केंद्रित कर दिया गया।

धरती की गोद में

भगत सिंह और दत्त को छुड़ाने के लिए सभी क्रांतिकारी लाहौर में इकट्ठा हुए। लाहौर की बहावलपुर रोड पर एक बंगला किराये पर लिया गया और सभी क्रांतिकारी इसमें एक परिवार का नाटक करके रहने लगे। योजना बनी कि भगत सिंह और दत्त को अदालत से जेल जाते वक़्त ही छुड़ा लिया जाएगा। इस काम के लिए बमों की आवश्यकता थी। अतः बम बनाये गये। 28 मई 1930 के दिन भगवती चरण ने दो बम अलमारी से निकाले और तड़के ही सुखदेवराज और वैशम्पायन को अपने साथ लेकर बमों का प्रशिक्षण करने रावी के तट पर चले गये। सुखदेवराज ने उनसे कहा कि बम की पिन ढीली है इसलिए उन्हें बम फेंकने दिया जाए। भगवती चरण ने उन्हें पीछे धकेलते हुए कहा 'नहीं! कहीं कुछ ऐसा-वैसा हो गया तो सब समझेंगे भगवतीचरण सही में सीआईडी का आदमी था।' और उन्होंने ख़ुद ही वह बम फेंकने के लिए हाथ उठाया लेकिन बम उनके हाथ में ही फट गया और वह बुरी तरह घायल हो गये। सुखदेवराज और वैशम्पायन घबरा गये। सुखदेवराज बाकी साथियों को बुलाने शहर की ओर भागे। कुछ समय बाद आज़ाद, यशपाल और कुछ और साथी वहां पहुंचे। तब तक भगवती चरण का काफ़ी खून बह चुका था और वैशम्पायन उन्हें पानी पिला रहे थे। भगवती चरण बोले 'मिशन रुकना नहीं चाहिए।' यशपाल उन्हें अस्पताल

ले जाने के लिए गाड़ी लेने गये लेकिन तब तक उनके प्राण पखेरू उड़ चुके थे। वहीं रावी के किनारे उनके शव को गाड़ दिया गया और उसी सुनसान जगह पर उन्हें उनके साथियों ने आख़िरी सलामी दी। इस तरह भारतीय क्रांति का वह नायक, समाजवादी विचारक और अथक योद्धा धरती की गोद में समा गया।

राजगुरु

क्रांतिकारी इतिहास में ऐसे कई नायक हुए जो मृत्यु के सामने निर्भीक होकर सीना ताने खड़े रहे लेकिन मौत को गले लगाने के लिए बांहें फैलाये दौड़ने वाले क्रांतिकारी निस्संदेह सिर्फ़ राजगुरु थे। क्रांति के लिए बलिदान देना ही उनकी एकमात्र इच्छा थी। क्रांतिकारी दल की कोई भी गतिविधि जिसमें जान जाने का ख़तरा रहता, उसे राजगुरु ख़ुद करने की पहल करते। उन्हें भगत सिंह और सुखदेव के साथ लाहौर षड्यंत्र केस के तहत मृत्युदंड मिला।

प्रारंभिक जीवन

राजगुरु का मूल नाम था शिवराम। उनका जन्म 24 अगस्त 1908 को पूना के खेड़ गाँव में हरिनारायण और पार्वती देवी के घर हुआ। उनके एक पूर्वज को उनके ज्ञान और विद्वत्ता के लिए छत्रपति शाहूजी ने 'राजगुरु' की उपाधि प्रदान की थी, जो इनके परिवार की ही उपाधि बन गया। परंपरा अनुसार पिता का नाम 'हरी' पुत्र के नाम के बीच में रखा गया, अतः उनका पूरा नाम बना शिवराम हरी राजगुरु। शिवराम के बचपन में ही उनके पिता का बीमारी के चलते देहांत हो गया, जिससे उनका बचपन बेहद आर्थिक तंगी में गुज़रा। उनकी प्रारंभिक शिक्षा गांव के ही एक मराठी प्राइमरी स्कूल में हुई और उसके बाद कुछ पढ़ाई पूना के नाना के बाड़े में न्यू इंग्लिश हाई स्कूल में हुई।

तीक्ष्ण बुद्धि के साथ-साथ साहस और जोश उनमें भरा हुआ था। उन्हें नदी में तैरने, व्यायाम करने और गुलेल से निशानेबाज़ी का बहुत शौक था। उनका अधिकतर समय खेलकूद में व्यतीत होता, जिसके कारण उन्हें अक्सर बड़े भाई से डांट पड़ती। उन्होंने इसी क्रम में एक बार शिवराम को घर से निकलने को कह दिया। और शिवराम ने घर छोड़ा तो फिर कभी लौट कर नहीं गये। वे कम उम्र से ही राष्ट्रवादी विचार से प्रेरित थे, घर छोड़ने के बाद इस विचारधारा में वह और तेज़ी से बहते चले गये।

राजगुरु, शिवाजी की वीरता और छापेमारी के युद्ध कौशल की अनेक गाथाएं सुन चुके थे। वह उनके साहस और कार्यकुशलता से अत्यंत प्रभावित थे। एक बार बचपन में उन्हें लोकमान्य तिलक को देखने का अवसर भी प्राप्त हुआ, जब तिलक खेड़ गांव में एक भाषण देने आये। राजगुरु ने तिलक की स्वराज और देशप्रेम से जुड़ी अनेक कथाएं सुन रखी थीं, सो उस दिन राजगुरु तिलक से अत्यंत प्रभावित हुए और उनके अंदर देशप्रेम की अग्नि और अधिक प्रबलता से धधक उठी। 1919 के जलियांवाला बाग़ कांड ने उनके अंदर के देशप्रेमी को बेहद विचलित किया। चापेकर भाइयों और महादेव विनायक रानाडे की वीरता के किस्से पहले ही उनके मन-मस्तिष्क में भीतर तक पैठ कर चुके थे। इन सब घटनाओं का असर ऐसा रहा कि उनके अंदर देश हित में कुछ कर गुज़रने की भावना बलवती होती गयी।

राजगुरु घुमंतू थे। पहले वह पूना के आसपास महाराष्ट्र के दूसरे इलाक़ों में घूमते रहे। कहीं भोजन का प्रबंध हुआ तो ठीक वरना खाली पेट सोये। इस प्रकार इधर-उधर भटकते वह बनारस पहुंचे। उनकी संस्कृत पढ़ने की बहुत पुरानी इच्छा उनके कदम संस्कृत विद्यालय तक ले गयी। महाराष्ट्र के ही एक पूर्व परिचित ने उनकी नयी जगह पर कुछ जान-पहचान करा दी, जिससे उन्हें माधुकरी मिलने में सुविधा रहे। माधुकरी एक प्रकार की भिक्षा होती है, जिसमें पका हुआ भोजन दिया जाता है। चूंकि वह अब शिक्षा ग्रहण करने में लगे थे इसलिए उनके भाई ने भी प्रसन्न होकर उनको प्रतिमाह पांच रुपये भेजने शुरू कर दिये, जिससे उनकी किताबों और भोजन का प्रबंध हो जाता। चूंकि किराये की जगह लेकर रहने के पैसे उनके पास नहीं थे इसलिए वह अपने एक गुरु के घर रहने लगे और बदले में घरेलू कामों में उनका हाथ बंटाते। पर यह व्यवस्था अधिक दिनों तक न चल सकी। उनका बनारस में यह समय काफ़ी तंगहाली और संघर्षों में गुज़रा। उन्होंने पेट पालने के लिए भिन्न-भिन्न प्रकार के यत्न किये, चाहे वह मज़दूरी हो अथवा नौकरी या अध्यापन।

बनारस में रहते हुए उन्होंने ख़ुद को काफ़ी मज़बूत बना लिया था। वह वहां नियमित रूप से मल्लविद्या का अभ्यास करते और निशानेबाज़ी का भी प्रशिक्षण लेते। वह समय के साथ एक अच्छे निशानेबाज़ बन गये थे। बनारस में उनके कुछ मराठी मित्र भी बने जिनमें से एक थे श्रीराम सांवरगांवकर, जिनकी सहायता से राजगुरु का

संपर्क क्रांतिकारी पार्टी से हुआ। 1925 की काकोरी लूट की घटना ने राजगुरु जैसे कई ऊर्जावान नवयुवकों को भीतर से उद्विग्न कर दिया था। सो राजगुरु के राष्ट्रवादी मन में भी देश के लिए कुछ कर गुज़रने की हलचल तेज़ हो उठी।

राजगुरु कुछ वक़्त बनारस में समाज सेवा के कार्य में तल्लीनता से लगे रहे। उन्होंने इस दौरान कई संगठनों के साथ जुड़े रह कर व्यायाम और निशानेबाज़ी के अपने हुनर को और तराशा। इस सब के बाद उन्हें आसानी से बनारस के एक हाईस्कूल में ड्रिल मास्टर की नौकरी मिल गयी। उन्होंने अपना एक अखाड़ा भी स्थापित किया जहां वह नौजवानों को कुश्ती व लाठी चलाने का प्रशिक्षण देते। इस तरह वह क्रांतिकारी गतिविधियों में शामिल होने के लिए शारीरिक एवं मानसिक, दोनों ही रूप से मज़बूत हो चुके थे। संयोगवश उन दिनों चंद्रशेखर आज़ाद के एक साथी विश्वनाथ वैशम्पायन बनारस में क्रांतिकारी दल से संपर्क बनाने के प्रयास में आए हुए थे। वैशम्पायन, राजगुरु के देशप्रेम और दृढ़ता से बहुत प्रभावित हुए और समय आने पर उन्होंने राजगुरु को चंद्रशेखर आज़ाद से मिलवाया। आज़ाद भी उनके आत्मविश्वास, साहस और दृढ़ निश्चयता से प्रभावित हुए और उनको अपने दल का सदस्य बनाने का निर्णय किया। इस तरह शिवराम राजगुरु का हिंदुस्तान रिपब्लिकन एसोसिएशन में प्रवेश हुआ, और उनको पार्टी का गुप्त नाम दिया गया रघुनाथ। उसके बाद तय हुआ कि राजगुरु बनारस वापस जाकर अपनी नौकरी करते रहें और पार्टी उन्हें काम पड़ने पर सूचित करेगी। ड्रिल मास्टर की नौकरी के दौरान ही उनकी क्रांतिकारी शिव वर्मा से पहली बार मुलाक़ात हुई, जब उन्हें पार्टी के एक काम के लिए वर्मा के सहयोगी के रूप में चुना गया। उन्हें यह जान कर प्रसन्नता हुई कि उन्हें पार्टी के काम के लिए चुना गया है। शिव वर्मा ने उन्हें काम को पूरा समझने और तैयारी करने हेतु छुट्टी लेकर कानपुर आने को कहा। शिव वर्मा उन दिनों कानपुर के डीएवी कॉलेज में पढ़ रहे थे और वहीं के साइंस ब्लॉक के एक कमरे में रहा करते थे। उन्होंने अपने ही कमरे में राजगुरु के रहने की व्यवस्था कर दी। यह स्थल कानपुर में क्रांतिकारी गतिविधियों का महत्त्वपूर्ण केंद्र रहा, जहां भगत सिंह, बटुकेश्वर दत्त आदि का आना-जाना लगा रहता था।

पहला 'एक्शन'

शिव वर्मा के साथ राजगुरु को जो पहला कार्य सौंपा गया, वह था दिल्ली में एक व्यक्ति की हत्या। पार्टी ने पाया था कि दिल्ली का एक जाना-माना नेता शहर में सांप्रदायिक तनाव फैलाने का काम कर रहा है। तो देश और समाज के हित में यह फ़ैसला किया गया कि शिव वर्मा दो रिवाल्वरों का इंतज़ाम करें और राजगुरु को अपने साथ रख इस काम को अंजाम दें। बहुत दिनों तक तलाश करने के बाद भी सिर्फ़ एक रिवाल्वर का इंतज़ाम हो पाया, तब शिव वर्मा ने निर्णय किया कि वह लाहौर जाकर एक और पिस्तौल का इंतज़ाम करने का प्रयास करेंगे। उन्होंने एक रिवाल्वर राजगुरु की सुरक्षा में छोड़ते हुए उन्हें अपने टारगेट पर नज़र रखने को कहा। राजगुरु पूरी मुस्तैदी और एहतियात के साथ नज़र रखने का काम करते। उन्हें एक बार उस नेता के एक ख़ास स्थान पर होने की पक्की ख़बर मिली और उनके मन में इस मौके को न गंवाने का ख़्याल आया। शिव वर्मा अभी दिल्ली नहीं पंहुचे थे और राजगुरु को यक़ीन था कि इस कार्य को वह स्वयं अंजाम दे सकते हैं। 30 जनवरी के दिन निर्धारित स्थल पर जैसे ही उस व्यक्ति की कार का दरवाज़ा खुला राजगुरु की गोली सीधे कार से उतरते व्यक्ति के सीने में जा धंसी। राजगुरु तुरंत ही मथुरा की दिशा में रेलवे लाइन के सहारे दौड़ पड़े। काफ़ी दूर जाने के बाद अचानक उनके ऊपर सर्च लाइट की रोशनी पड़ी और चारों तरफ़ से गोलियां चलने लगीं। वह किसी तरह उनसे बचते हुए खेतों की तरफ़ सरक गये और एक खेत में लेट गये। कुछ घंटों तक वह उसी खेत में सांस रोक कर पानी और कीचड़ में पड़े रहे। चूंकि कोई यह अंदाज़ा नहीं लगा सकता था कि वह इस कड़कड़ाती ठंड में पानी से भरे खेत में छुप सकते हैं, सो पुलिस वाले सूखे खेतों में उनकी तलाश करके चले गये। तब राजगुरु ने खेत से निकल कर उसी हालत में वापस अपना रास्ता पकड़ा, वह अपने शरीर के सुन्न पड़ने के बावजूद चलते चले गये और मथुरा जाने वाली एक गाड़ी में जगह पाकर सो गये।

अगली सुबह जब नहा-धोकर उन्होंने अख़बार में रात की घटना का ब्यौरा ढूंढा, तो उनके होश उड़ गये। राजगुरु ने जिस व्यक्ति को गोली मारी, वह उनका असल टारगेट नहीं बल्कि उसके ससुर थे। अब राजगुरु को काटो तो खून नहीं, एकमात्र ख़्याल जो उनके ज़ेहन में था, वह यह कि पार्टी द्वारा दिए गये पहले ही काम में उन्होंने

भारी गड़बड़ कर दी, जिससे एक निर्दोष व्यक्ति की जान गयी। उन्हें उस व्यक्ति के न मरने से कहीं ज़्यादा दुःख एक निर्दोष व्यक्ति के मारे जाने का था। इसी ग्लानि से भरे मन को लेकर वह कानपुर पहुंचे। बोझिल मन से उन्होंने शिव वर्मा से कहा, 'अपनी जल्दबाज़ी के कारण मैं पार्टी के सामने अपराधी हूं, मैं पार्टी का दिया काम नहीं कर सका इसका मुझे अफ़सोस है, पार्टी कहीं इस गलती के लिए मुझे निकाल तो नहीं देगी, मेरा क्या होगा ?' शिव वर्मा ने उनके अंदर के दुःख और अपराधबोध को समझते हुए बड़े स्नेह से उन्हें समझाया कि क्रांतिकारियों को कमज़ोर दिल नहीं रहना चाहिए। और आख़िरकार उस नेता को यह समझ आ ही गया होगा कि वह गोली उसके लिए थी, तो अंततः उसे चेताने का काम तो हो ही गया। जब चंद्रशेखर आज़ाद को इस सारे वृतांत की जानकारी हुई, तो उन्होंने भी राजगुरु को सांत्वना देकर यकीन दिलाया कि उन्हें पार्टी से कोई नहीं निकालेगा। उन्होंने उनकी बहादुरी, निशानेबाज़ी और आत्मविश्वास की सराहना की। भले ही राजगुरु को ताउम्र एक निर्दोष व्यक्ति की जान लेने का दुःख रहा, पर इस घटना के साथ उनके क्रांतिकारी जीवन की एक मज़बूत शुरुआत हुई। इस घटनाचक्र ने पार्टी के अंदर इस बात को स्थापित कर दिया कि राजगुरु जान का जोख़िम आसानी से ले सकता है।

राजगुरु न सिर्फ़ बिना डरे ख़तरनाक काम हाथ में लेने के लिए तैयार रहते थे, बल्कि शहीद होने के लिए सदैव ललायित रहते थे। क्रांतिकारी जोगेश चटर्जी को जेल से निकालने की योजना पर जब विचार-विमर्श चल रहा था, तब राजगुरु ने आगे-आगे उचक कर सबकी नाक में दम कर दिया था, जिससे दल में उन्हें बहुत खीज और झिड़कियों का सामना करना पड़ा। अनेक अवसरों पर ऐसा हुआ कि किसी कार्य के लिए आज़ाद द्वारा अनुपयुक्त समझे जाने पर भी उनकी ज़िद के चलते राजगुरु को उस कार्य के लिए दल द्वारा नियुक्त किया गया। शहादत के लिए राजगुरु, भगत सिंह से एक किस्म की प्रतिद्वंद्विता रखते थे, जो दल के अन्य सदस्यों के लिए हास्य-विनोद का एक विषय रहता था। लाहौर षड्यंत्र की कार्रवाई के दौरान जब यह साफ़ हो गया कि भगत सिंह को फांसी होनी लगभग तय है, तो राजगुरु बेचैन हो उठे। पूना में गुमनाम रूप से सुरक्षित होते हुए भी, उनके अंदर की इस बेचैनी के चलते ही वह गिरफ़्तार हुए। यह प्रतिद्वंद्विता सिर्फ़ देश के लिए पहले बलिदान देने तक ही सीमित

थी, वैसे भगत सिंह से उन्हें बेहद लगाव था। वह कभी किसी कठिन मौके पर भगत सिंह का साथ देने से नहीं चूके। राजगुरु को भी दल में सबसे बहुत प्रेम और स्नेह मिला। उनकी सरलता और हंसमुख स्वभाव ही उनकी ख़ासियत था, जो समय-समय पर दल में उन्हें हास्य-विनोद का केंद्र बनाता।

कुंभकर्णी नींद के किस्से

दल में राजगुरु के सोने के किस्से बहुत मशहूर थे, साथी लोग लिखते हैं कि वह चलते-चलते भी सो सकते थे। भगत सिंह के सुनाये किस्से के अनुसार एक बार वह और राजगुरु प्लैटफॉर्म पर ट्रेन का इंतज़ार कर रहे थे, जो रात लगभग दो बजे आनी थी। भगत सिंह लगभग दो रातों से सोये नहीं थे, सो उनके लिए जागे रहना मुश्किल जान पड़ रहा था, पर चूंकि वह राजगुरु की आदत से वाकिफ़ थे, सो किसी तरह उन्होंने ख़ुद को जगाये रखा। जब उनके लिए जागना असंभव हो गया, तो उन्होंने राजगुरु को उनके पार्टी के नाम रघुनाथ से संबोधित करते हुए, 'रघुनाथ, देख भाई तुझे दिख रहा है मुझसे और जागते नहीं बनता, अगर तू अपनी पूरी ज़िम्मेदारी समझे तो तो मैं एकाध घंटा सो लूं। गाड़ी दो बजे आती है , मुझे तू ...।' राजगुरु एकदम से बात काट कर बोले, 'हां हां लेट जाओ, क्या तुम मुझे बिलकुल यूं ही समझते हो। मज़ाक़ की और बात है, पर क्या मैं जाग नहीं सकता? तुम सो जाओ, मैं समय से जगा दूंगा।' भगत सिंह उन्हें पूरी तरह से चेता कर, डेढ़ बजे जगाने का बोल कर सो गये। वेटिंग हॉल की घड़ी के घंटे से अचानक उनकी नींद खुली, पहले उन्हें लगा कि एक बजे का घंटा बजा, पर जैसे ही घड़ी ने एक के बाद एक कुल चार घंटे बजाये, तो भगत सिंह के होश फ़ाख़्ता हो गये। उन्होंने तिलमिला कर देखा तो पाया कि राजगुरु बेंच पर बड़े इत्मीनान से सो रहे हैं। भगत सिंह ने तैश में आकर बेंच में ठोकर मारी तब जाकर राजगुरु उठे और मासूमियत से बोले,' ऐं, क्या हुआ? तुम्हारी कसम मुझे नहीं मालूम क्या हुआ !'

एक और घटना के अनुसार, जब जोगेश चटर्जी को जेल से छुड़ाने की योजना पर काम चल रहा था तो आगरा में यह तय हुआ कि राजगुरु जाकर मथुरा से जयदेव को बुला लाएं और सदाशिव मलकापुरकर ग्वालियर से भगवानदास माहौर को। विजय कुमार सिन्हा ने राजगुरु को सोते से झकझोर कर उठाया और उनको उनका

काम समझा दिया। जब सदाशिव और राजगुरु अपनी-अपनी ट्रेन पकड़ने स्टेशन की तरफ़ चले जा रहे थे, तो सदाशिव को शंका हुई कि राजगुरु ने नींद के चलते पता नहीं ठीक से समझा है या नहीं कि क्या करना है। तो उन्होंने राजगुरु को सावधान करने हेतु टोक कर पूछा भी मगर गोपनीयता के नियमों के चलते राजगुरु ने सिर्फ़ दिल्ली की तरफ़ जाने वाली दिशा में इशारा किया, तो वे भी आगे कुछ पूछ न सके। जब अगले दिन तय समय पर सबको वापस एकत्रित होना था, तो पाया गया कि राजगुरु जयदेव को लाने की जगह उन्हें वहीं ठीक से जमे रहने के लिए कह के आये हैं और जो पैसे एकदम बेहद ज़रूरत पड़ने पर ख़र्च करने को दिए थे, वे भी जयदेव को देते हुए कहा कि जो आवश्यक लगे ख़र्च करें। यह जान कर विजय कुमार सिन्हा अपना सिर पीट कर रह गये।

इसी प्रकार एक बार मकान में यह हल्ला हो गया कि राजगुरु कहीं खो गया है। बिना बताये मकान के बाहर कोई जाता नहीं था और अंदर उसका कोई पता नहीं। लोगों के मन में तरह-तरह की आशंकाएं उभरने लगीं, तभी अचानक खूंटी पर टंगी चादर गिरी और सबने पाया कि राजगुरु खूंटी के नीचे दीवार से लग कर ऊंघ रहे हैं।

दल में लगभग सभी व्यक्ति अपने को भावुक समझते थे और राजगुरु को भावनाशून्य माना जाता था, जिससे वह चिढ़ते थे। एक बार की बात है, आगरा वाले अड्डे पर रहते हुए कुछ साथी चांदनी रात में ताजमहल देखने गये। उसे देखते हुए सभी भावुकता में मौन थे। चूंकि राजगुरु के लिए चुप बैठे रहना संभव नहीं था सो बाकी लोगों ने किसी न किसी बहाने उनसे मुंह फेर लिया, इसलिए उन्हें भी शांत रहना पड़ा। राजगुरु के मन में इस दौरान एक 'शेर' जन्मा और उनको भावनाशून्य कहने वाले मित्रों के सामने उस शेर का प्रदर्शन अनिवार्य हो चला। अगले दिन सुबह चाय पर सभी साथी रात के दृश्य का वर्णन कर रहे थे, राजगुरु तो मानो बेताबी से ऐसे ही पल की तलाश में थे। उन्होंने अपना शेर छोड़ते हुए कहा, 'अब तक नहीं मालूम था इश्क़ क्या चीज़ है, रोज़े को देख मेरे भी इश्क़ ने बलवा किया।' बटुकेश्वर दत्त तो उनका मुंह देखते रह गये और विजय सिन्हा 'इश्क़ ने बलवा किया, इश्क़ ने बलवा किया' चिल्ला कर उचकने लगे और भगत सिंह ने तो अपनी पिस्तौल की नली ख़ुद की तरफ़ करके राजगुरु को थमा दी। राजगुरु हतप्रभ होकर बस देखते रह गये।

एक रोज़ ऐसे ही चर्चा चल रही थी कि पुलिस क्रांतिकारियों को किस प्रकार की शारीरिक यंत्रणाएं देती है। बात निकली कि पुलिस के अमानुषिक अत्याचार किसी भी व्यक्ति का धैर्य डिगा सकते हैं। राजगुरु के मन में जाने क्या सूझा कि खाना बनाते वक़्त उन्होंने गर्म-गर्म संडासी से सीने पर तीन जगह दाग़ दिया। पूछे जाने पर उन्होंने जवाब दिया कि वह यह परखना चाह रहे थे कि पुलिस का टार्चर सहने की क्षमता उनमें है या नहीं। साथियों ने इनको बहुत झिड़का और मरहम-पट्टी भी की। इस घटना से सभी के मन में यह बात तो पक्की हो गयी की राजगुरु अलग ही धातु के बने हैं।

समाजवाद : घोड़ा या गधा

ऐसा कहा जाता है कि राजगुरु 'एक्शन' में ज्यादा विश्वास रखते थे और दल की विचारधारा तथा भविष्य के कार्यक्रम की बहस आदि में कम ही रुचि रखते थे, लेकिन यह सर्वमान्य है कि वह दल और उसके उद्देश्य के लिए प्रतिबद्ध थे। समाजवाद के मामले में उनका पढ़ना-लिखना न के बराबर ही था, लेकिन वह इस ध्येय के लिए पूरी तरह समर्पित थे। आगे चलकर जेल में उनकी समाजवाद पर एक आर्यसमाजी मास्टर आज्ञाराम से बहस हो गयी। मास्टर आज्ञाराम ने राजगुरु पर व्यंग्य करते हुए कहा, 'समाजवाद-समाजवाद चिल्लाते हो! जानते भी हो कि वह है क्या? पहले घोड़े और गधे की तमीज करना सीख लो, फिर बहस करना।' जवाब में राजगुरु ने भी पूरी उत्तेजना में कहा, 'देखिये मास्टर जी! समाजवाद घोड़ा है या गधा यह तो मैं नहीं जनता, लेकिन इतना कह देता हूं कि अगर वह गधा है, तो भी आगे चलकर देश और दुनिया में उसी का बोलबाला होगा। और तब आपको भी उसके सामने सर झुकाना पड़ेगा।'

समाजवाद में राजगुरु का यह 'विश्वास' उनके जीवन की भौतिक परिस्थितियों के कारण भी था। बनारस में छात्र जीवन के बारे में राजगुरु ने एक बार शिव वर्मा को कहा था, 'ग़रीबी कितना बड़ा अभिशाप है! उसमें कितना अपमान और कितनी चुभन है ... सारा दिन जानवर की तरह हड्डी तोड़ परिश्रम करने के बाद भी मैंने गालियां खाई हैं झिड़कियां सुनी हैं, जानते हो किसलिए? – दो रोटियों के लिए! हां, सिर्फ दो रोटियों के लिए ...'

सांडर्स की हत्या

साइमन कमीशन का पूरे भारत में जोर-शोर से विरोध चल रहा था। अनेक जगहों पर इस कमीशन को नारों और काले झंडों का सामना करना पड़ा। जब कमीशन के पंजाब आने की खबर आम हुई , तो वहां भी शांतिपूर्ण ढंग से कुछ ऐसा ही करने का निर्णय किया गया। लाला लाजपत राय के नेतृत्व में 'साइमन वापस जाओ' के नारों ने माहौल काफ़ी गर्म कर दिया, जिससे पुलिस को लाठीचार्ज करना पड़ा। इस लाठीचार्ज में लाला जी को काफ़ी चोटें आईं जिसके परिणामस्वरूप उनकी मृत्यु हो गयी। पूरे देश के लिए यह एक बड़ी क्षति थी और क्रांतिकारियों के ख़ून में उबाल लाने के लिए बेहद बड़ा प्रहार। भगत सिंह के प्रस्ताव के अनुसार राष्ट्र के इस अपमान का बदला लेना बेहद ज़रूरी था और इसके अलावा देश की जनता के सामने क्रांतिकारियों की सक्रियता को जाहिर करने का एक महत्त्वपूर्ण अवसर। जब इस प्रस्ताव के तहत लाहौर के पुलिस सुपरिटेंडेंट स्कॉट को गोली मारने का निर्णय हुआ तो हमेशा की तरह राजगुरु ने ख़ुद उसे मारने की ज़िद पकड़ी। इस पर भगत सिंह ने कहाः

> परंतु पकड़े जाने पर , केस चलने की स्थिति में एक अच्छा बयान देकर जनता को अपने उद्देश्य से परिचित करने के साथ-साथ अपने व्यवहार से प्रभावित करना अत्यंत आवश्यक है जिससे हमारे काम को लोग पागलपन और जोश में उठाया कदम न समझें। हमारे काम से बुद्धि और शिक्षा-दीक्षा सम्पन्न बलिदान की भावना ही जनता के हृदय में जागृत हो।

इसकी योजना बनाने का काम सुखदेव को सौंपा गया और तय हुआ कि राजगुरु, भगत सिंह और आज़ाद स्कॉट पर हमला करेंगे, पहचान के लिए जयगोपाल को निगरानी करने के लिए नियुक्त किया गया। पुलिस द्वारा पीछा किये जाने की स्थिति में एक छोटी टुकड़ी को पुलिस पर हमला करने के लिए रिज़र्व में रखा गया। जब चार दिन लगातार ऐसा हुआ कि स्कॉट निर्दिष्ट स्थान से निकला ही नहीं, तो राजगुरु ने बेक़रार होकर स्कॉट को उसके दफ़्तर के भीतर जाकर मार आने का प्रस्ताव रखा। इस पर आज़ाद ने उन्हें डपट दिया। वह काम में अनुशासन के मामले में बहुत कट्टर थे।

जब कार्यालय से एक पुलिस अफ़सर अपने मुंशी के साथ मोटरसाइकिल लेकर निकला, तो सब चौकन्ने हो गये। जयगोपाल ने इशारा किया कि देखो शायद वह आया। भगत सिंह ने इंगित किया कि ये वो नहीं मालूम होता। राजगुरु को लगा कि भगत सिंह चाह रहे हैं कि वह ज़रा नज़दीक उनकी पहुंच में आ जाए तो वह गोली मारें। अब भला राजगुरु को यह कहां मंज़ूर हो सकता था। वह अफ़सर जैसे ही मोटरसाइकिल पर पैर रखने वाला था, राजगुरु ने आगे बढ़ कर गोली चलायी, जो सीधा उसके सिर के पार हो गयी। भगत सिंह ने बढ़ कर ज़मीन पर ढेर पड़े हुए उस अंग्रेज़ पर दनादन आठ गोलियां चलायीं। इस पर शिकायती लहजे में उन्होंने बाद में भगवानदास माहौर से कहा कि भगत सिंह ने नाहक ही आठ कारतूस ख़राब किये।

पुलिस अफ़सर पर गोली चलते ही पूरे मुख्यालय में खलबली मच गयी। बहुत से लोग उस तरफ़ दौड़ पड़े। फ़र्न नामक एक ट्रैफिक इंस्पेक्टर ने राजगुरु को पकड़ने के लिए उनका पीछा किया। राजगुरु ने अपनी रिवाल्वर से उस पर गोली चलाने की कोशिश की लेकिन ठीक ढंग से रिवाल्वर न पकड़ने के कारण गोली नहीं चली। ऐसी स्थति में जब फ़र्न एकदम नज़दीक आ गया, तो राजगुरु ने आव देखा न ताव, वह सीधे उससे भिड़ गये और उसको बड़ी ज़ोर से ज़मीन पर दे पटका। तभी उनकी नज़र पड़ी तो देखा कि भगत सिंह ने अपनी खाली मैगज़ीन गिरा दी है। वह वापस उलटी तरफ़ भागे और ज़मीन पर पड़ी मैगज़ीन उठा लाये, इस पर आज़ाद ने उन्हें झिड़केते हुए कहा, ' तू उधर कहां उल्टा मरने गया था।' इस पर जब राजगुरु ने जेब से खाली मैगज़ीन निकाल कर दिखायी तो उन्होंने भले ही मन में उनकी निर्भीकता की तारीफ़ की हो, परंतु ऊपरी तौर पर इस दुस्साहस के लिए डपटते हुए कहा , 'गिर ही गयी थी तो गिर जाने देता।' वापस जब दल के सभी लोट इकट्ठे हुए, तो सबने राजगुरु की हिम्मत और निशाने की प्रशंसा की। मगर राजगुरु कुछ बुझे-बुझे से जान पड़ रहे थे, सो माहौर ने जब उनसे इसका सबब पूछा तो वे सांडर्स के संदर्भ में बोले, 'कितना सुंदर नौजवान था, जाने उसके घर वालों पे क्या बीत रही होगी।' उनका मन सांडर्स को मारने के बाद बेहद ग्लानि से भर गया था। भले ही उनके अंदर पहले गोली चलाने को लेकर आतुरता थी, पर उनका यह अहसास व्यक्तित्व के एक नाज़ुक हिस्से को सामने लाता है।

राजगुरु के शहादत के प्रति रुझान और भगत सिंह से प्रतिद्वंद्विता का एक और उदाहरण तब सामने आया, जब भगत सिंह ने केंद्रीय असेंबली में बम फेंकने का प्रस्ताव रखा। तय हुआ कि असेंबली में अपने कार्य के स्पष्टीकरण के तौर पर पर्चे फेंके जाएं, और फ़रार होने की जगह गिरफ़्तारी देकर अदालती कार्यवाही के ज़रिये अपने विचारों का प्रचार-प्रसार किया जाए। अपने साथ चलने के लिए उन्होंने बटुकेश्वर दत्त को चुना। राजगुरु को जब यह मालूम पड़ा तो वह एकदम बेचैन हो उठे। राजगुरु सीधे आज़ाद के पास झांसी पहुंचे और उनको यह समझाने की कोशिश की कि वह भगत सिंह के साथ जाने के लिए सबसे उपयुक्त व्यक्ति हैं। उनकी दलील यह भी थी की कि वह अंग्रेज़ी में लिखा सारा वक़्तव्य संस्कृत की तरह रट लेंगे। आज़ाद ने अपना पिंड छुड़ाने के लिए भगत सिंह के लिए चिट भिजवाई कि यदि वह ठीक समझें तो अपने साथ बटुकेश्वर की जगह राजगुरु को ले जाएं। राजगुरु बड़ी धौंस के साथ भगत सिंह के पास चिट लेकर पहुंचे पर उन्होंने साफ़ मना करते हुए उनको उलटे पांव लौटा दिया।

गिरफ़्तारी और फांसी

अप्रैल 1929 में भगत सिंह और दत्त के असेंबली बम कांड में गिरफ़्तारी देने के बाद लाहौर और सहारनपुर बम फैक्ट्री पकड़े जाने से कई साथियों की गिरफ़्तारी हो चुकी थी। उधर जयगोपाल, हंसराज वोहरा और फणीन्द्रनाथ घोष के सरकारी गवाह बन जाने से दल की मूल संरचना को काफ़ी बड़ा झटका पहुंचा। बहुत कम ही ऐसे ठिकाने थे, जिनकी ख़बर पुलिस को नहीं थी। राजगुरु उस वक़्त अपने पुराने मित्र सावरगांवकर के पास काशी में थे, वह छुपते-छुपाते अमरावती पहुंचे। फिर महाराष्ट्र में कुछ अलग-अलग जगहों पर कुछ-कुछ समय रहते हुए वह पूना आ गये। इस बीच वह क्रांतिकारी संगठन के लिए यथासंभव प्रयास करते रहे। चूंकि पुलिस के पास अब सांडर्स की हत्या में राजगुरु के शामिल होने की जानकारी थी, इसलिए महाराष्ट्र में उनकी तलाश जारी थी। बंबई सीआईडी और लाहौर पुलिस हर हालत में उन्हें पकड़ना चाहती थी। राजगुरु इस दौरान यूं तो पूना में सुरक्षित थे, मगर एहतियात न बरतने और वाचाल प्रवृत्ति का होने के कारण वह पुलिस की नज़र में आ गये। गुप्तचर विभाग का

एक व्यक्ति कसंदीकर, उनसे जान-पहचान बनाने में सफल रहा और राजगुरु ने भी उसे अपनी असलियत बता दी। 27 सितंबर 1929 को *काल* के प्रकाशक-सम्पादक शिवराम परांजपे की पूना में मृत्यु हो गयी। वह क्रांतिकारियों से जुड़े हुए थे। उनकी शवयात्रा के जुलूस में राजगुरु जोश में आकर ‘ लांग लिव रिवोल्यूशन’ और ‘डाउन विद इम्पीरियलिज्म’ के नारे लगा बैठे। चूंकि ये लाहौर षड्यंत्र के अभियुक्तों के नारे थे, सो आसपास चल रहे सीआईडी अफ़सर चौकन्ने हो गये।

इस घटना के चंद दिनों के बाद ही कसंदीकर के इशारे पर रात के वक़्त सोते हुए सांवरगांवकर के साथ उन्हें गिरफ़्तार कर लिया गया। उनके पास से रिवाल्वर और कारतूस भी बरामद किये गये। एचएसआरए के एक मुख्य गनमैन के बतौर सांडर्स की हत्या के इल्ज़ाम में उनके ऊपर केस चला। लाहौर पहुंच कर वह और सावरगांवकर भगत सिंह द्वारा शुरू की गयी भूख हड़ताल के समर्थन में उतर आये। 18 अक्टूबर 1929 को राजगुरु को उनके साथियों के साथ ही बोर्स्टल जेल में रख दिया गया। वहां राजगुरु के आने से माहौल ही बदल गया। उनके आने से जैसे उनके पुराने हंसी-ठिठोली के दिन वापस आ गये।

अंततः ट्रिब्यूनल ने अपनी कार्यवाही पूरी की और अक्टूबर 1930 में राजगुरु को भी सुखदेव और भगत सिंह के साथ फांसी की सज़ा सुनायी गयी। 23 मार्च 1931 को राजगुरु ने अपने प्यारे मित्रों के साथ मृत्यु का वरण किया। इस अलबेले क्रांतिकारी की जो गाथा कई बरस पहले खेड़ के एक छोटे से गांव से शुरू हुई थी, वह भारत के जनमानस में सदा के लिए अमर हो गयी।

बटुकेश्वर दत्त

भारतीय क्रांतिकारी आंदोलन में जो देशभक्त शहीद हुए उन्हें तो इतिहास ने धरोहर की तरह संभाल लिया लेकिन जो जीवित रहे और अपने आदर्शों के लिए लड़ते रहे, उन्हें कुछ हद तक उपेक्षा का सामना करना पड़ा। ऐसे कई क्रांतिकारी हैं, जिन्होंने आजन्म कालापानी या आजीवन कारावास भुगता मगर कभी समझौता नहीं किया। उन्होंने साबित किया कि क्रांतिकारी अपने महान आदर्शों के लिए न सिर्फ़ अपनी जान कुर्बान कर सकते हैं बल्कि आजीवन उन आदर्शों के लिए लड़ते रह सकते हैं। ऐसे ही क्रांतिकारी हैं बटुकेश्वर दत्त, जिन्हें आज़ाद भारत में वह सम्मान नहीं मिला, जिसके वह हकदार थे। इतिहास उन्हें 1929 के असेंबली बम कांड में भगत सिंह के सहयोगी के रूप में याद रखता है। असेंबली ने ट्रेड डिस्प्यूट बिल को पास कर दिया था, जिसके ज़रिये मज़दूरों से हड़ताल करने का मूलभूत अधिकार छीना जा रहा था, हालांकि पब्लिक सेफ्टी बिल पर सदन बंटा हुआ था। अंग्रेज़ सरकार अपनी दमनकारी नीतियों के तहत ही इन बिलों को वायसराय के विशेषाधिकार के बल पर पास करा लेना चाहती थी। ऐसे मौके पर एचएसआरए ने अपना उत्तरदायित्व समझते हुए कानून और राष्ट्र के खिलवाड़ के विरोध में आम जनता के बीच अंग्रेज़ी सरकार के दमनकारी चेहरे को बेनकाब करने के लिए असेंबली में धमाका किया।

कानपुर में जीवन

बटुकेश्वर दत्त, जिनका पार्टी द्वारा दिया गया नाम मोहन था, का जन्म 18 नवंबर सन 1910 को बंगाल के पूर्वी बर्धमान ज़िले में गोष्ठ बिहारी दत्त और कामिनी देवी के घर हुआ था। उनके एक बड़े भाई थे जिनका नाम बिसेश्वर था। उनकी प्रोमिला नाम की एक बहन भी थी। उन्हें परिवार में प्यार से 'बट्टू' बुलाया जाता था। उनके जन्म के कुछ वर्ष बाद ही उनका परिवार उत्तर प्रदेश के कानपुर शहर आ गया। इसलिए उनके जीवन के शुरुआती दिन कानपुर में गुज़रे। कम उम्र से ही उनके अंदर

करुणाभाव और भावुकता का आधिक्य था और समय के साथ-साथ देश एवं समाज की परिस्थितियों पर उनका चिंतन भी बढ़ा। बटुकेश्वर दत्त ने कानपुर के मॉल रोड पर अंग्रेज़ों को एक हिंदुस्तानी बालक को निर्ममता से पीटते देखा, जो गलती से भटक कर हिंदुस्तानियों के लिए प्रतिबंधित इलाके में पहुंच गया था। इस घटना ने उन्हें इतना विचलित किया कि वह किशोरावस्था की उस नाज़ुक उम्र में क्रांति के रास्ते पर मुड़ गये। उनकी शिक्षा थियोसोफिकल हाई स्कूल और पृथ्वीनाथ चक हाईस्कूल में हुई। कानपुर उन दिनों क्रांतिकारी गतिविधियों का एक अहम केंद्र था। गणेश शंकर विद्यार्थी, सुरेश भट्टाचार्य, मन्नीलाल अवस्थी, राधा मोहन गोकुल आदि ओजस्वी क्रांतिदूत यहां सक्रिय रहे। कानपुर में ही सन 1923 में शचीन्द्रनाथ सान्याल ने हिंदुस्तान रिपब्लिकन एसोसिएशन की नींव रखी। दत्त की मुलाक़ात सुरेन्द्रनाथ पांडेय और विजय कुमार सिन्हा से, पृथ्वीनाथ चक हाई स्कूल में ही हुई , जो आगे चल कर क्रांति पथ पर उनके सहयोगी बने।

उन्होंने आगे चल कर अजय घोष, विजय कुमार सिन्हा और सुरेन्द्रनाथ पांडेय के साथ मिल कर 'कानपुर जिम्नास्टिक क्लब' की नींव रखी। यहां कई युवक व्यायाम आदि के लिए आने लगे। उन दिनों ऐसे क्लब और अखाड़े इत्यादि आज़ादी की राह पर चलने वाले नौजवानों के लिए एक तरह के केंद्र का काम करते थे।

प्रताप के दूसरे संपादक सुरेश भट्टाचार्य के ज़रिये वे सान्याल से मिले और क्रांतिकारी दल से जुड़ने की उनकी इच्छा पूरी हुई। उन्हीं दिनों भगत सिंह भी दल से जुड़े और कानपुर प्रवास के दौरान उनके और दत्त के संबंध गहरे हुए। दोनों ही नवयुवक अत्यंत मेधावी और अध्ययनशील थे और देशप्रेम के जज़्बे से पूरी तरह ओतप्रोत। इन दोनों के बीच मैत्री जीवनपर्यंत कायम रही। भगत सिंह ने दत्त से अपनी अंतिम मुलाक़ात के बाद उनकी बहन प्रोमिला को लिखे पत्र में यह हृदयविदारक बात लिखी कि जो मित्र उन्हें भाई से बढ़कर प्यारा है, उससे बिछड़ कर उन्हें बेहद तकलीफ़ हुई। वहीं भगत सिंह की फांसी से कुछ रोज़ पहले दत्त ने भगत सिंह के पिता सरदार किशन सिंह से कहा कि उन दोनों के बीच की मैत्री और भातृ प्रेम देश और समाज के हित में मिल कर किये गये कार्यों से मज़बूत हुआ। दत्त से आख़िरी बार अलग होते समय भगत सिंह ने अपनी नोटबुक पर उनके हस्ताक्षर यादगार स्वरूप लिए थे।

जाहिर है यह मुलाक़ात दोनों ही के लिए कितनी हृदयस्पर्शी रही होगी।

कानपुर प्रवास के दौरान जब भगत सिंह *प्रताप* के सह संपादक के रूप में नाम बदल कर काम रह रहे थे, तब बटुकेश्वर और अन्य साथियों के साथ समाजवाद, मार्क्सवाद एवं क्रांति संबंधी साहित्य के अध्ययन में अधिकतर समय व्यतीत करते। दत्त की प्रेरणा से ही भगत सिंह ने कार्ल मार्क्स की लेखनी का अध्ययन किया। उन्होंने यहीं दत्त के साथ मज़दूरों की स्थिति का भी आकलन किया और कई मज़दूर आंदोलनों में हिस्सा भी लिया। जब कानपुर भीषण बाढ़ की चपेट में था, तब दोनों ने ही बाढ़ पीड़ितों की मदद के लिए बने तरुण संघ में पूरे जी जान से अपना योगदान दिया। दत्त लिखते हैं:

> ... हम दोनों को एक ही साथ ज़िम्मेदारी मिली कि रात को लालटेन लेकर नदी किनारे टहलते रहें , जिससे कि यदि कोई बहता हुआ व्यक्ति किनारे की तरफ़ आने का प्रयास करे तो उसकी मदद की जा सके।

दत्त ने भगत सिंह को बांग्ला सीखने में मदद की और काज़ी नज़रुल इस्लाम की लेखनी से भी परिचय करवाया, जिसे वह अक्सर गुनगुनाते रहते थे। नज़रुल इस्लाम की कविता *विद्रोही* तो सिंह को पूरी तरह कंठस्थ थी।

मज़दूरों के बीच

1925 में काकोरी लूट के चलते हुई गिरफ़्तारियों के बाद जब दल कुछ छिन्न-भिन्न हो गया, तो दत्त पहले बिहार और फिर बंगाल चले गये। कलकत्ता में उन दिनों मज़दूर आंदोलन तेज़ हो गया था, दत्त वहां श्रमिक आंदोलनों में सक्रिय रहे। वहां वह मज़दूरों और खेतिहरों के हित एवं अधिकारों हेतु काम करते रहे। कलकत्ता में प्रवासी मज़दूरों के बीच काम करने वाली 'वर्कर्स एंड पेज़ेन्ट पार्टी' के साथ जुड़ाव के वक़्त उनकी हिंदी की जानकारी बहुत काम आयी। दत्त ने इस दौरान इस पार्टी लिए कई घोषणापत्र और पोस्टर इत्यादि लिखे। जब आज़ाद और भगत सिंह ने दोबारा एचआरए को संगठित करना आरंभ किया, तो दत्त तुरंत कानपुर लौट आये। देश में

बिखरे अलग-अलग क्रांतिकारी संगठनों को एकजुट करने का प्रयास किया गया। दत्त अपना जीवन क्रांति को अर्पित कर चुके थे लिहाजा वह परिवार से बचे-खुचे संबंध भी पीछे छोड़ कर पार्टी के काम में जुट गये। दल के किसी भी एक्शन में भाग लेने के लिए वह तत्पर रहते।

जब आगरा में बम फ़ैक्ट्री शुरू की गयी, तब दत्त को वहां भेजने का निर्णय दल द्वारा लिया गया। और तब वह कानपुर हमेशा के लिए छोड़ कर आगरा रवाना हो गये। आगरा में पार्टी का हेडक्वार्टर स्थापित किया गया और दो मकान किराये पर लिए गये। एक में दल के सदस्य रहा करते थे और एक का प्रयोग बम बनाने की फैक्ट्री के रूप में किया जाता था। दल द्वारा यहां जो पहले पांच बम बनाये गये, उन्हें बनाने में दत्त ने भी हिस्सा लिया।

असेंबली बम कांड

एचआरए, काकोरी के बाद से समाजवाद का ध्येय अपनाते हुए जनआंदोलनों की ओर अग्रसर हो रहा था, जिसके चलते दल के नाम में 'समाजवादी' शब्द जोड़ा गया। दल आम जनता के बीच अपने उद्देश्य के प्रचार और क्रांति के लिए लोगों को जागरूक बनाने में जुटा था। इसी दौरान दल के सदस्यों में समाजवाद पर लिखे साहित्य को पढ़ने और मनन करने में रुचि बढ़ी। इसके परिमाणस्वरूप उत्तर भारत के दलों में 'वंदे मातरम्' के साथ-साथ 'इंक़लाब ज़िंदाबाद' और 'साम्राज्यवाद मुर्दाबाद' जैसे नारे भी लगाए जाने लगे। मज़दूरों द्वारा की जाने वाली हड़तालों आदि पर दल की नज़र रहती।

उधर आगरा बम फ़ैक्ट्री में बने बमों का परीक्षण सफल रूप से हो चुका था और उन्हें दल के कार्य में लाने के लिए सभी आतुर थे। आगरा में हुई एचएसआरए की केंद्रीय समिति की बैठक में भगत सिंह ने प्रस्ताव रखा कि दमनकारी कानूनों का विरोध करते हुए असेंबली में धमाका कर हुकूमत को चेताया जाए और जनता को उसके अधिकारों के हनन से अवगत कराया जाए। जब इस कार्य को करने के लिए व्यक्तियों के चुनाव की बात आयी, तो हमेशा धीर गंभीर रहने वाले दत्त ने उद्विग्न हो कर कुछ खिन्नता के साथ कहा कि वह दल के पुराने सदस्य हैं और काकोरी के समय

से ही दल से जुड़े हैं फिर भी उन्हें किसी बड़े एक्शन के लिए नहीं चुना गया। उन्होंने दुःखी मन से यह भी कहा की यदि दल उन्हें यह अवसर नहीं देता, तो वह संगठन के साथ-साथ क्रांति पथ से ही नाता तोड़ लेंगे। चूंकि दत्त एक बेहद अनुशासित, कर्मठ एवं विवेकशील क्रांतिकारी थे, सो उनकी यह मांग सहर्ष मान ली गयी। भगत सिंह ने भी उनके चुनाव का समर्थन किया। इस कार्य को अंजाम देने के लिए दूसरे व्यक्ति के तौर पर भगत सिंह ने ख़ुद का नाम प्रस्तावित किया। केंद्रीय समिति ने शुरू में उसे अस्वीकार कर दिया मगर बाद में यही तय हुआ कि दत्त और सिंह ही इस कार्य को अंजाम दें। दत्त तो पहले से ही भगत सिंह की संगत में पूरी तरह आनंदित रहते थे, अब एक्शन में भी वे दोनों साथ होंगे, यह सोच कर ही प्रफुल्लित हो उठे। उन्हें हमेशा इस बात का गर्व रहा कि भगत सिंह ने उन्हें इस कार्य के लिए अपने साथी के बतौर चुना। उन्होंने सिंह के विश्वास को हर हाल में कायम रखा और जीवन भर उनके आभारी रहे।

इस कार्य को सही-सही अंजाम देने के लिए एक दमदार योजना बनाने की आवश्यकता थी। इसके लिए दोनों व्यक्तियों ने असेंबली के अंदर जाकर कई बार मुआयना किया। सबसे अहम काम था उस स्थल का चुनाव जहां पर बम फेंकने से किसी की जान को ख़तरा न हो, इसलिए असेंबली का गहन विश्लेषण किया गया। दिल्ली के तत्कालीन पुलिस कमिश्नर ने भी अपने बयान में इसकी पुष्टि की कि दोनों अभियुक्त अपने काम को अंजाम देने के लिए पहले कई बार असेंबली आ चुके थे।

तयशुदा दिन असेंबली में पूर्व निर्धारित तरीके से बम फेंके गये और पर्चे फेंक कर नारे लगाए गये। जब दोनों ने अपनी गिरफ़्तारी दी, तो सिंह की जेब से कारतूस भरी मैगज़ीन और दत्त के जेब से पैम्फलेट और अख़बार मिले। ज़ाहिर है उन अखबारों में लपेट कर ही बमों को असेंबली के भीतर लाया गया था। गिरफ़्तारी के बाद दत्त को संसद मार्ग स्थित नई दिल्ली कोतवाली में रखा गया। प्रारंभिक पूछताछ के दौरान उन्होंने कोई भी बयान देने से इंकार करते हुए कहा कि उन्हें इस घटना के बारे में जो भी कहना है, वह मजिस्ट्रेट के सामने कहेंगे। असेंबली बमकांड की ख़बर थोड़ी ही देर में वायरलेस के ज़रिये देश के दूसरे हिस्सों के साथ-साथ लंदन तक पहुंच गयी। निश्चय ही यह उस समय की सबसे बड़ी ख़बर थी और ब्रिटिश सरकार को अंदेशा था कि इससे

प्रेरणा लेकर और भी जगहों पर हिंसक घटनाएं हो सकती हैं। इसलिए सरकार ने प्रेस को हिदायत दी कि वह ज़िम्मेदारीपूर्वक इस घटना का ब्यौरा छापे। फिर भी यह घटना एक मिसाल तो बन ही गयी थी।

अप्रैल 1929 के अंत में लंदन के हॉउस ऑफ़ कॉमन्स में कुछ ऐसी ही घटना हुई, जब दो लोगों ने पर्चे फेंक कर सायमन वापिस जाओ का नारा लगाया। पहले तो पुलिस ने सामान्य तरीके से दत्त को बहला-फुसला कर उनसे उनके दल और अन्य साथियों के बारे में जानने की कोशिश की पर विफल रही, दत्त की दृढ़ता के आगे उसकी एक न चली। आगे जब किसी प्रकार की सख़्ती का भी दत्त पर कोई प्रभाव नहीं पड़ा, तो पुलिस अमानवीयता पर उत्तर आई। बटुकेश्वर दत्त को बेहद ख़राब खाना दिया जाने लगा, जो मनुष्य के खाने लायक कतई नहीं था। तब दत्त ने 19 अप्रैल को इस बात का विरोध करते हुए भूख हड़ताल शुरू कर दी।

दूसरी तरफ़ दल के बाकी क्रांतिकारी अपने साथियों के जज़्बे की तारीफ़ करने के साथ-साथ उनकी लोकप्रियता पर गौरवान्वित महसूस कर रहे थे। इस घटना के कुछ हफ़्तों बाद दल के कई सदस्य एकत्रित थे और आपस में चर्चा कर रहे थे, तब शिव वर्मा एक अख़बार ले आए जिसमें सिंह और दत्त के फोटो छपे थे। बातचीत के सिलसिले में अनायास एक साथी का पैर गलती से अख़बार पर पड़ गया। यह देख कर आज़ाद बहुत क्रुद्ध हो गये, मगर फिर कुछ द्रवित होकर उन्होंने उस साथी से कहाः

> ये दोनों लोग अब देश की सम्पत्ति हो गये हैं, अब ये शहीद होंगे और देश की जनता के लिए पूज्य हो जाएंगे। अब इनका दर्जा हम लोगों से ऊंचा हो गया है। इनकी तस्वीर पे पैर रखना देश की आत्मा को रौंदने जैसा है।' इतना कह कर आज़ाद का गला भर आया।

अदालत में सरकारी गवाहों और चश्मदीदों के बयान दर्ज करने के बाद अभियुक्तों का बयान लेने की बारी आयी। दत्त और सिंह का तो मकसद ही अदालत को माध्यम बना कर अपने संगठन के आदर्शों और उद्देश्यों को दुनिया के सामने लाना था, सो उन्होंने पूरी तैयारी के साथ अपने बयान प्रस्तुत किये। उनका लिखित बयान

वकील आसफ अली ने अदालत में पढ़ कर सुनाया। इस बयान में क्रांति की व्याख्या करते हुए, उन्होंने अपने उद्देश्य और उसके पीछे की मनोभावना को स्पष्ट किया। दोनों अभियुक्तों द्वारा जारी इस बयान में बम फेंकने के लक्ष्य और अपने ऊपर लगे आरोपों पर अपना मत रखा गया। उन्होंने कहा कि उनका उद्देश्य बम से किसी व्यक्ति की जान लेना नहीं था, क्योंकि वे मानव जीवन की कद्र करते हैं और उसे पवित्र मानते हैं। साथ ही इस बयान में यह भी बताया गया कि इतिहास और सामाजिक परिस्थितियों का गहराई से अध्ययन करने पर उन्होंने पाया कि केंद्रीय असेंबली अनुत्तरदायी और स्वेच्छाचारी शासन की दमनकारी सत्ता का प्रतीक है, जहां निर्वाचित प्रतिनिधियों द्वारा अस्वीकृत कानून और प्रस्ताव सरकार द्वारा स्वीकृत किये जा रहे हैं तथा दमनकारी कानूनों के निवारण हेतु रखे गये प्रस्तावों की उपेक्षा की जा रही है। उन्होंने बताया कि ट्रेड डिस्प्यूट बिल और श्रमिक नेताओं की गिरफ़्तारी के प्रकरण पर वे चिंतन करते रहे हैं और उनका मानना है कि भारत के करोड़ों मेहनतकशों को ऐसी संस्था से कुछ प्राप्त नहीं हो सकता जो शोषकों की दम घोंटने वाली सत्ता और असहाय श्रमिकों की पराधीनता का एक ख़तरनाक स्मारक मात्र बन कर रह गयी है। इस सबसे साबित होता है कि पूरे देश के प्रतिनिधियों को अपमानित करने के साथ-साथ करोड़ों भूखे और दरिद्र लोगों को उनके मौलिक अधिकारों तथा आर्थिक हितों से वंचित रखा गया है। और क्योंकि उनके पास अपनी व्यथा की अभिव्यक्ति का कोई दूसरा मार्ग नहीं रह गया था, सो उन्होंने प्रतिरोध प्रकट करने के लिए असेंबली में बम फेंका जिससे कि बहरी हो चुकी व्यवस्था धमाके से जागे। इसके बाद उन्होंने यह भी स्पष्ट किया कि क्रांति से उनका क्या अभिप्राय है। उन्होंने कहा कि क्रांति बम और पिस्तौल की संस्कृति नहीं है। क्रांति से उनका प्रयोजन था कि अन्याय पर आधारित वर्तमान व्यवस्था में परिवर्तन होना चाहिए। अन्न उगाने वाला कृषक भूखा और कपड़े बनाने वाला बुनकर अर्ध नंगा है और यह विषमता समाज को अराजकता की तरफ़ ले जा रही है। इसलिए क्रांतिकारी इसे अपना कर्त्तव्य समझते हैं कि इस व्यवस्था में परिवर्तन लाकर समाज को समाजवादी आधार पर पुनर्गठित करें। जब तक यह नहीं होगा और मनुष्य द्वारा मनुष्य का तथा राष्ट्र द्वारा राष्ट्र का शोषण होता रहेगा, तब तक मानव जाति को नहीं बचाया जा सकता।

इस बयान को सुन कर सेशन जज ने समझ लिया कि भारतीय जनमानस में यह बयान अंग्रेज़ी साम्राज्य के विरुद्ध एक विनाशकाय लहर पैदा कर सकता है इसलिए उसने बयान के महत्त्वपूर्ण हिस्सों को हटाने का आदेश दिया।

अंग्रेज़ सरकार के राज में राजनीतिक बंदियों की बहुत ही दयनीय स्थिति थी। दत्त और सिंह ने इस व्यवस्था में सुधार करने का बीड़ा उठाया। असेंबली बमकांड में आजीवन कारावास का दंड तय हुआ और दोनों अभियुक्तों को अलग-अलग जेल में भेजने का निर्णय किया गया। उन्होंने अलग होने से पहले ही तय कर लिया कि उन्हें भूख हड़ताल कर जेलों की नारकीय स्थिति को बदलना है। इन दोनों द्वारा शुरू की गयी भूख हड़ताल में बाद में लाहौर षड्यंत्र के साथी भी शामिल हो गये। उनकी भूख हड़ताल देश-विदेश में प्रसिद्ध हो चुकी थी और उन्हें सहानुभूति भी प्राप्त हो रही थी।

आजीवन कारावास की सज़ा

अंग्रेज़ सरकार के लिए दत्त एक ख़तरनाक क्रांतिकारी थे, जो षड्यंत्र रचने में माहिर थे। उनकी मौजूदगी पंजाब की जेल में पंजाब सरकार के लिए चिंता का विषय थी लिहाजा उन्हें मद्रास भेज दिया गया, जिससे वे किसी से संपर्क न साध सकें। उन्हें लाहौर षड्यंत्र में मुक्त कर असेंबली बमकांड की सज़ा काटने का आदेश हुआ। मद्रास में दो वर्ष रहने के बाद उन्हें अंडमान भेज दिया गया। उनके कुछ अन्य पुराने साथी भी उनके साथ ही वहां भेजे गये, जिससे उन्हें थोड़ा सुकून मिला। अंडमान की जेल का प्रयोग अंग्रेज़ सरकार क्रांतिकारियों को उनकी कर्मभूमि से दूर कर, उन्हें भयंकर यातनाएं देकर उनका मनोबल तोड़ने के लिए करती थी। पर क्रांतिकारी कहां इतनी आसानी से डिगने वाले थे, उन्होंने वहां बेहतर भोजन, बेहतर व्यवहार और अन्य सुविधाओं के लिए भूख हड़ताल आरंभ कर दी। सरकार भले ही उन्हें देश से दूर कर चुकी थी, पर उनकी अंडमान में की गयी हड़ताल भी राष्ट्रवादी आंदोलन का हिस्सा ही थी। उनकी भूख हड़ताल तोड़ने के लिए जेल अधिकारियों ने तमाम हथकंडे अपनाये। उनकी अमानवीय यातनाओं के चलते महावीर सिंह और कुछ अन्य क्रांतिकारी शहीद हो गये पर फिर भी हड़ताल चलती रही। आख़िरकार जेल अधिकारियों को उनके मज़बूत इरादों के सामने झुकना ही पड़ा। बेहतर भोजन के साथ-साथ अख़बार और

पत्रिकाओं इत्यादि की व्यवस्था की गयी।

जेल में एक पुस्तकालय भी खोला गया और अध्ययन बढ़ाने के प्रयास किये गये। दत्त ने वहां काफ़ी समय अध्ययन में गुज़ारा। इस पर उनके वरिष्ठ साथी मन्मथनाथ गुप्त का कहना है:

> अंडमान के अध्ययनशील माहौल में दत्त ने काफ़ी समय पुस्तकों के बीच व्यतीत किया और समाजवादी साहित्य का गहराई से अध्ययन किया ... वे तत्पश्चात एक पक्के समाजवादी बन गये।

1935 में बने कम्युनिस्ट कंसोलिडेशन में भी दत्त का अहम योगदान रहा। एक महत्त्वपूर्ण पुस्तक *थ्योरी एंड प्रैक्टिस ऑफ़ सोशलिज्म*, जो मार्क्सवाद के अध्ययन के लिए अत्यंत आवश्यक थी, की एक अतिरिक्त प्रति दत्त ने अपने हाथों से लिखकर तैयार की। कुछ समय बाद क्रांतिकारियों ने सभी राजनैतिक बंदियों को अंडमान से वापस देश की मुख्य भूमि में भेजने की मांग उठायी, जिसकी अनदेखी किये जाने पर सन 1937 में एक बार फिर भूख हड़ताल शुरू कर दी गयी। अंडमान से उठी इस मांग का असर इस कदर हुआ कि देश के कई हिस्सों में राजनैतिक क़ैदियों की देश वापसी को लेकर आंदोलन हुए। राष्ट्रीय स्तर के कई नेताओं ने भूख हड़ताल ख़त्म करने के लिए कई पत्र लिख कर अनुरोध किया। अपने सारे कुचक्र कर लेने के बाद अंततः सरकार राजनैतिक क़ैदियों को भारत भेजने के लिए राज़ी हो गयी।

दत्त को पहले दिल्ली जेल और फिर पटना स्थानांतरित किया गया। वह इतने दिन जेल में यातनाप्रद जीवन बिताने के चलते कमज़ोर हो गये थे और उनका स्वास्थ्य धीरे-धीरे ख़राब होता जा रहा था। डॉ. राजेंद्र प्रसाद , महात्मा गांधी और अन्य कुछ नेताओं ने पत्र के ज़रिये सरकार के सामने यह मांग रखी कि चिकित्सकीय आधार पर बटुकेश्वर दत्त को रिहा कर दिया जाए। परिणामस्वरूप दत्त को सितंबर 1938 को जेल से रिहा कर दिया गया। रिहाई के बाद दत्त का रुझान कांग्रेस की तरफ़ बढ़ा पर वह क्रांतिकारी गतिविधियों के संपर्क में भी बने हुए थे। 1939 के कानपुर किसान

संघ और जिला राजनीतिक अधिवेशन की संयुक्त बैठक में उन्होंने शिरकत की। वहां उनके अन्य पुराने साथी भी मौजूद थे। इस वर्ष उन्होंने उन्नाव के मकूर में प्रांतीय नौजवान सम्मेलन की अध्यक्षता की जिसमें एचएसआरए के बचे-खुचे क्रांतिकारियों ने कम्युनिस्ट पार्टी के साथ एक संयुक्त मोर्चा बनाया।

जब 1942 में भारत छोड़ो आंदोलन की लहर पूरे देश में फैल चुकी थी, तब दत्त ने भी उसमें सक्रिय रूप से हिस्सा लिया। उन्हें गिरफ़्तार कर लिया गया और फिर वही यातनाओं और भूख हड़ताल वाला सिलसिला चल पड़ा। उनकी आत्मा भले ही पहले की तरह मज़बूत थी लेकिन शरीर अब इस नारकीय स्थिति को और झेल नहीं सका और वह गंभीर रूप से बीमार पड़ गये।

स्वतंत्र भारत में

देश की आज़ादी के बाद बटुकेश्वर दत्त को रिहाई मिल गयी। सन् 1947 में दत्त का विवाह अंजलि देवी से हुआ। फिर बेटी भारती का जन्म हुआ। वह विवाह के बाद पटना में ही बस गये। दत्त ने क्रांतिपथ पर अपनी शिक्षा तक को ताक पर रख दिया था और ज़ाहिर है कि लंबे कारावास के जीवन के चलते उनके पास जीविकोपार्जन के भी खास स्रोत नहीं थे। उन्हें एक सिगरेट कम्पनी में एजेंट का काम मिला जिससे जैसे-तैसे ही गुज़ारा हो पा रहा था। फिर उन्होंने एक कारख़ाना खोला जिसमें बिस्कुट इत्यादि बनते थे पर घाटे के चलते वह भी बंद हो गया। फिर उन्होंने टूरिस्ट एजेंट और बस परिवहन के ज़रिये घर चलाने का प्रयास किया। जब बस परिवहन के लिए उन्होंने परमिट का आवेदन पत्र जमा किया, तो तत्कालीन कमिश्नर ने लगभग फटकारते हुए उनसे राजनीतिक पीड़ित होने का प्रमाण मांगा। दत्त जैसे स्वाभिमानी व्यक्ति ने वह पत्र वहीं फाड़ दिया। जब उन्होंने देखा कि आज़ाद भारत में बेईमानी और घूस के ज़रिये ही जीविका पायी जा सकती है, तब उन्होंने अंजलि देवी को विद्यालय में अध्यापिका की नौकरी करने को कहा।

डॉ. राजेंद्र प्रसाद ने राष्ट्रपति होने पर बिहार सरकार से पत्र के ज़रिये दत्त को जीविका का साधन उपलब्ध करने की बात उठायी मगर बिहार सरकार ने इस तरफ़

कोई ख़ास ध्यान नहीं दिया। सन 1963 में बिहार के राज्यपाल अनंत अयंगर के प्रयास से दत्त को बिहार विधान परिषद का सदस्य बनने का अवसर प्राप्त हुआ पर कुछ समय बाद ही उनको इस पद से हटा दिया गया जिससे उनके आत्मसम्मान को बहुत ठेस पहुंची। उन्होंने पहले भी पद अथवा पैसे की कोई कामना नहीं की थी लेकिन इस घटना से तो उनके अंदर की रही-सही उम्मीद भी ख़त्म हो गयी।

अंतिम समय

सन 1964 की बात है, बटुकेश्वर दत्त की तबीयत बेहद ख़राब हो गयी, उन्हें पटना के ही सरकारी अस्पताल में भर्ती किया गया। मगर उनका कोई ढंग से उपचार नहीं हो रहा था। जब उनके मित्र चमनलाल आज़ाद को पता चला तो उन्होंने देश को दत्त की चिंताजनक स्थिति से अवगत करने के लिए *वीर अर्जुन* नामक अख़बार में एक लेख लिखा। उन्होंने सवाल किया कि जिस व्यक्ति ने देश की ख़ातिर अपनी जान दांव पर लगा दी वह अस्पताल में दयनीय हालत में पड़ा है, क्या उसे भारत में जन्म लेना चाहिए था? उन्होंने यह कहते हुए खेद प्रकट किया कि ईश्वर ने उन्हें भारत देश में जन्म देकर भरी भूल कर दी है। इस मार्मिक और चुभने वाले लेख से हंगामा मच गया। पंजाब के मुख्यमंत्री ने पेशकश की कि यदि बिहार में किन्हीं कारणवश दत्त का इलाज संभव नहीं तो पंजाब सरकार दिल्ली या चंडीगढ़ में अपने ख़र्चे पर उनका इलाज कराएगी। तब बिहार सरकार ने ध्यान देकर मेडिकल कॉलेज में उनका इलाज करवाना शुरू किया। पर कुछ समय बाद पता चला कि इलाज ठीक ढंग से नहीं हुआ, तब उन्हें दिल्ली ले जाया गया। वहां पहुंचकर उन्होंने पत्रकारों से कहा, 'मुझे स्वप्न में भी ख्याल नहीं था कि मैं यहां उस दिल्ली में जहां मैंने बम चलाये, एक अपाहिज की तरह स्ट्रेचर पे लाया जाऊंगा।'

दत्त का इलाज ऑल इंडिया मेडिकल इंस्टिट्यूट में शुरू हुआ और तब पता चला की उनको कैंसर है। इस ख़बर ने दत्त को जानने वाले हर व्यक्ति को स्तब्ध कर दिया। उनके पुराने साथी अपने प्यारे दत्त से मिलने आने लगे।

भगत सिंह की माताजी विद्यावती देवी को दत्त से बेहद लगाव था, वह उन्हें खो देने के ख़्याल से ही विचलित हो उठीं। वह थोड़े-थोड़े दिनों में दत्त से मिलने दिल्ली

आ जातीं। अंतिम समय में वह उनके साथ ही थीं, उन्हें संभवतः दत्त में अपने पुत्र की झलक दिखती थी।

बटुकेश्वर दत्त ने 20 जुलाई 1965 को आख़िरी सांस ली। दत्त की आख़िरी इच्छा थी कि उनका अंतिम संस्कार पंजाब के हुसैनीवाला वाला में, उसी स्थल पर हो जहां उनके साथी भगत सिंह, सुखदेव और राजगुरु का क्रियाकर्म किया गया था। पंजाब के तत्कालीन मुख्यमंत्री ने उनकी यह इच्छा पूरी करने में पूर्ण सहयोग दिया। जब उनका पार्थिव शरीर दिल्ली से पंजाब ले जाया जा रहा था, तब एक भारी जनसैलाब उमड़ पड़ा था। देश आज़ाद होने पर भी जो व्यक्ति गुमनामी और उपेक्षा का जीवन जीता रहा, उसके पार्थिव शरीर को देश ने जाते-जाते थोड़ा सम्मान दे दिया। उनका आख़िरी संस्कार उनकी इच्छा के अनुरूप वहीं किया गया, जहां उनके साथी भगत सिंह, सुखदेव और राजगुरु की अंत्येष्टि हुई। देर से ही सही पर उनकी फिर से अपनी पुरानी टोली से मुलाक़ात हो ही गयी।

जतीन्द्रनाथ दास

जतीन्द्रनाथ दास उर्फ़ जतिन दास का जन्म 27 अक्टूबर सन् 1904 को भवानीपुर, कलकत्ता (वर्तमान कोलकाता) में एक साधारण परिवार में हुआ। उनके पिता का नाम बंकिम बिहारी दास तथा माता का नाम सुहासिनी देवी था। जतिन को प्यार से उनके माता-पिता और दादा 'खेन्दु' कह कर पुकारते थे। उनकी उम्र दस साल भी नहीं हुई थी कि उनकी मां का देहांत हो गया जिसके बाद उनका पालन-पोषण उनके पिता ने किया। उनका एक छोटा भाई किरण और बहन लावण्या थी। किरण आगे चल कर जतिन की तरह ही क्रांति मार्ग पर चले। उनकी छोटी बहन का सन् 1928 में आकस्मिक निधन हो गया।

जतिन बचपन से ही पढ़ाई में काफ़ी मेधावी थे। उन्होंने अपनी मैट्रिकुलेशन की परीक्षा 1921 में कलकत्ता के 'मित्रा संस्थान' से प्रथम श्रेणी में पास की। उनके पिता उनको स्वामी विवेकानंद की कहानियां सुनाया करते थे जिसका उन पर गहरा प्रभाव पड़ा और वह स्वतंत्रता आंदोलन की तरफ़ उन्मुख हुए। सन् 1922 में उन्होंने दक्षिण उपनगर कॉलेज (जिसे आज आशुतोष कॉलेज के नाम से जाना जाता है) में दाख़िला लिया और सन् 1924 में प्रथम श्रेणी से इंटर की परीक्षा पास की। इसके आगे की पढ़ाई के लिए उन्होंने विद्यासागर कॉलेज में स्नातक में दाखिला लिया।

स्वतंत्रता आंदोलन की ओर पहला कदम

जिस समय जतिन इंटर कॉलेज के प्रथम वर्ष में थे, महात्मा गांधी के नेतृत्व में अखिल भारतीय कांग्रेस ने देश में असहयोग आंदोलन छेड़ दिया जिसमें उन्होंने कॉलेज की पढ़ाई छोड़ कर पूरे उत्साह के साथ हिस्सा लिया। उनके पिता उनके इस निर्णय के ख़िलाफ़ थे और उनको डांट लगाई लेकिन तरुण जतिन अपने निर्णय पर अडिग रहे जिसकी वजह से उनके पिता ने उनको घर से निकल जाने का फ़रमान सुना दिया।

जतिन घर से निकल गये और उन्होंने कुछ दिन बिना खाये-पिये अत्यंत ग़रीबी में गुज़ारे। उसके बाद वह भवानीपुर कांग्रेस कमेटी के ऑफिस में रहने चले गये। कांग्रेस नेताओं ने उन्हें पार्टी के आर्थिक कोष से मदद करने की पेशकश की लेकिन जतिन ने यह कहते हुए मना कर दिया कि यह देश के स्वतंत्रता संग्राम का चंदा है। अपना ख़र्चा निकालने के लिए वह एक बच्चे को दस रुपये प्रतिमाह का ट्यूशन पढ़ाने लगे।

असहयोग आंदोलन के स्थगित हो जाने के बाद जतिन दास पुनः कॉलेज में भर्ती हो गये और साथ ही साथ अपने शरीर को मज़बूत बनाने के लिए बॉडी बिल्डिंग क्लब में जाने लगे। उन्होंने कलकत्ता विश्वविद्यालय के टेरिटोरिअल फोर्सेस में मिलिट्री की ट्रेनिंग भी ली।

चौरी-चौरा की घटना के बाद असहयोग आंदोलन के अचानक स्थगित होने से उनका कांग्रेस और महात्मा गांधी से मोहभंग हो गया, लेकिन वह कांग्रेस के रचनात्मक तथा सामाजिक कार्यों में लगे रहे। सन् 1923 में वह सुभाषचंद्र बोस के साथ उत्तरी बंगाल में बाढ़ से पीड़ित जनता के राहत कार्य में शामिल हुए। इससे पहले भी वह कई बार बाढ़ राहत का कार्य कर चुके थे। सन् 1924 में वह देशबंधु चितरंजन दास (उस समय स्वराज पार्टी के शीर्ष नेता) के नेतृत्व में चल रहे तारकेश्वर सत्याग्रह में शामिल हुए। यह सत्याग्रह मठ में हो रहे भ्रष्टाचार के ख़िलाफ़ और धर्म सुधार के लिए शुरू हुआ था लेकिन जब अंग्रेज़ी सरकार भ्रष्ट और ज़ालिम महंत के साथ खड़ी हो गयी तो इसका स्वरूप और व्यापक हो गया। तारकेश्वर सत्याग्रह साम्राज्यवाद और ज़मींदारी प्रथा के ख़िलाफ़ जनता का संघर्ष बन गया।

इस वर्ष जतिन दक्षिण कलकत्ता में हुए हिंदू-मुस्लिम दंगे को शांत करने के लिए बनी सुरक्षा समिति में शामिल हुए और कई दंगा पीड़ितों तक राहत पहुंचाने का काम उन्होंने किया। उनको दक्षिण कलकत्ता कांग्रेस कमेटी का सह-सचिव चुना गया। उन्होंने कड़ी मेहनत और परिश्रम से 'दक्षिण कलकत्ता तरुण समिति' नामक एक संगठन की स्थापना की और साथ ही साथ 'दक्षिण कलकत्ता सेवक समिति' में बतौर स्वयंसेवक काम भी किया। इन दोनों समितियों का मुख्य कार्य ग़रीब जनता की आर्थिक सहायता तथा उनके बच्चों की पढ़ाई-लिखाई की व्यवस्था करना था जिसके तहत कई छोटे-छोटे पुस्तकालय भी खोले गये। 1925 में जतिन दोबारा दक्षिण

कलकत्ता कांग्रेस कमेटी के सह-सचिव चुने गये।

क्रांति का रास्ता

असहयोग आंदोलन के दौर में ही जतिन दास उत्तर भारत के मशहूर क्रांतिकारी नेता शचीन्द्रनाथ सान्याल के संपर्क में आ गये थे और उनके माध्यम से क्रांतिकारी पार्टी की सदस्यता भी ले चुके थे। 1915 के बनारस षड्यंत्र केस में सान्याल को कालेपानी की सज़ा हुई थी। पांच साल बाद जेल से छूटने पर सान्याल उत्तर भारत में क्रांतिकारी आंदोलन को पुनः संगठित करने का प्रयास कर रहे थे और इसी कोशिश में पंजाब, राजपूताना, बंगाल और संयुक्त प्रांत में कई बार चक्कर लगा चुके थे।

कांग्रेस के सदस्य होते हुए भी जतिन दास क्रांतिकारी पार्टी के काम में पूरे जोश और उत्साह के साथ लग गये तथा जल्द ही सान्याल के करीबी और विश्वासपात्र बन गये और संगठन की महत्त्वपूर्ण ज़िम्मेदारियां उन्हें मिलने लगीं। 31 जनवरी 1925 को हिंदुस्तान रिपब्लिकन एसोसिएशन के घोषणापत्र *दि रिवोल्यूशनरी* का वितरण उत्तर भारत के प्रमुख शहरों में एक ही दिन किया गया। जतिन ने ही इस पर्चे को कलकत्ता में छपवाया था और अपने साथियों की मदद से कलकत्ता में बड़ी कुशलता से इसका वितरण किया। इसके अलावा वह क्रांतिकारी पार्टी के लिए हथियार और धन की व्यवस्था भी करते थे। शिव वर्मा के अनुसार, जतिन दास को छोटे रिवाल्वर तथा पिस्तौल आदि जमा करने में काफ़ी सफलता प्राप्त हुई थी जिसमें उनकी मदद कलकत्ता के प्रसिद्ध कम्युनिस्ट नेता कॉमरेड कुतुबुद्दीन भी करते थे। एक बार जब संगठन को हथियारों की सख़्त ज़रूरत पड़ गई तो जतिन ने कई छोटी-छोटी यूरोपियन फर्म्स में डकैती डाल कर ख़ूब सारा धन इकट्ठा कर लिया। फिर उस जमा किये हुए धन से उन्होंने छह माउजर पिस्तौल ख़रीदे, जिनमें से दो बनारस केंद्र और चार रामप्रसाद बिस्मिल को भेजे।

जतिन दास का हिंदुस्तान रिपब्लिकन एसोसिएशन को मज़बूत बनाने में कितना योगदान था, इसका आकलन हम श्रीमती प्रतिभा सान्याल (शचीन्द्र नाथ सान्याल की धर्मपत्नी) के एक वक़्तव्य से कर सकते हैं, जो उन्होंने कलकत्ता स्थित जतिन दास पार्क

में जतिन दास की मूर्ति अनावरण के अवसर पर दिया थाः

> जतिन का परिचय मेरे पति से गोरा नामक युवक ने करवाया था, जिसका वास्तविक नाम विश्वनाथ मुखर्जी था। मैं जतिन को उनकी पार्टी द्वारा दिए गये नाम राबिन से जानती थी। जतिन को पहली बार देख मैंने उनकी क्षमता के बारे में आशंका से अपने पति को अवगत कराया। उन्होंने बस इतना कहा कि यह तो वक़्त ही तय करेगा कि इस लड़के में कुछ दम है या नहीं। उन्होंने यह भी कहा कि राबिन ने अब तक अपनी योग्यता का बखूबी परिचय दिया है और एक दिन ऐसा भी आ सकता है जब सारा विश्व उनकी निःस्वार्थ मानसिक दृढ़ता का नजारा देखेगा ... हमारा जीवन बहुत कठिन था। न रुपया पैसा था, न छत, न कोई सिर पर हाथ रखने वाला। धीरे-धीरे राबिन सभी की उम्मीदों पर खरा उतरने लगा। वह न केवल मेरे पति के संगठन का प्राण बन गया वरन् मेरे परिवार का मुख्य आधार भी। उसने मेरे और हमारे बच्चों के लिए आरामदायक घर का बंदोबस्त किया। साथ ही, चार ऐसे सुरक्षित ठिकाने ढूंढ निकाले, जहां मेरे पति छिप सकें और संगठन का काम आगे बढ़ा सकें।
>
> समय के साथ सुगठित संगठन का निर्माण होने लगा। जतिन के कंधों पर बड़ी-बड़ी जिम्मेदारियां डाली जाने लगीं। मेरे पति ने दो क्रांतिकारी लेख लिखे :
>
> 1. देशवासियों के प्रति निवेदन (बांग्ला)
> 2. द रिवोल्यूशनरी।
>
> जतिन और उनके दो साथियों – देवेन बोस तथा विभूति चटर्जी के कंधों पर इन लेखों को कंपोज करने तथा छापने की ज़िम्मेवारी दी गयी। इन लेखों के पर्चों को बांटने और डाक तथा रेल से पार्सल करने का काम भी उन लोगों ने सफलतापूर्वक किया। खिदिरपुर बंदरगाह क्षेत्र में जतिन ने एक चाय व़ पान-बीड़ी की दुकान भी चलाई। इसके ज़रिए वे हथियारों व अन्य प्रतिबंधित वस्तुओं का व्यापार करने वाले विदेशी नाविकों के संपर्क में रहते। इसी व्यवस्था के जरिए कुछ क्रांतिकारी साथी विदेश जा सके।

श्रीमती सान्याल के इस वक़्तव्य से साफ़ पता चलता है कि जतिन दास सिर्फ़ एक बम बनाने के विशेषज्ञ न होकर (जैसा कि आमतौर पर भगत सिंह पर बनी फिल्मों में दिखाया जाता है) एक जुझारू और काबिल संगठनकर्ता भी थे जिनका हिंदुस्तान रिपब्लिकन एसोसिएशन को एक सफल क्रांतिकारी पार्टी बनाने में अहम योगदान था।

जेल यात्राएं

लाहौर षड्यंत्र केस से पहले भी जतिन कई बार जेल गये। उनकी पहली गिरफ़्तारी राहत कार्य से वापस लौटते हुए एक जनसभा में भाषण देने के लिए हुई। तब उनको चार दिन जेल में रखकर इस शर्त पर छोड़ दिया गया कि वह आगे से राजनीतिक गतिविधियों में हिस्सा नहीं लेंगे। जतिन दास को दूसरी बार अक्टूबर 1921 में कांग्रेस की एक सभा में हिस्सा लेने के गिरफ़्तार किया गया। इस बार उनको एक माह की सजा हुई। उनकी तीसरी गिरफ़्तारी तब हुई जब असहयोग आंदोलन अपने चरम पर था। कलकत्ता के बड़ाबाजार में विदेशी कपड़ों की दुकानों के बाहर धरना देते हुए पुलिस से झड़प हुई, जिसके बाद उनको गिरफ़्तार कर लिया गया। इस बार उनको तीन महीने की कड़ी सजा हुई और हुगली जेल में रखा गया। सत्रह साल की उम्र में जतिन दास छह माह के अंतराल में तीन बार जेल जा चुके थे !

काकोरी ट्रेन डकैती के बाद क्रांतिकारियों की धर-पकड़ शुरू हुई। इसी सिलसिले में पुलिस ने 10 नवंबर 1925 को कलकत्ता के पास दक्षिणेश्वर में क्रांतिकारियों के एक गुप्त ठिकाने पर छापा मारा जहां से राजेन्द्रनाथ लाहिड़ी को गिरफ़्तार कर लिया गया। जतिन भी उस समय वहां मौजूद थे लेकिन वह भागने में कामयाब हो गये।

दरअसल जब पुलिस काकोरी कांड की छानबीन कर रही थी, तब उसे पता चला कि शचीन्द्रनाथ सान्याल की गिरफ़्तारी के बाद उनके भाई जतीन्द्रनाथ के पंजाब और संयुक्त प्रांत से आने वाले पत्र प्राप्त करने के लिए गोरा (विश्वनाथ मुकर्जी) और राबिन (जतिन) ने कलकत्ता में दो गुप्त ठिकानों का इंतज़ाम किया है। संयुक्त प्रांत से आने वाले पत्रों के बारे में यह भी पता चला कि उन्हें राजेंद्रनाथ लाहिड़ी ने लिखा था। दक्षिणेश्वर ठिकाने से लाहिड़ी आदि क्रांतिकारियों की गिरफ़्तारी के बाद पुलिस राबिन और गोरा को ढूंढ़ने में लग गयी लेकिन किसी को उनका हुलिया नहीं पता था।

पुलिस ने उनकी खोजबीन जारी रखी और आख़िरकार उनको 25 दिसंबर 1925 को हिरासत में ले लिया गया।

गिरफ़्तारी के बाद पुलिस ने उन पर काकोरी षड्यंत्र और दक्षिणेश्वर बम कांड में शामिल होने का आरोप लगाया लेकिन जब कोई सरकारी और स्वतंत्र गवाह उनकी पहचान नहीं कर सका तो उनको बंगाल क्रिमिनल ऑर्डिनेंस के तहत गिरफ़्तार कर लिया गया। बंगाल क्रिमिनल ऑर्डिनेंस बंगाल में चल रहे क्रांतिकारी आंदोलन को कुचलने के लिए ही लाया गया था। इसके तहत पुलिस किसी भी व्यक्ति को अनिश्चितकालीन समय के लिए हिरासत में रख सकती थी तथा गिरफ़्तार हुए व्यक्ति से दोबारा सुनवाई का अधिकार भी छीन लिया गया था।

गिरफ़्तारी के बाद जतिन को कुछ समय के लिए प्रेसीडेंसी जेल में रखा गया जहां से उन्हें मिदनापुर जेल ले जाया गया। मिदनापुर में अत्यधिक गर्मी की वजह से जतिन को लू लग गयी और उनका स्वास्थ्य काफ़ी बिगड़ गया, जिसके बाद उनको कलकत्ता के अलीपुर केंद्रीय कारागार में इलाज के लिए लाया गया। ठीक होने के बाद उनको पहले ढाका केंद्रीय कारागार ले जाया गया लेकिन वहां जब दक्षिणेश्वर बम केस से संबंधित सीआईडी के विशेष अधीक्षक बीएम चटर्जी की हत्या हो गयी तो उनको मैमनसिंह जेल (जो अब बांग्लादेश में है) भेज दिया गया।

मैमनसिंह जेल के महानिरीक्षक का आदेश था कि जब भी कोई अंग्रेज़ अफ़सर राजनीतिक बंदी की कोठरी के सामने से गुज़रे तो वह उठ कर अफसर को सलाम करे। इसी मामले में एक दिन जतिन और महानिरीक्षक के बीच बहस हो गयी जिसके बाद जतिन को बुरे तरीके से पीटा गया और जेल में दंगा व हमला करने के जुर्म में अदालत में उनके विरुद्ध चालान पेश कर दिया गया। जेल अधिकारियों के इस द्वेषपूर्ण और मनमाने व्यवहार के विरोध में जतिन ने भूख हड़ताल आरंभ कर दी जिसमें उनको पन्नालाल मुखर्जी का भी साथ मिला। यह भूख हड़ताल इक्कीस दिन तक चली और तब ख़त्म हुई जब महानिरीक्षक ने उनसे बाक़ायदा माफ़ी मांगी।

महानिरीक्षक ने जतिन और मुखर्जी से माफ़ी तो मांग ली लेकिन उसको वह अपनी हार लगी। चिढ़ में उसने दोनों को मैमनसिंह जेल से ढाका केंद्रीय कारागार भेज दिया जहां से उन्हें मार्च 1928 में पंजाब की मियांवाली जेल (अब पाकिस्तान

में) में स्थानांतरित कर दिया गया। मियांवाली का मौसम जतिन को बिलकुल भी नहीं भाया और उनका स्वास्थ्य लगातार ख़राब रहने लगा जिसकी वजह से उनकी आंखों की रोशनी तक कम हो गयी।

इसी बीच जतिन की छोटी बहन लावण्या की तबीयत बिगड़ने लगी। उनके परिवार के अनुरोध पर उनको वापस कलकत्ता भेज दिया गया जहां वह नज़रबंदी में डेढ़ महीने रहे। लावण्या के निधन के बाद जतिन को कलकत्ता से चटगांव के एक गांव में भेज दिया गया। इसके बाद अक्टूबर 1928 में आख़िरकार वह रिहा हुए। रिहा होने के तुरंत बाद उन्होंने बंगबासी कॉलेज में दाख़िला लिया और फिर पढ़ाई शुरू कर दी।

जतिन तीन साल जेल में रहे जिस दौरान उनको कई बार एक जेल से दूसरे जेल भेजा गया। इस जेल यात्रा के दौरान हुए मानसिक और शारीरिक कष्ट तथा अपनी छोटी बहन को असमय खो देने का दुःख भी उनको उनके देश की आज़ादी के लिए अपने संकल्प से डिगा नहीं सका। जेल से छूटने के बाद वह फिर क्रांतिकारी आंदोलन में पूरे जोश और उत्साह के साथ कूद पड़े। इसी कोशिश में उनकी मुलाक़ात भगत सिंह से कांग्रेस के कलकत्ता अधिवेशन (29 दिसंबर 1928 – 1 जनवरी 1929) में हुई। यहां पर उन्होंने सुभाषचंद्र बोस की 'कांग्रेस वालंटियर कोर्प्स' की परेड का नेतृत्व किया और उन्हें मेजर की पदवी मिली। भगत सिंह से मिलने पर उनके जीवन का अंतिम लेकिन सबसे यादगार अध्याय शुरू हुआ।

सन 1927 की शुरुआत में अंग्रेज़ सरकार का एक उच्चाधिकारी जेल में जतिन दास से मिला। उस मुलाक़ात में हुई दोनों की बातचीत का एक अंश *फॉरवर्ड* पत्रिका में 5 जून 1927 को छपा जो इस प्रकार हैः

जतिन दास : मैं सरकार को यह चुनौती देता हूं कि वो मेरे ख़िलाफ़ कोई भी ऐसा सबूत पेश करे जिससे ये साबित हो कि मै किसी भी तरह के अराजक अपराध (आतंकवाद) में लिप्त हूं। क्या आप मेरे ख़िलाफ़ ऐसा कोई भी सबूत पेश कर सकते हैं?

सरकारी अधिकारी : मैं मानता हूं कि मेरे पास तुम्हारे ख़िलाफ़ कोई भी साक्ष्य

प्रमाण नहीं है, लेकिन मेरे पास बाकियों के ख़िलाफ़ काफ़ी सबूत हैं।

जतिन दास : मैं अभी सिर्फ़ अपने केस की बात कर रहा हूँ और मुझे लगता है कि यह बात मैं पूरे भरोसे के साथ अपने कुछ साथियों के बारे में भी कह सकता हूं। किसी लिखित साक्ष्य की बात तो छोड़ ही दीजिए, आपके पास क्या किसी भी तरीके का कोई सबूत है जिससे आप मुझे और मेरे साथियों को किसी भी अराजक अपराध के साथ जोड़ सकते हैं ?

सरकारी अधिकारी : ये संभव है कि आप जिस दल से सम्बन्ध रखते हैं उसका अराजक अपराध (आतंकवाद) में कोई सम्बन्ध न हो, लेकिन आप सभी लोग क्रांतिकारी विचारधारा रखते हैं, और अगर मौका मिले तो आप लोग 1914-15 जैसा विद्रोह फिर कर देंगे।

जतिन दास : इसका मतलब आप मानते हैं कि हमारी नज़रबंदी हमारे राजनीतिक विचारों की वज़ह से की गयी है न कि हमारे तथाकथित अपराधों की वजह से। अगर ऐसा है तो आप लोग ये क्यों बोल रहे हैं कि इन क़ैदियों के गिरफ़्तारी उनके राजनीतिक विचारों की वजह से नहीं हुई है।

(यह सुनकर अधिकारी चुप हो गया। जतिन ने अपना संवाद जारी रखते हुए फिर कहा)

जतिन दास : दूसरों की तो बात छोड़ दीजिए , ख़ुद आपने समिति के सामने हमारे बारे में झूठी कहानी गढ़ी कि हम कोलंबो तथा हिन्द और प्रशांत महासागर में ज़ब्त हथियार की तस्करी कर रहे हैं। आपको अच्छे से पता था कि वो हथियार चीनी राष्ट्रवादियों द्वारा मंगवाए गये थे। फिर भी आपने समिति के समक्ष झूठ बोला।

(इसका अधिकारी के पास जवाब नहीं था, वो चुप रहा। जतिन ने अपना संवाद जारी रखा)

जतिन दास : चलिए राजनीतिक विचार रखने की ही बात कर लेते हैं। मैं आपको ये विश्वास दिलाता हूँ कि हमारे देश में 99 प्रतिशत लोगों के वही विचार हैं जो हमारे हैं। वो बस चुप रहते हैं; कुछ डर के कारण और कुछ अपने स्वार्थ के कारण। अगर उन्हें उचित अवसर मिला तो वो भी क्रांति मार्ग पे निकल पड़ेंगे।

अधिकारी (मुस्कुराते हुए) : हर भारतीय एक संभावित क्रांतिकारी है।

जतिन दास : तो सभी को जेल में बंद कर दीजिए! क्या आपको नहीं लगता की गुलाम देश के वासियों का क्रांतिकारी होना एक स्वाभाविक बात है? अगर पिछले विश्व-युद्ध के दौरान जर्मनी का इंग्लैंड पर कब्ज़ा हो जाता तो आप ख़ुद क्या करते?

(इस बात पर अधिकारी फिर से मुस्कुरा दिया)

जतिन दास : आप हमें कब रिहा करेंगे? रिहाई देश के राजनीतिक माहौल पर निर्भर करती है या आपकी मानसिकता के बदलाव पर?

अधिकारी : दोनों पर।

जतिन दास : जहां तक हमारे राजनीतिक विचारों में बदलाव का संबंध है, मैं आपको आश्वस्त कर सकता हूं कम से कम निकट भविष्य में तो इसकी बिलकुल भी संभावना नहीं है।

(थोड़ी देर चुप रहने के बाद अधिकारी ने कहा, 'मुझे खेद है', और वहां से चला गया)

इस बातचीत से हमें न सिर्फ़ जतिन की तार्किक शक्ति और उद्देश्य के प्रति दृढ़ता का पता चलता है बल्कि बंगाल क्रिमिनल आर्डिनेंस के तहत नज़रबंद क़ैदियों पर जिस तरीक़े के बेबुनियाद आरोप लगाए गये थे, उसका भी पता चलता है। बंगाल आर्डिनेंस के तहत नज़रबंद लोगों का गुनाह बस यह था कि वे सरकार के ख़िलाफ़ विचार रखते थे!

भगत सिंह से मुलाक़ात

सांडर्स की हत्या के बाद भगत सिंह लाहौर से निकल कर कलकत्ता पहुंचे। वहां फणीन्द्रनाथ घोष (एचएसआरए केंद्रीय समिति का सदस्य और बाद में लाहौर षड्यंत्र केस में सरकारी गवाह) ने भगत सिंह की मुलाक़ात जतिन से एक बम विशेषज्ञ के तौर पर करायी। भगत सिंह ने उन्हें एचएसआरए में शामिल होकर सदस्यों को बम बनाने का प्रशिक्षण देने के लिए आमंत्रित किया जिसे जतिन ने सहज रूप से स्वीकार कर

लिया। शिव वर्मा के अनुसार जतिन दा, 'दल के उद्देश्य, समाजवाद का ध्येय, संगठन के नये प्रस्ताव, एक्शन्स की नयी नीति (केवल ऐसे ही काम किये जाएं, जिनसे जनता का सीधा संपर्क हो) अदि प्रायः सभी बातों पर हम लोगों से पूर्णतः सहमत थे।'

बम बनाने की पहली ट्रेनिंग जतिन ने भगत सिंह की उपस्थिति में कलकत्ता के विद्यासागर कॉलेज के छात्र और पार्टी के कार्यकर्ता कमलनाथ तिवारी को दी। इसके बाद भगत सिंह ने जतिन को आगरा आकर कुछ और साथियों को बम बनाने का प्रशिक्षण देने की बात कही। एचएसआरए ने आगरा में बम कारख़ाना लगाने के लिए अलग से एक मकान हींग मंडी में लिया था। जतिन निर्धारित समय पर वहां आ गये। उन्होंने फणीन्द्र घोष, सदाशिवराव मलकापुरकर, सुखदेव, भगत सिंह और शिव वर्मा को बम बनाने का प्रशिक्षण दिया।

शिव लिखते हैंः

> दास ने तीन-चार दिन अथक परिश्रम कर हम लोगों को बम बनाने की शिक्षा दी। उन्होंने बम के खोल का गठन, विस्फोटक तैयार करने की विधि, भरने का तरीका, मरकरी फल्मिनेट की टोपियां और पलीते के लिए गन काटन बनाने की विधि आदि सभी बातों पर प्रकाश डाला और बनाकर भी दिखलाया। भगत सिंह, आज़ाद, सदाशिवराव और फनीन्द्र ने झाँसी से 20 मील दूर जाकर एक बम का परीक्षण किया। दास ने काफ़ी मसाला तैयार किया था। परीक्षण की सफलता का समाचार पाकर उन्होंने दो बम और भरे, फिर बंगाल चले गये। एक खोल नमूने के लिए सुखदेव अपने साथ लाहौर लेता गया ...

इसी दौरान भगत सिंह और बटुकेश्वर दत्त ने दिल्ली स्थित केंद्रीय असेंबली में अपनी गिरफ़्तारी दी। इस कांड के बाद अंग्रेज़ सरकार पूरे दम-ख़म के साथ क्रांतिकारियों की गिरफ़्तारी में लग गयी। लाहौर बम फैक्ट्री की गिरफ़्तारी के बाद फणीन्द्रनाथ घोष के बयान पर पंजाब पुलिस कलकत्ता पहुंची और जतिन दास को 14 जून 1929 की सुबह काफ़ी भागदौड़ के बाद गिरफ़्तार कर लिया गया। उन्हें मजिस्ट्रेट के सामने पेश किया गया जिसने उनको लाहौर न्यायालय ले जाने का निर्देश सुनाया।

लाहौर ले जाने से पहले जतिन ने अपने बंगाल वालंटियर कॉर्प्स के साथियों से विदा लेते हुए कहा, 'मै अब शायद वापस न आ पाऊं। तुम लोग वालंटियर कॉर्प्स के आंदोलन को जिन्दा रखना। इसको ढीला नहीं पड़ने देना ...'

जतिन, पुलिस हिरासत में 16 जून को लाहौर पहुंचे और उसी दिन अदालत में उनको पेश किया गया। मजिस्ट्रेट ने उनको एक दिन के लिए पुलिस हिरासत में भेज दिया। गिरफ़्तारी के 15 दिन बाद पुलिस ने उनकी रिमांड बढ़ाने के लिए जिला न्यायालय में एक जुलाई को अपील की। अतिरिक्त जिला मजिस्ट्रेट ने पुलिस की अपील मानते हुए एक दिन का रिमांड बढ़ा दिया और साथ में जतिन को विशेष न्यायादेश के सम्मुख प्रस्तुत करने का निर्देश दिया। लेकिन उस वक़्त विशेष न्यायाधीश ज़िले से बाहर थे, जिसकी वजह से पुलिस ने पुनः 2 जुलाई को अतिरिक्त मजिस्ट्रेट के सामने रिमांड बढ़ाने की अपील की जिसका जतिन के वकील ने विरोध किया। अतिरिक्त न्यायाधीश ने उनके वकील की दलील मान ली और उनको बेल पर रिहा करने का हुक्म दिया।

लेकिन 4 जुलाई को न्यायाधीश यह कहते हुए अपनी बात से मुकर गया कि वह इस मामले में फ़ैसला सुनाने में सक्षम नहीं है। तब तक विशेष न्यायाधीश के समक्ष केस के कागज़ात भेजे जा चुके थे। विशेष न्यायाधीश ने जतिन को ज़मानत देने से इंकार कर दिया और मामला 10 तारीख़ तक मुल्तवी कर दिया। इस प्रकार जतिन को जेल में रखने के लिए खुले तौर पर कानून की धज्जियां उड़ाई गयीं!

ज़मानत की अपील के साथ ही साथ जतिन ने न्यायालय में अपने साथ हो रहे पुलिसिया बर्ताव के ख़िलाफ़ भी अपील की। उन्हें जब भी कोर्ट में ले जाया जाता तो उनको हथकड़ी पहना दी जाती, इसका विरोध करते हुए उन्होंने मजिस्ट्रेट को अपनी हथकड़ी दिखते हुए कहा, 'हम बीसवीं सदी में रह रहे हैं और पुलिस हमारे साथ यह व्यवहार कर रही है। बंगाल में भी हम ब्रिटिश हुकूमत के अधीन थे पर वहां राजनैतिक बंदियों को हथकड़ी पहनाने की कोई प्रथा नही है।'

मजिस्ट्रेट ने बस इतना कहते हुए सुनवाई मुल्तवी कर दी की कि यह पंजाब में आम बात है।

भूख हड़ताल और शहादत

लाहौर षड्यंत्र केस शुरू होने के कुछ दिन बाद भगत सिंह और बटुकेश्वर दत्त को दिल्ली जेल से लाहौर लाया गया। लाहौर जेल में राजनैतिक बंदियों की हालत देख कर और उनके अधिकारों की मांग रखते हुए भगत सिंह और दत्त ने भूख हड़ताल शुरू कर दी।

13 जुलाई को लाहौर षड्यंत्र के बाकी अभियुक्तों ने भगत और दत्त के समर्थन में राजनैतिक बंदियों के अधिकारों की मांग रखते हुए भूख हड़ताल की घोषणा कर दी। यह निर्णय करने से पहले सभी अभियुक्तों के बीच भूख हड़ताल को लेकर काफ़ी चर्चा हुई, जिसमें जतिन (लाहौर अभियुक्तों में सिर्फ़ उनको ही भूख हड़ताल करने का अनुभव था) ने भूख हड़ताल का उदेश्य एवं उसके साथ जुड़ी कठिनाइयों का ज़िक्र करते हुए कहा, 'इस हड़ताल का ऐलान कर हम लोग एक ऐसे संघर्ष में उतर रहे हैं, जो एक मायने में रिवाल्वर या पिस्तौल की लड़ाई से कहीं कठिन है। अनशन द्वारा तिल-तिलकर अपने आपको खपाकर इंच-इंच मौत की ओर सरकने की अपेक्षा पुलिस की गोली का शिकार होकर या फांसी पर झूलकर मर जाना आसान है। और एक बार अनशन के मैदान में उतरकर पीछे हटना क्रांतिकारियों की प्रतिष्ठा को नीचे गिराना होगा। ऐसी स्थिति में संघर्ष में कूदकर पीछे हटने की अपेक्षा आरंभ से ही उसमे न शरीक कहीं बेहतर होगा।'

जतिन ने किसी को भी उतावलेपन और भावावेश में अनशन की घोषणा नहीं करने की सलाह दी। साथ ही साथ यह भी कहा कि, 'जो साथी अनशन में भाग नहीं लेंगे, वे हमारे लिए वैसे ही सम्मानित क्रांतिकारी साथी रहेंगे, जैसे दूसरे लोग।'

हड़ताल के शुरू के 10 दिनों तक जेल अधिकारियों ने भूख हड़ताली क्रांतिकारियों की कोई खोज-ख़बर नहीं ली। जेल अधिकारी क्रांतिकारियों को डिगाने के लिए अलग-अलग प्रकार के सुगंधित और स्वादिष्ट भोजन भूख हड़ताल कर रहे क्रांतिकारियों की कोठरी के बाहर छोड़ जाते, जिसे वे लोग या तो गंदा कर देते या फ़ेंक देते। सिर्फ़ जतिन ही ऐसे व्यक्ति थे जो खाने को हाथ भी नहीं लगते थे। उनको अपनी इच्छाशक्ति पर पूरा भरोसा था।

भूख हड़ताल के ग्यारहवें दिन से जब कुछ भूख हड़तालियों की हालत बिगड़ने

लग गयी तब जेल प्रशासन ने कुछ डॉक्टर्स और सिपाहियों की एक टीम क्रांतिकारियों को ज़बरन खाना खिलाने के लिए नियुक्त कर दी। इसके बाद क्रांतिकारियों और डॉक्टर्स-सिपाही के बीच खाना खिलाने और नहीं खाने का घमासान शुरू हुआ जो हर बीतते दिन के साथ और भीषण होता गया।

एक व्यक्ति को कई सारे सिपाही पकड़ कर लिटा देते जिसके बाद डॉक्टर उनके मुंह में रबर की नली डाल कर दूध पिलाने की कोशिश करता। क्रांतिकारी हर तरीके से इस ज़बरन दूध पिलाने का प्रतिकार करते। जतिन के साथ इस प्रकरण का उल्लेख करते हुए शिव वर्मा लिखते हैं,

> कुश्ती और धरपकड़ के पहले अध्याय के बाद जवानों ने दास को पूरी तरह काबू कर लिया और उसकी नाक में नली डाली, जिसे दास ने मुंह में निकालकर दांतों से दबा लिया। डॉक्टर ने दूसरी नली नाक के दूसरे छेद से डालनी आरंभ की। दास का दम घुटने लगा। फिर भी मुंह खोले बगैर वो दूसरी नली को पेट में जाने से रोकने का प्रयास करते रहे। दूसरी नली उनके पेट में न जाकर उनके फेफड़ो में चली गयी। डॉक्टर जल्दी में था ... दम घुटने के कारण दास की आंखें उलट चुकी थीं, लेकिन उनके चेहरे की ओर बिना देखे ही डॉक्टर ने लगभग एक सेर दूध उनके फेफड़ों में भर दिया। यह घटना अस्पताल में हुई थी ... दास को छटपटाते देख सब उनके पास पहुंच गये। दास के शरीर का तापक्रम तेजी से बढ़ रहा था। उन्हें रह-रहकर जोर की खांसी आ रही थी और वो सांस लेने में कठिनाई अनुभव कर रहे थे।

दास को ऐसे छटपटाता देख उनके साथियों ने शोर मचाया जिसके आधे घंटे बाद डॉक्टर्स की एक टीम आयी। तब तक दास अर्धमूर्छित अवस्था में पहुंच चुके थे। डॉक्टर्स ने जब दास को दवाई देने की कोशिश की तो दास ने अचानक से कहा, 'नहीं!' असीम शारीरिक पीड़ा सहते हुए भी वह भूख हड़ताल के नियम पर अडिग रहे। कुछ देर बाद उनकी हालत में थोड़ा सुधार हुआ और उन्होंने अपने साथी जतीन्द्रनाथ सान्याल को देखते हुए कहा, 'अब मैं उनकी पकड़ में नहीं आ सकूंगा।'

उसी क्षण से जतिन दास के तिल-तिल कर मौत की ओर सरकने का क्रम आरंभ हुआ। लेकिन इसके बावजूद वह अपने संकल्प से टस-से-मस नहीं हुए। शिव के अनुसार, 'शहादत की ओर जाने वाले हर क्षण के साथ उनके शांत और सौम्य चेहरे पर दृढ़ संकल्प की लकीरें गहरी होती गयीं।'

जतिन दास की हालत लगातार ख़राब होती जा रही थी। अंग्रेज़ सरकार हर तरह के प्रयत्न करने पर भी जब उनको इलाज या खाने के लिए नहीं मना सकी तो किसी ने भगत सिंह को जतिन के पास ले जाने की सलाह दी। भगत को उनके पास लाया गया। उनके अनुरोध पर जतिन ने एनिमा लेना स्वीकार कर लिया। इस पर जब एक अधिकारी ने जतिन से पूछा कि जब आपने इस बात पर सबका अनुरोध ठुकरा दिया तो भगत सिंह का क्यों स्वीकार किया? दास ने जवाब में कहा, 'श्रीमान जी! आप नहीं जानते भगत सिंह कितना बहादुर आदमी है। मैं उसकी बात कभी नहीं टाल सकता हूं।'

इसके बाद एक बार और जतिन भगत सिंह के अनुरोध पर दवाई लेने को मान गये और साथ में कहा, 'देखो भगत सिंह! मैं जानता हूं कि मुझे अपनी प्रतिज्ञा से पीछे नहीं हटना चाहिए, पर मैं तुम्हारा कहना भी नहीं टाल सकता! ख़ैर, अब आगे मुझसे कुछ मत मांगना।'

क्रांतिकारियों ने अदालत के मंच को अपने विचारों के प्रचार का माध्यम बनाया। जैसे-जैसे उनकी भूख हड़ताल बढ़ती गयी, राष्ट्रीय अख़बारों के माध्यम से उनके संघर्ष की ख़बर जनसामान्य तक पहुंचने लगी। ऐसे में भारी जनदबाव और हो रही किरकिरी को ध्यान में रखते हुए अंग्रेज़ सरकार ने जतिन दास को ज़मानत पर रिहा करने का फ़ैसला किया। यह ख़बर जब उनके साथियों को मिली तो उन्हें अत्यंत खुशी हूई, लेकिन दास ने ज़मानत लेने से यह कहकर मना कर दिया, 'यह सब जाल है।' अपने साथियों को अपने पास बुला करके उन्होंने कहा, 'सरकार जानती है कि मैं बचूंगा नहीं। वह मेरी मृत्यु का उत्तरदायित्व अपने कंधों पर लेना नहीं चाहती। वह मुझे जेल के फाटक से बाहर निकालकर मुझसे मुक्ति पाना चाहती है। मैं ऐसा नहीं होने दूंगा ... मैं यहीं तुम लोगों के बीच रहकर लड़ते-लड़ते मरना चाहता हूं। मेरी इच्छा है कि शक्ति रहते तुम लोग मेरे यहां से हटाए जाने का विरोध करो।'

शिव वर्मा लिखते हैं कि दास की यह बात सुनते ही उनके पैंतालिस दिन से ज़्यादा भूखे और मार-पीट सहने वाले साथियों में अचानक से शक्ति आ गयी और उन्होंने 'अपनी-अपनी लोहे की चारपाइयां, मेजें, अलमारियां आदि खींचकर दरवाजे से भिड़ा दीं और सक्रिय विरोध के लिए तैयार हो गये।' यह देख कर दास ने कहा, 'अब ठीक है।' जब जेल अधिकारी दास को ले जाने के लिए आये तो यह मोर्चाबंदी देखकर दंग रह गये और दास से बाहर आने की अपील करने लगे। दास ने कहा उनको ज़मानत मंजूर नहीं है, जिसके बाद जेल अधिकारियों को उलटे पांव लौटना पड़ा।

इस घटना के करीब एक सप्ताह बाद फिर एक बार जतिन ने अपने साथियों को अपने पास बुलाया। दास के छोटे भाई किरण जो उस वक़्त उनका ध्यान रखने के लिए जेल में ही रह रहे थे, बिस्कुट का एक पैकेट लेकर आये थे। दास ने अपने छोटे भाई के हाथ से बिस्कुट का पैकेट लिया और अपने सभी साथियों को एक-एक बिस्कुट दिया और कहा, 'हम लोग अनशन नहीं तोड़ रहे हैं। ये हमारा अंतिम सहभोज है – मेरे प्यार का एक प्रतीक मात्र।' दास के सभी साथियों ने बिस्कुट खा लिया। उसके बाद उन्होंने अपने छोटे भाई से नजरुल इस्लाम का 'बोलो बीर, चिर उन्नत मम शीर' गीत सुना, सभी साथियों से देर रात तक बात की और 'वंदेमातरम' सुना।

इसके अगले दिन से दास की हालत तेजी से बिगड़ने लगी जिसको देख कर सरकार ने फिर से उन्हें ज़मानत पर रिहा करने की पेशकश की। जतिन ने फिर से मना कर दिया।

इसी बीच उनसे मिलने पंजाब असेंबली के सदस्य और कांग्रेस के वरिष्ठ नेता डॉ. गोपीचंद भार्गव आये। डॉ. भार्गव ने जब जतिन दास से पूछा कि, 'आप दवाई और पानी क्यों नहीं ले रहे?', दास ने उत्तर दिया, 'मैं मरना चाहता हूं।'

डॉ. भार्गव : क्यों?

जतिन दास : अपने देश के लिए, राजनीतिक बंदियों की दशा सुधार के लिए।

कुछ दिनों बाद डॉ. भार्गव और कांग्रेसी नेता पुरुषोत्तमदास टंडन जतिन को कुछ समय तक दवाई लेकर ज़िंदा मात्र रहने के लिए मनाने आये। साथ में भगत सिंह को भी लाये। उनके बीच हुई बातचीत का अंश :

पुरुषोत्तमदास टंडन : आप कैसे हैं?

दास : मैं बिल्कुल ठीक हूं।

टंडन : आपको जीने की कोशिश करनी चाहिए, मेरा मतलब है कुछ मोहलत तो दो।

दास : मै जी रहा हूं।

टंडन : आप बिना दवा और खाने के जी कैसे सकते हैं?

दास : इच्छाशक्ति के बल पर। मुझे सरकार पर जरा भी भरोसा नहीं हैं, मैं अब पीछे नहीं हट सकता। पर अपनी इच्छाशक्ति के बल पर मैं जिंदा रह सकता हूं।

भगत सिंह : मैं तुम्हारा बहुत शुक्रगुजार हूं कि तुमने मेरी बात पिछली बार मान ली , जब तुम एनिमा लगवाने को तैयार हो गये।

दास : मैंने उस समय तुम्हारी बात सुन ली थी पर अब तुम फिर से क्यों आए हो? मै तुम्हारी बात नहीं मानूंगा।

टंडन और डॉ. भार्गव : वो अपने आप नहीं आए हैं। हमने उनसे आने का अनुरोध किया था।

दास : भगत सिंह, तुमने मेरा दिल तोड़ दिया है, तुम्हें नहीं आना चाहिए था।

भगत सिंह : मैं इन लोगों के अनुरोध पर यहां आया हूं। मेरी तुमसे गुजारिश है कि तुम केवल पन्द्रह दिन तक जीवित रहने की कोशिश करो, जिंदा बने रहो और अपने कष्टों का नतीजा देखो। अगर हमारी मांगें स्वीकार हो जाती हैं तो ठीक अन्यथा हम सब या हममें से कुछ मरेंगे।

दास : तुमने उन्हें जबरदस्ती खाना क्यों खिलाने दिया?

भगत सिंह : मैं जितना प्रतिरोध कर सकता था मैंने किया, परन्तु वे मुझे जबरदस्ती खाना खिलाने में सफल हो गये। मैं दो साल तक यह कर सकता हूं। मेरी नाक बड़ी है और वो बहुत आसानी से उसमें नली डालकर मेरे शरीर में भोजन पंहुचा सकते हैं।

डॉ. भार्गव, टंडन और भगत सिंह के कहने पर जतिन ने आख़िरी बार दवाई खा ली। इसके बाद धीरे धीरे उनके हाथ और पैर निश्चेष्ट हुए फिर आंखें बंद रहने लगीं।

जतिन दास के अंतिम दिनों की डॉक्टरी रिपोर्ट इस प्रकार है:

4 सितंबर – नब्ज़ कमजोर, धीमी और कम।

9 सितंबर – नब्ज़ तेज तथा रुक-रूककर चल रही है।

12 सितंबर – एक बार कम हुई नब्ज़ रुक-रूककर चल रही। दवा लेने से इंकार।

भूख हड़ताल के तिरसठवें दिन यानी 13 सितंबर 1929 को जतिन की नाज़ुक हालत देख कर डॉक्टर ने उन्हें इंजेक्शन लगाने की कोशिश की, लेकिन अर्धमूर्छित अवस्था में पड़े जतिन ने उस डॉक्टर का हाथ पकड़ लिया और रुंधे गले से कहा, 'नो!' इसके कुछ समय बाद उन्होंने अपनी आख़िरी सांसें लीं।

ऐतिहासिक विदाई

जतिन दास की मृत्यु की ख़बर लाहौर में आग की तरह फ़ैल गयी। लाहौर जेल के बाहर करीब 25 ,000 लोगों की भीड़ इकट्ठी हो गयी। जतिन दास के पार्थिव शरीर को उनके साथी जेल के गेट तक लाये जहां से उनकी अर्थी को डॉ. गोपीचंद भार्गव, डॉ. मोहम्मद आलम, डॉ. सैफुद्दीन किचलू, सरदार सरदुलसिंह कविसर, डॉ. बनारसी दास, भगत सिंह के पिता सरदार किशन सिंह और लाहौर के लाला दुनीचंद ने कंधा दिया। अर्थी के पीछे बी. के. दत्त की बहन प्रोमिला देवी और दुर्गा भाभी नंगे पांव चल रही थीं। जैसे-जैसे शवयात्रा शहर की तरफ़ बढ़ती गयी लोग शामिल होते गये जिसमें हर धर्म और समुदाय के लोग थे। शहर में पहुंचते-पहुंचते जुलूस में 50,000 लोग शामिल हो गये जो 'जतिन दास ज़िंदाबाद!', 'इंक़लाब ज़िंदाबाद!' 'इंडिया फॉर इंडियंस' बैनर लिए हुए चले। उस दिन पूरे लाहौर में हड़ताल थी, सड़क पर एक भी पुलिस वाला नहीं था।

इस मन को झकझोर देने वाली शवयात्रा का वर्णन करते हुए जतिन के छोटे भाई किरण लिखते हैं:

> कई लोगों ने अर्थी पर सिक्के फेंके। कुछ संपन्न लोग इन सिक्कों को बीन रहे थे ताकि वो उनका ताबीज़ बनाकर अपने लड़कों के गले में बांध सके ... जब जुलूस माचीहट्टा से गुजरा तो लोगों ने देखा कि नीले क्षितिज पर इंद्रधनुष बन

गया है और विशाल जुलूस के ऊपर तारे टिमटिमा रहे हैं। इसने लोगों को याद दिलाया कि जतिन पूरब से आए थे और उनकी महान शहादत पश्चिम में हुई थी ... जुलूस के पूरे रस्ते पर, घरों के छज्जे और छतें महिलाओं और बच्चों से भरी हुई थीं और वो अपनी श्रद्धांजलि स्वरूप फूल, मालाएं, गुलदस्ते और गुलाब जल बरसा रहीं थीं

जतिन दास के शव को 14 तारीख को तूफान मेल से कलकत्ता ले जाया जाना था। किरण लिखते हैं:

लाहौर तड़के ही जाग गया। बूढ़े और जवान, महिलाएं और बच्चे सब रेलवे स्टेशन की ओर उमड़ पड़े। उनके हाथों में गुलाब – जो जतिन का सबसे प्रिय फूल था – की मालाएं थीं, जो उन्होंने स्वयं बनाई थीं। कई लोग फूलों की टोकरियां लिए हुए थे ... स्टेशन पर लोगों की भारी भीड़ को बाहर ही रोक दिया गया था चूंकि प्लेटफार्म पर पहले से ही बहुत लोग जमा थे और रेलवे ने प्लेटफार्म टिकट की बिक्री बंद कर दी थी। टिकट काउन्टरों पर लोगों की लंबी कतारें लगी थी जो अगले स्टेशन के टिकट खरीद रहे थे ... ट्रेन जब प्लेटफार्म छोड़ रही थी तब भी लोगों की भारी भीड़ उस डिब्बे पर मालाएं और फूल बरसा रही थी

लाहौर छोड़ने के बाद जिन स्टेशनों पर ट्रेन रुकी, वहां का यही दृश्य था। लोगों की भारी भीड़ फूल मालाएं लिए हुए जतिन दास के पार्थिव शरीर के आख़िरी दर्शन और श्रद्धांजलि देने हेतु ट्रेन के आगमन समय से घंटों पहले स्टेशन पर जमा रहती थी। लाहौर कन्टोन्मेंट में लोगों ने गुलाब जल और फूल अर्पित किये, कुछ लोगों ने चांदी के सिक्के फेंके। भटिण्डा में भी यही दृश्य था। दिल्ली स्टेशन में घुसते ही ट्रेन का अभिवादन 'इंक़लाब ज़िंदाबाद' और 'जतिन दास अमर रहें' के गगनभेदी नारों से हुआ। चारों तरफ़ लोगों का हुजूम था। मालाएं और फूल हर तरफ़ से बरसाए जा रहे थे। आगरा स्टेशन पर दो नौजवान ताबूत वाले डिब्बे में चढ़ गये और उसे सलामी दी।आगरा, टूण्डला, शिकोहाबाद में शहरवासियों ने ट्रेन पर फूल अर्पित किये।

कानपुर में ट्रेन सुबह के 3 बजे पहुंची। तमाम प्रतिबंधों के बावजूद हज़ारों लोग श्रद्धांजलि देने के लिए स्टेशन पर मौजूद थे। शहर में हड़ताल की घोषणा की जा चुकी थी। जतिन दास के साथी और लाहौर षड्यंत्र में सह-आरोपी विजय कुमार सिन्हा और अजय घोष की माताएं स्टेशन पर आईं और उन्होंने जतिन दास के शव पर फूल मालाएं चढ़ाईं। इलाहाबाद, मुगलसराय, गोमो और आसनसोल में भी यही दृश्य था। छोटे स्टेशनों पर ट्रेन काफ़ी धीरे-धीरे चलती थी क्योंकि पटरी के दोनों ओर लोग जमा रहते थे।

16 सितंबर 1929 की शाम हावड़ा स्टेशन का माहौल अत्यंत ग़मज़दा था। ट्रेन के पहुंचने के दो घंटे पहले ही पूरा प्लैटफॉर्म लोगों से खचाखच भर गया था; एक इंच जगह भी नहीं बची। भीड़ जतिन के अंतिम दर्शन के लिए इतनी उतावली थी कि स्टेशन पर जो भी ट्रेन आती उसे ही लाहौर एक्सप्रेस समझकर लोग 'वंदे मातरम' और 'जतिन दास की जय' के नारे लगाने लगते थे। भीड़ के जयघोष के बीच ट्रेन स्टेशन पर धीमे-धीमे पहुंची, कुछ लोग डिब्बे की छत पर चढ़ गये , कुछ खंबे पर चढ़ गये और यहां तक कि कुछ लोग ड्रेनेज पाइपों के ऊपर भी चढ़ गये। जतिन के अंतिम दर्शन करने के लिए लोग कुछ भी करने को तैयार थे।

अंतिम दर्शन के लिए लोग बंगाल के दूरदराज इलाकों से भी आये थे। मृत्युशैया पर पड़ी एक वृद्ध मुस्लिम महिला मुसम्मत आयशा बेगम भी आयी थीं, जिनका यह दावा था कि जब जतिन बच्चे थे तब वह उनके पड़ोस में रहती थीं और उन्होंने जतिन को अपनी गोद में खिलाया था। ऑल बंगाल यंगमेंस एसोसिएशन ने फूलों से बना कम्युनिस्ट प्रतीक चिह्न भेजा तो सेंट्रल कोलकाता यंगमेंस एसोसिएशन ने पुष्पचक्र भेजा।

जतिन दास की अंतिम यात्रा हावड़ा टाउन हॉल से सुबह 7 :10 बजे से शुरू हुई। यात्रा हैरिसन रोड होते हुए कॉरपोरेशन स्ट्रीट व चौरंगी लेन से गुजरते हुए दक्षिण कोलकाता पहुंची जहां उनका अंतिम संस्कार किया गया। रास्ते भर लोग 'लॉन्ग लीव रिवॉल्यूशन!', जतिन दास अमर रहें!', 'डाउन विथ इंपरलिज्म!' नारे लगा रहे थे; लोग छतों से पुष्प वर्षा कर रहे थे; सड़कें खचाखच भरी हुई थीं; कई लोग घर की छतों से ठंडा पानी छिड़क रहे थे ताकि जुलूस में शामिल थकान से चूर लोगों को कुछ राहत

मिल सके। 17 दिसंबर को उनका अंतिम संस्कार किया गया।

दास की शहादत और अंग्रेज़ी सरकार के द्वेषपूर्ण रवैये के ख़िलाफ़ डॉ. गोपीनाथ भार्गव और डॉ. मोहम्मद आलम ने विधान मंडल से इस्तीफ़ा दे दिया। मोतीलाल नेहरू ने केंद्रीय असेंबली में 'काम रोको' की घोषणा कर दी, तो वहीं जिन्ना ने सरकार को सदन में लताड़ा। सभी राष्ट्रीय अख़बारों ने अंग्रेज़ सरकार को जतिन की मृत्यु का सीधा ज़िम्मेदार ठहराया। उन्हें श्रद्धांजलि देने के लिए देश के हर कोने में सभा हुई। कश्मीर से कन्याकुमारी और पंजाब से बंगाल तक लोगों ने आज़ादी के इस दीवाने को श्रद्धांजलि दी।

जतिन दास की शहादत की गूंज सिर्फ़ भारत नहीं बल्कि विदेशों में भी सुनाई पड़ी। शोक संदेशों का तांता लग गया। दास के परिवार को एंटी इम्पेरेलिस्ट असोसिएशन, आयरिश रिपब्लिकन आर्मी, वीमेन प्रिसनर्स डिफेन्स लीग, स्टूडेंट्स लीग, आयरलैंड आदि से शोक संदेश प्राप्त हुए। जतिन की शहादत पर शोक प्रकट करते हुए आयरिश स्वतंत्रता संग्राम के महान सेनानी, ऐमोन डी वलेरा ने कलकत्ता के मेयर को तार भेजकर लिखाः

> जतिन दास की शहादत व्यर्थ नहीं होगी। वो भारत का मैकस्विनी है! भारत की आज़ादी निश्चित है!

आयरिश स्वतंत्रा के लिए लड़ रही सिनफिन के अध्यक्ष जॉन जे. ओ केली ने कलकत्ता के मेयर को निम्नलिखित तार भेजा :

> हम उम्मीद करते हैं कि जतिन दास की शहादत से भारत स्वतंत्र हो।

आयरिश स्वतंत्रता संग्राम के महान सेनानी टेरेंस मैकस्विनी भारतीय क्रांतिकारियों के लिए प्रेरणाश्रोत रहे थे। क्रांतिकारियों के बीच उनकी लिखी किताब *प्रिंसिपल्स ऑफ फ्रीडम* काफ़ी पढ़ी जाती थी। मैकस्विनी का देहांत 25 अक्टूबर 1920 को अंग्रेज़ सरकार के दमन के ख़िलाफ़ 73 दिन की भूख हड़ताल करते हुए हुआ था। भारतीय

क्रांतिकारियों की ऐतिहासिक भूख हड़ताल के लिए वह एक प्रेरणाश्रोत थे। जतिन दास की शहादत पर टेरेंस मैकस्विनी की बहन मैरी मैकस्विनी ने निम्नलिखित तार कलकत्ता के मेयर को भेजा :

> टेरेंस मैकस्विनी परिवार जतिन दास की मृत्यु के शोक में डूबे देशभक्त भारतीयों के साथ है। भारत आज़ाद हो कर रहेगा!

जयदेव कपूर

जयदेव कपूर का जन्म सन् 1908 में दिवाली की पूर्व संध्या पर आज के उत्तर प्रदेश और तब के संयुक्त प्रांत के हरदोई ज़िले में एक साधारण परिवार में हुआ था। उनके पिता का नाम शालिग्राम कपूर था जो कि एक आर्य समाजी थे। बचपन में जयदेव को कुश्ती का बहुत शौक था। शिव वर्मा और जयदेव बचपन से ही दोस्त थे और साथ ही साथ क्रांति के रास्ते पर बढ़े। शिव की तरह ही जयदेव ने भी एका आंदोलन और असहयोग आंदोलन में बढ़-चढ़ कर हिस्सा लिया था। क्रांतिकारी बनने की ओर पहला कदम उन्होंने एका किसान आंदोलन से ही लिया था। इस बारे में उनके साथी अजय घोष लिखते हैंः

> किसानों की हालत का साक्षात् अनुभव करने के लिए उन्होंने लखनऊ और हरदोई ज़िलों के ग्रामीण क्षेत्रों के किसानों, विशेष रूप से अछूत मानी जानेवाली पासी जाति, जिसे अंग्रेज़ों ने 'जरायम पेशा' यानी अपराधी घोषित कर रखा है – के बीच दौरा किया। गांवों में उन्होंने जो देखा – किसानों की दीन दशा, सामाजिक हीनावस्था, कानून के सम्बन्ध में उनका अज्ञान – उन सबसे उनके विचारों को नई प्रेरणा मिली।

हाई स्कूल पास करने के बाद जयदव 1925 में हरदोई से कानपुर आ गये और डीएवी कॉलेज में इंटरमीडिएट प्रथम वर्ष में प्रवेश लिया। यहीं उनकी मुलाक़ात सुरेंद्र पांडेय से हुई और उनके माध्यम से विजय कुमार सिन्हा से। इन लोगों के माध्यम से वह हिंदुस्तान रिपब्लिकन एसोसिएशन के करीब आये और काकोरी कांड के बाद सन् 1926 में दल की विधिवत सदस्यता लेकर एक सक्रिय सदस्य बन गये। डीएवी कॉलेज में पढ़ाई करते हुए ही उनकी मुलाक़ात भगत सिंह से भी हुई।

उस समय बनारस क्रांतिकारियों का एक महत्त्वपूर्ण केंद्र हुआ करता था। लेकिन

काकोरी कांड के बाद वहां के सारे मुख्य क्रांतिकारी पकड़े गये, जिसकी वजह से बनारस में संगठन बिखर गया। यहां संगठन को नये सिरे से गठित करने की ज़िम्मेदारी जयदेव को दी गयी। इसी कारण डीएवी कॉलेज से इंटरमीडिएट पास करने के बाद कपूर ने बनारस हिंदू विश्वविद्यालय में इंजीनियरिंग कोर्स में दाख़िला ले लिया। आगे चलकर उन्होंने पढ़ाई छोड़ दी और पूरी तरह संगठन के काम में लग गये।

दिल्ली में फ़िरोज़शाह कोटला की बैठक में जयदेव कपूर संयुक्त प्रांत के (आज के उत्तर प्रदेश) प्रतिनिधि के रूप में शामिल हुए। उनको नये दल की केंद्रीय समिति में चुना गया और 'एक्शन' विभाग में भी रखा गया।

दिल्ली स्थित सेंट्रल असेंबली में जब बम फेंकने की योजना बनी तो उसको अंजाम देने के लिए पहले जयदेव कपूर का ही नाम तय हुआ था। शिव वर्मा के अनुसारः

> बम कांड की पूरी योजना जयदेव कपूर ने ही बनाई थी। वहां घुसने का पास और नक़्शे का इंतज़ाम आदि बारीक काम उन्होंने ही किया था। लेकिन संगठन के इस फैसले को लेकर जब सुखदेव और भगत सिंह ने असहमति जताई और भगत सिंह ने ख़ुद बम फेंकने का ज़िम्मा लिया तो दल को अपना निर्णय बदलना पड़ा।

जयदेव कपूर ने बाद में इस पूरे प्रसंग का सार देते हुए कहा, 'दैट इज द फर्स्ट डिफीट टु मी बाय भगत सिंह ... सरदार बाजी मार ले गया।'

असेंबली में बम फेंकने जाने से पहले भगत सिंह ने अपने जूते और घड़ी (जो उनको शचीन्द्रनाथ सान्याल ने दी थी) जयदेव कपूर को दिए। भगत सिंह की मशहूर फेल्ट हैट वाली फ़ोटो खिंचवाने का काम भी जयदेव ने ही किया था। वह तस्वीर 4 अप्रैल 1929 को दिल्ली में कश्मीरी गेट के पास रामनाथ फोटोग्राफर्स के यहां ली गयी थी। फोटो लेने वाले को जयदेव की हिदायत थी, 'हमारा दोस्त दूर जा रहा है, इसलिए हम इसकी अच्छी तस्वीर चाहते हैं।' असेंबली कांड के बाद जयदेव ही भगत सिंह और बटुकेश्वर दत्त की फोटो रामनाथ फोटोग्राफर्स से लेकर आये थे और बाद में उन्होंने उनको अलग-अलग अख़बारों के दफ़्तर में भेजने की व्यवस्था की थी।

जयदेव कपूर को सहारनपुर बम फैक्ट्री से 13 मई 1929 को गिरफ़्तार किया गया। उनके साथ शिव और गया प्रसाद भी गिरफ़्तार हो गये। गिरफ़्तारी के वक़्त बम फैक्ट्री से एक ब्रीफ़केस में चार ज़िंदा बम बरामद हुए थे। इनके अलावा कुछ किताबें – *मैनुअल ऑफ हैंड ग्रेनेड थ्रोइंग, मैनुअल ऑफ स्माल आर्म्स ट्रेनिंग, मेनिफेस्टो ऑफ़ कम्युनिस्ट पार्टी, कार्ल मार्क्स* आदि भी।

गिरफ़्तारी के वक़्त एक मज़ेदार घटना भी घटी। जिस पुलिस सुपरिटेंडेंट के नेतृत्व में पुलिस पार्टी आयी थी, वह बम देखकर घबरा गया और कमरे से बाहर भाग गया। कुछ देर बाद जब सारे जिंदा बम सिपाहियों ने कब्ज़े में ले लिए तब वह अंदर आया, लेकिन उसकी हालत ख़राब थी। उसने जयदेव कपूर को देख कर उनकी तरफ़ कांपते हाथों से अपनी रिवाल्वर तान दी और कहा, 'बम नीचे रख दो नहीं तो गोली मार दूंगा!' उसने घबराहट में यह भी नहीं देखा कि रिवॉल्वर का बैरल नीचे लटक रहा था। जयदेव कपूर को यह देखकर इतने तनावपूर्ण माहौल में भी हंसी आ गयी और उन्होंने हंसते हुए कहा, 'आप मारेंगे कैसे? पहले अपनी पिस्तौल तो ठीक करिए।'

गिरफ़्तारी के बाद शिव को मजिस्ट्रेट ने यह प्रस्ताव दिया कि अगर वह अपने ऊपर सारी ज़िम्मेदारी ले लेते हैं तो पुलिस जयदेव और प्रसाद को छोड़ देगी क्योंकि उन दोनों के ख़िलाफ़ नाममात्र के सबूत थे। शिव इस चाल में फंस गये। उन्होंने जयदेव कपूर को यह बात बतायी तो जयदेव ने इसका विरोध करते हुए शिव से कहा, 'तुम मुझे बचा नहीं पाओगे, लेकिन लोग कहेंगे कि तुमने बयान दे दिया जो तुम्हारे ऊपर एक धब्बा होगा।' शिव ने कहा, 'दल के लिए मैं यह बदनामी लेने को तैयार हूं, यदि तुम दोनों छूट जाओ।' शिव के बहुत ज़िद और तर्क करने के बाद जयदेव मान तो गये, लेकिन हुआ वही जैसा उन्होंने शिव को चेताया था। इस केस का रिश्ता असेंबली बम कांड और बाद में लाहौर षड्यंत्र केस से जोड़ा गया और सभी पर एक मुक़दमा चला।

लाहौर षड्यंत्र केस के सिलसिले में कानूनी प्रक्रिया को आगे बढ़ाने के लिए सहारनपुर से जयदेव आदि को लाहौर लाया गया। अदालत में उनकी मुलाक़ात भगत सिंह और बटुकेश्वर दत्त से हुई, जो उस समय राजनैतिक क़ैदियों के अधिकारों के लिए भूख हड़ताल पर थे। जयदेव, शिव, विजय कुमार सिन्हा, सुखदेव, किशोरीलाल, गया

प्रसाद, जतिन दास, अजय घोष आदि क्रांतिकारियों ने भी उनका समर्थन करते हुए ख़ुद भूख हड़ताल की घोषणा कर दी। इस हड़ताल का नोटिस मजिस्ट्रेट को जयदेव कपूर ने ही दिया था।

लाहौर षड्यंत्र मुक़दमे के दौरान जेल में चल रहे क्रांतिकारी संघर्ष में जयदेव कपूर की भूमिका के बारे में उनके कानपुर के साथी अजय घोष लिखते हैं,

> मुक़दमे के दौरान हमने जितनी भी लड़ाइयाँ लड़ी, उन सबमें जयदेव हमारे साथ थे। हर कार्रवाई के लिए, चाहे वह भूख-हड़ताल हो, चाहे पुलिस से मुठभेड़, चाहे राजनीतिक बंदियों की सुहानुभूति में प्रदर्शन, जयदेव का हाथ सबसे पहले उठता था। और एक बार यदि कोई निर्णय कर लिया गया, तो फिर किसी प्रकार के भी समझौते की बातचीत का वह विरोध करते थे।

जयदेव ने अदालत में पेशी के दौरान हथकड़ी पहनाये जाने का विरोध किया जिसके लिए उनको पुलिस से ख़ूब मार पड़ी। मजिस्ट्रेट ये सब देख रहा था। सूजे हुए माथे और हाथ, फटे हुए कपड़े और ख़ून से लथपथ जयदेव ने तभी एक जोरदार भाषण दिया। विरोध करते हुए उन्होंने कहा, 'जो मजिस्ट्रेट अपनी अदालत में ऐसे अत्याचार करने की इजाज़त दे सकता है, उसे इस्तीफ़ा दे देना चहिए।' लाहौर षड्यंत्र केस का जब फ़ैसला आया तो जयदेव कपूर को भारतीय दंड संहिता की धारा 121 और विस्फोटक पदार्थ अधिनियम की धारा 4(बी) के तहत आजीवन कारावास हुई जिससे उनकी सोलह साल की जेल यात्रा और यातना चक्र की नये सिरे से शुरुआत हुई। उनको अपने आजीवन कारावास की सज़ा भगत सिंह की फांसी की सज़ा के सामने अपनी हार लगी। उनके शब्दों मेः

> लाहौर षड्यंत्र केस का जब फ़ैसला आया तो सरदार को फांसी का पुरस्कार और मुझे सिर्फ़ कालापानी की सज़ा ... द सेकंड डिफीट ... सरदार ने मुझे दो बार शिकस्त दी; मैंने ही बरसों सजाया मयकदा, मेरी ही किस्मत में पैमाना नहीं।

कपूर और भगत सिंह की आख़िरी मुलाक़ात

जयदेव कपूर ने भगत सिंह से अपनी आख़िरी मुलाक़ात का वर्णन इन शब्दों में किया हैः

सजाएं सुनाए जाने के बाद हम लाहौर की जेल में ही बंद थे। 1930 के दिसंबर का महीना। मैं पुराने फ़ांसी घर में बंद था। सरदार, राजगुरु और सुखदेव नये फ़ांसी घरों में। अचानक आधी रात के वक़्त हमारा दरवाज़ा खोला गया। कहा, 'बाहर आओ'। कहां जाना है, यह नहीं बताया गया। हमारे साथ शिव वर्मा, गया प्रसाद, विजय कुमार सिन्हा, किशोरीलाल भी थे। हमने समझ लिया कि कहीं दूसरी जगह जाना है। उस समय भावनाएं कुछ भारी जैसी हो गयी थीं यह सोचकर कि कब फांसी की सज़ा पाए साथियों से मुलाक़ात संभव नहीं होगी। वहां जेलर था मोहम्मद अकबर। अनुशासन के मामले में बेहद सख्त। उसके सामने किसी के बोलने का साहस नहीं होता था।

उस क्षण कहने लगा वह, 'तुमको उदास नहीं देखा कभी। आज परेशान नजर आ रहे हो।' मैंने कहा, 'हमारे जीवन मरण के 3 साथी भगत सिंह राजगुरु और सुखदेव सामने की काल-कोठरियों में बंद हैं। उनसे अब कभी हमारी भेंट नहीं हो सकेगी। आप हमें एक बार उनसे मिलने की इजाजत दे दीजिए।' पता नहीं क्यों जेलर पसीज गया और उसने आज्ञा दे दी। हम धीरे-धीरे आगे बढ़े तो देखा कि आधी रात के वक़्त सरदार सींखचे के भीतर लेटा बाहर से आती रोशनी में कोई किताब पढ़ रहा था। हमारी बेड़ियों की आवाज से वह चौकन्ना होकर उठ खड़ा हुआ। बोला, 'इस वक़्त यहां कैसे?' मैंने कहा, 'सरदार यह तो हमें भी नहीं पता। लेकिन अब कहीं दूर किसी और जगह जाना है। हमारा यह आखरी मिलन है' सुनकर उसने अपनी दो लंबी बाहें बाहर निकलीं और एक-एक कर सभी साथियों को अपने सीने से सटा लिया। अफ़सोस कि उस पल हमारे मध्य साम्राज्यवाद की लोहे की सलाखें विद्यमान थी। एक सन्नाटा पसर गया सब तरफ़।

आख़िर उसे तोड़ते हुए मैंने ही पूछ लिया, 'सरदार इस वक़्त तुम कैसा महसूस कर रहे हो, जबकि मृत्यु तुम्हारे कुछ क़दम दूर खड़ी है?' सुनकर वह अपनी

स्वाभाविक हंसी हंसा। फिर बोला, 'इस पर तो पहले भी बात हुई थी। आज जेल की इस कालकोठरी में बैठकर जब सड़कों, खेतों-खलिहानों से 'इंक़लाब ज़िंदाबाद' की आवाजें आते सुनता हूँ तो लगता है कि मुझे अपनी जिंदगी की क़ीमत मिल गयी।' इसके बाद उसने जैसे स्वयं से कहा था, 'और फ़िर साढ़े तेईस साल की इस छोटी सी ज़िन्दगी की क़ीमत आख़िर हो भी क्या सकती है।' कुछ पल ठहर कर वह पुनः कहने लगा, 'मैं तो कुछ दिनों में फांसी पर चढ़ जाऊंगा, लेकिन तुम लोगों के सामने लंबी और कठिन जिंदगी का सफ़र है। मुझे विश्वास है कि जेल की चहारदीवारी के भीतर कठोर यातनाएं सहते और तिल-तिल मौत की ओर सरकते हुए तुम कहीं थकोगे नहीं, पस्त नहीं होगे और हार मान कर रस्ते में बैठ नहीं जाओगे।'

कम्युनिस्ट कंसोलिडेशन में योगदान

लाहौर केस का फ़ैसला आने के बाद जयदेव को लाहौर जेल से मुल्तान जेल ले जाया गया, जहां से कुछ दिनों के बाद उनको तत्कालीन मद्रास राज्य भेज दिया गया। उनको कनानूर जेल में बंद रखा गया जहां से कुछ समय बाद उन्हें त्रिचनापल्ली जेल से होते हुए राजमुंदरी जेल पहुंचा दिया गया। वहां जयदेव का वार्डन के साथ झगड़ा हो गया, जिसमें वार्डन के दांत टूट गये। इस 'भीषण' अपराध के लिए जेल अधिकारियों ने जयदेव और उनके तीन साथियों को तीस बेंतों की सज़ा दी। तीन-चार बेंत तक जयदेव कपूर 'इंक़लाब ज़िंदाबाद' के नारे लगते रहे, उसके बाद वह बेहोश हो गये। यहां पर भी उन्होंने पांच महीने की भूख हड़ताल की। इसके बाद उन्हें और उनके साथियों को अंडमान के सेलुलर जेल में स्थानांतरित कर दिया गया।

सेलुलर जेल में क़ैदियों पर भीषण अत्याचार होते थे। उनसे कोल्हू से तेल निकलवाया जाता था, बहुत ही घटिया खाना दिया जाता था। रहने की कोठरियां बदबूदार थीं जो कि बारिश में भर जाती थीं। क़ैदियों को हर बात पर सज़ा दी जाती थी। जब लाहौर केस के क़ैदी अंडमान पहुंचे तो पाया कि जेल अधिकारियों के क्रूर रवैये के विरोध में और क़ैदियों के अधिकारों के लिए पहले से ही भूख हड़ताल चल रही थी। जयदेव और उनके साथी भी इस भूख हड़ताल में शामिल हो गये। इसी

हड़ताल के दौरान उनके साथी महाबीर सिंह की शहादत हो गयी। अपने अधिकारों की लड़ाई लड़ने के साथ-साथ जयदेव और उनके साथियों ने अपने स्वाध्याय का जो सिलसिला लाहौर षड्यंत्र के दौरान शुरू किया था उसको अंडमान में भी जारी रखा। इसी अंडमान जेल में एचएसआरए के सदस्यों की अगुआई में 'कम्युनिस्ट कंसोलिडेशन' की स्थापना हुई, जिसका उद्देश्य जेल में बंद साथियों में मार्क्सवादी राजनैतिक चेतना का विकास करना था। इसमें काफ़ी सफलता भी मिली। जयदेव का इस सबमें अहम् योगदान था। इस कंसोलिडेशन के माध्यम से अंडमान जेल में बंद कई क्रांतिकारी वाम विचारों की तरफ़ आकर्षित हुए और आगे चल कर उन सबने वाम आंदोलन में महत्त्वपूर्ण योगदान दिया।

'कम्युनिस्ट कंसोलिडेशन' के बारे में जयदेव लिखते हैं –

> वहाँ हम लोगों ने एक 'कम्युनिस्ट कंसोलिडेशन' बनाया। मैं उसका सेक्रेटरी था। समाजवाद, समाजवादी अर्थनीति व हिंदुस्तान के आंदोलन के इतिहास आदि पर क्लास होते थे। इसमें मुख्य रूप से डॉ. नारायण राव और डॉ. निरंजन सेन पढ़ाते थे। हम लोग *द कॉल* के नाम से एक पेपर भी निकालते थे। मैं उसका सम्पादक था। वह हाथ से लिखा जाता था। उसमे चित्र वग़ैरह भी हाथ से बनाए जाते थे। उसमें आंदोलन के बारे में, उसके रूप के बारे में भी लिखा जाता था। वह पेपर कहीं बाहर नहीं जाता था। अंदर ही हम लोग आपस में पढ़ लेते थे ... बाहर के अख़बार हम लोगों को नहीं मिलते थे ... बाहर के लोगों से मिलना बहुत मुश्किल था ... रूसी क्रांति व इस प्रकार के साहित्य हम लोग स्मगल करके मंगाया करते थे। जो लोग जहाज में काम करते थे वो दूसरी चीजें स्मगल करते थे। हमने उनसे कहा कि पैसे लो और किताबें लाकर दे दो। हम लोगों को महीने में एक चिट्ठी भेजने की सुविधा होती थी। वह भी सेंसर होती थी। उसके ऊपर इंक रोलर फेर दिया जाता था। उसमें आधा पढ़ा जाता था और आधा नहीं। अंडमान के जीवन का हम सबके ऊपर बहुत गहरा असर पड़ा। 'कम्युनिस्ट कंसोलिडेशन' के गठन से पढ़ने-लिखने का अच्छा कार्यक्रम शुरू हो गया था। इसकी वजह से लोगों में कुछ मदभेद भी हो गया था ... दो चार लोगों को छोड़

कर बाकी जितने भी क्रांतिकारी क़ैदी थे वो सभी कम्युनिस्ट कंसोलिडेशन में आ गये। यह भी एक बहुत बड़ा परिवर्तन था। बाद में इसने बाहर के किसान मज़दूर व छात्र आंदोलन को प्रभावित किया।'

अंडमान के नीरस, बोझिल और यातनापूर्ण वातावरण में बंद क़ैदी अपने अंदर के मानवीय गुणों को बचाने के लिए पढ़ाई-लिखाई के अलावा खेल-कूद का भी आयोजन करते थे और उसमें पूरे उत्साह से हिस्सा लेते थे। जयदेव ने इस बारे में लिखा है:

जेल में खेल-कूद भी होता था। दो टीमें बन गयी थीं। एक लाईफर्स एक नॉन लाईफर्स। लाईफर्स वो थे जिनको आजीवन कारावास हुआ था, नॉन-लाईफर्स वो जिन्हें कुछ सालों की सज़ा हुई थी। अक्सर हम लोगों के मैच भी होते थे। हार-जीत में कभी-कभी बड़ा तनावपूर्ण वातावरण बन जाता था। लेकिन उसका भी हम लोगों ने आनंद उठाया। जीवन को जितना रुचिकर बनाने की कोशिश की जा सकती थी, उतनी की ...

सन 1937 में अंडमान में बंद क़ैदियों ने एक बार और भूख हड़ताल की जिसका मकसद क़ैदियों की बिना शर्त रिहाई था। जेल में एक तरफ़ राजनैतिक क़ैदी लड़ रहे थे तो दूसरी तरफ़ महात्मा गांधी, सुभाषचंद्र बोस आदि नेतागण अंग्रेज़ सरकार पर अंडमान जेल को पूर्णतः बंद करने और वहां बंद क़ैदियों की रिहाई अथवा देश की मुख्यभूमि में उनके स्थानांतरण का दबाव बना रहे थे। इन सब का असर यह हुआ कि सन 1938 में अंडमान के सभी क़ैदियों को वहां से निकाल कर देश में ही दूसरे जेलों में भेजा जाने लगा। कई क्रांतिकारियों को छोड़ भी दिया गया लेकिन जयदेव, शिव, किशोरी और गया प्रसाद को अत्यंत ख़तरनाक मानकर जेल में ही रखा गया।

अंडमान से वापसी

1938 में अंडमान से वापसी के बाद जयदेव को कुछ दिनों के लिए लाहौर सेंट्रल

जेल में रखा गया। लेकिन तत्कालीन पंजाब सरकार ग़ैर-पंजाबी क़ैदियों को अपने पास नहीं रखना चाहती थी। जयदेव मूल रूप से संयुक्त प्रांत के निवासी थे। पंजाब सरकार ने उनको संयुक्त प्रांत भेजने की अपील की, जिसको संयुक्त प्रांत की उस समय की कांग्रेस सरकार ने इस शर्त पर स्वीकार किया कि अंडमान से आये क़ैदियों को 'सी' क्लास से 'बी' क्लास का दर्जा मिलेगा। पंजाब सरकार इस शर्त को मान गयी और जयदेव कपूर को लाहौर से संयुक्त प्रांत लाया गया जहां उनको दो महीने के लिए नैनी जेल में रखा गया, जिसके बाद उनको लखनऊ जेल भेज दिया गया। लखनऊ जेल में भी जयदेव और उनके एचएसआरए के साथियों ने स्वाध्याय जारी रखा। 1942 में जब भारत छोड़ो आंदोलन शुरू हुआ, कपूर को लखनऊ जेल से बरेली जेल भेज दिया गया। इसके बाद 1946 में उनका हरदोई जेल में स्थानांतरण हुआ जहां से उनकी रिहाई हुई।

जब संयुक्त प्रांत की कांग्रेस सरकार ने पंजाब सरकार से जयदेव, शिव और गया प्रसाद की रिहाई की मांग की, तब पंजाब में उस वक़्त यूनियनिस्ट पार्टी और कांग्रेस की साझा सरकार थी। पंजाब सरकार ने रिहाई की कुछ शर्तें रखीं। राज्य सरकार की तरफ़ से तीनों को एक रिहाई फॉर्म मिला, जिसमें निम्नलिखित शर्तें अंकित थीं:

1. वह ब्रिटिश भारत या किसी भारतीय राजशाही में कोई ऐसा अपराध नहीं करेगा जो ब्रिटिश भारत में दंडनीय है;
2. वह किसी भी प्रकार से किसी भी संदेहास्पद चरित्र वाले व्यक्ति के साथ सम्पर्क नहीं रखेगा न ही दुराचारी अथवा दुष्टतापूर्ण जीवन व्यतीत करेगा;
3. वह ज़िले की सीमाओं के अंदर उन जगहों पर ही निवास करेगा जिसे समय-समय पर जिला मजिस्ट्रेट निर्धारित करेगा तथा उससे बाहर नहीं जाएगा या बिना जिला मजिस्ट्रेट या पुलिस अधीक्षक की लिखित आज्ञा के उस सीमा से बाहर नहीं जाएगा, जिसमें उसे रहना चाहिये;
4. जब तक उसे जिला मजिस्ट्रेट या पुलिस अधीक्षक द्वारा छूट न प्रदान कर दी जाए वह नियमित रूप से निर्धारित समय व स्थान पर अपने निवास वाले ज़िले के जिला मजिस्ट्रेट या पुलिस अधीक्षक द्वारा अधिकृत व्यक्ति से

मिलता रहेगा;

5. वह सामान्यतः पुलिस निगरानी की आवश्यकता हेतु सशर्त रिहा बंदियों के लिए निर्मित उन नियमों का पालन करेगा जो अभी लागू हैं।

तीनो क्रांतिकारियों ने इन शर्तो को मानने से इंकार कर दिया और अपमान के बदले जेल में ही रहना पसंद किया। 17 साल जेल में काटने के बाद भी जयदेव ने सशर्त रिहाई से इंकार करते हुए 5 फरवरी 1946 को रिहाई फॉर्म पर लिखा, 'माफ करें, एक आत्म-स्वाभिमानी राजनीतिक बंदी के रूप में मैं पंजाब सरकार के रिहाई आदेश के साथ दिए गये शर्तों को स्वीकार नहीं कर सकता।'

जयदेव और शिव ने हरदोई जेल से पंजाब सरकार को 4 फरवरी 1946 को रिहाई की शर्तो के बारे में जो ख़त लिखा, उसका एक हिस्सा इस प्रकार है :

> माननीय महामहिम राज्यपाल, पंजाब, लाहौर। हमें अभी-अभी प्राप्त रिहाई के आदेश के लिए हम अत्यंत अनुगृहीत हैं। इसके साथ साथ हम लोगों को वह शर्तें भी दी गयी हैं, जिन्हें स्वीकार करने के बाद ही रिहाई का आदेश प्रभावी होगा। हम यह इंगित करना चाहेंगे कि इस प्रकार की शर्तें सामान्यत : तथाकथित 'अपराधी कबीलों' के सदस्यों तथा 'बुरे चरित्र वाले पेशेवर गिरोहों' पर लगायी जाती हैं। राजनैतिक बंदियों पर इन शर्तों को लगाने का एक ही अर्थ है कि उन्हें समाज विरोधी तत्वों के स्तर पर गिरा कर रिहाई के पश्चात उनके मौलिक नागरिक अधिकारों को छीन लिया जाए। यह हमारे विचारों से पूरी तरह अन्यायपूर्ण और अनियमित है। ये शर्तें समाज में अपना एक अलग स्थान रखने वाले राजनैतिक बंदियों के स्वाभिमान व गरिमा के लिए पूरी तरह अपमानजनक हैं। अतः हम इन अपनी रिहाई के प्रस्ताव को स्वीकार करने में असमर्थ हैं ...
>
> ... सामान्य कानूनी छूटों को मिलाकर हम लगभग बीस वर्ष की कठिन क़ैद भोग चुके हैं। हमारे जैसों को सशर्त मुक्ति देना न केवल अत्यधिक ज्यादती है बल्कि समस्त शालीनता के विरुद्ध भी है। यह घाव पर नमक छिड़कने जैसा है। आज, जो भी हो, हमें इस विदेशी सरकार से कोई याचना नहीं करनी है, कुछ

मांगना नहीं है। हमें गर्व है कि हमें भारतीय जनता और ब्रिटिश साम्राज्यवाद के मध्य चलने वाले इस महान संघर्ष में जनता की अगली कतार में खड़े होने और उस व्यवस्था के विरुद्ध लड़ने का अवसर मिला, जिसने हमारे सुंदर देश को एक विशाल और बदसूरत कारावास में बदल दिया है। हमें आज कारावास में होने का गम नहीं है। हमें खेद नहीं है, हम दुःखी नहीं है, क्योंकि हमें मालूम है कि इस आततायी व्यवस्था का पतन उतना ही निश्चित है, जितना कि हमारी जनता की जीत तय है। जेल की कोठरियों के इन सींखचो के पीछे से हमें आज़ादी की ओर कदम बढ़ाती अपनी जनता की आवाज़ें सुनाई दे रही हैं। इस देश के जेलरों को दीवारों पर लिखे इन इबारतों को पढ़ना चाहिए। भारत का विजय दिवस आ चुका है। और उस महान दिन को हम सभी क़ैदी आज़ाद लोगों के आज़ाद भारत की ओर कदम बढ़ा देंगे।

पत्र से यह साफ़ हो जाता है कि 17 वर्षों तक जेल में रहने के बावजूद क्रांतिकारियों के हौसले पस्त नहीं हुए थे। राजनीतिक क़ैदियों के अधिकारों की लड़ाई, जिस हौसले, उम्मीद और दृढ़ता के साथ इन लोगों ने सन 1929 में शुरू की थी वह बदस्तूर 1946 तक जारी रही। इस पत्र को लिखने के सत्रहवें दिन, 21 फरवरी 1946 को जयदेव और शिव आख़िरकार बिना किसी शर्त के जेल से रिहा हुए।

आज़ादी के बाद का जीवन

आज़ादी के बाद भी जयदेव उस सपने को साकार करने की लड़ाई लड़ते रहे जिसके लिए उनके साथियों ने शहादत दी थी और वह ख़ुद कई वर्षो तक जेल में रहे और कई यातनाए झेलीं।

जेल से रिहा होने के बाद जयदेव ने हरदोई को ही अपनी कर्मभूमि बनाया। वह मुख्यतः मज़दूर आंदोलन से जुड़े रहे और अपनी आगे की पूरी ज़िंदगी उसी में खपा दी। जयदेव के मज़दूर आंदोलन में सक्रियता पर प्रसिद्ध क्रांतिकारी लेखक सुधीर विद्यार्थी लिखते हैः

मज़दूर आंदोलन में उनकी व्यस्तता ... देखकर ऐसा लगता था ... जैसे मज़दूरों की लड़ाई उनके लहू में शामिल हो गयी थी ... घर पर होते तब भी मज़दूरों का काम। उनके मुकदमों के लिए अदालत के चक्कर-दर-चक्कर। पैरवी में कोई चूक न हो जाए इसके लिए वे हरदम बहुत सतर्क रहते थे। मज़दूरों से उन्हें असीम प्यार था। उस तबके के लिए उनके भीतर दर्द का अथाह सागर ठाठें मरता था।

विद्यार्थी को लिखे अपने एक पत्र में जयदेव लिखते हैं,'मैं स्पोंटिनेटी में विश्वास नहीं करता। क्रांति को लाना होगा, अपनी ज़मीन पर अपने समाज में।'

मज़दूरों की लड़ाई लड़ते हुए वे आये दिन हड़ताल, जुलूस, धरना, प्रदर्शन इत्यादि में हिस्सा लेते रहते जिसकी वजह से उनको कई बार जेल जाना पड़ा। भारत भले गोरे अंग्रेज़ों से आज़ाद हो चुका था लेकिन भूरे अंग्रेज़ अभी भी विराजमान थे।

30 मार्च 1986 के दिन अचानक जयदेव के घर पर पुलिस आ धमकी, बिना वारंट, उनके घर को कुर्की करने की धमकी देने लगी। उनको भद्दी से भद्दी गलियां सुनाई गयीं। उच्च अधिकारियों को शिकायत करने पर भी कुछ नहीं हुआ। पुलिस और प्रशासन से आज़ाद भारत में जयदेव कपूर की भिड़ंत का यह वाकया सिर्फ़ एक उदाहरण है। मज़दूरों की लड़ाई के दौरान उनके साथ ऐसे कई किस्से हुए। मज़दूर वर्ग की राजनीति के साथ-साथ जयदेव कपूर क्रांतिकारियों की संगोष्ठियों में हिस्सा लेते थे और अपने साथियों की स्मृति को बचाने के लिए भी प्रयासरत रहे।

जयदेव कपूर 15 अगस्त 1947 से पहले गोरे अंग्रेज़ों की पुलिस और नौकरशाही से लड़े और बाद में उसी मानसिकता के पोषक भारतीय तंत्र से। यह लड़ाई लड़ते-लड़ते उन्होंने 19 सितंबर 1994 को अंतिम सांस ली।

जयदेव कपूर के व्यक्तित्व के बारे में अजय घोष लिखते हैं, 'हिंदी के जोरदार लेखक, प्रभावशाली वक़्ता, मार्क्सवाद के गंभीर विद्वान जयदेव हमारे स्वतंत्रता आंदोलन के योग्य सेनानी और वीर हैं।'

विजय कुमार सिन्हा

विजय कुमार सिन्हा एक कर्मठ क्रांतिकारी, महान पत्रकार और यशस्वी लेखक थे। उनका जन्म एक देशभक्त परिवार में 17 जनवरी 1909 को हुआ था। उनकी माता शरत कुमारी राष्ट्रवादी विचारों की थीं और उनकी बहन सुशीला और भाई राजकुमार दोनों क्रांतिकारी आंदोलन में सक्रिय थे। अजय घोष विजय के बालसखा थे। विजय उन्हीं के पिता के स्कूल 'आदर्श बंगाली विद्यालय', कानपुर में पढ़ते थे। आगे चलकर दोनों दोस्तों ने क्राइस्ट चर्च कॉलेज में दाख़िला लिया। यहीं पर वे सुरेशचंद्र भट्टाचार्य द्वारा संचालित 'तरुण संघ' के माध्यम से क्रांतिकारी दल में शामिल हो गये।

बीसवीं शताब्दी के समाज में प्रचलित रूढ़िवाद विजय को परेशान करता था। वह लिखते हैं 'ब्राह्मणों की झूठी शान और दिखावे से मुझे नफरत हो गयी।' इसलिए वह रामकृष्ण मिशन की ओर आकर्षित हुए जिसमें जातिवाद से ऊपर उठना सिखाया जाता था। क्रांतिकारी आंदोलन, पढ़ाई और रामकृष्ण मिशन में सक्रियता के साथ-साथ विजय ने बहुत छोटी उम्र में नौकरी भी करनी शुरू कर दी।

भाई की गिरफ़्तारी

इसी दौरान विजय के बड़े भाई राजकुमार सिन्हा काकोरी केस में गिरफ़्तार हो गये और उनके परिवार पर विपत्तियों का पहाड़ टूट पड़ा। बड़े बेटे की गिरफ़्तारी का धक्का उनके पिता को ऐसा लगा कि वह चल बसे। विजय का बचपन अकस्मात ही ख़त्म हो गया। वह लिखते हैं – 'मेरा बचपन ज़्यादा लंबा नहीं था इसलिए कभी-कभी वह मेरे अंदर फिर जाग उठता है।' शायद उनका इशारा अपने संगीत के शौक और प्रकृति-प्रेम की तरफ़ था।

विजय नौकरी की तलाश में दर-दर भटकने लगे क्योंकि भाई की गिरफ़्तारी के बाद उनकी नौकरी भी चली गयी। किस्मत से मात्र 18 साल की आयु में उनकी नौकरी एक अख़बार में लग गयी और जल्द ही वह 500 रुपये प्रति महीना कमाने लगे।

एक पत्रकार के रूप में उन्होंने अच्छा नाम कमा लिया। एक सफ़ल पत्रकार के रूप में उन्होंने *पायनियर, स्टेट्समैन, टाइम्स ऑफ़ इंडिया* आदि अंग्रेज़ी अख़बारों में किया। साथ ही साथ *मज़दूर* नामक एक पत्रिका का संपादन भी उन्होंने किया।

भाई की गिरफ़्तारी के बाद पुलिस की नज़र उन पर भी थी। आख़िरकार उन्हें घर से फ़रार होना पड़ा और अंत में वह भी क्रांतिकारी पार्टी के होलटाइमर बन गये।

एचएसआरए में बड़ी ज़िम्मेदारी

वास्तव में काकोरी कांड के बाद बिखर चुके दल को नये सिरे से अखिल भारतीय रूप में संगठित करने की योजना विजय कुमार सिन्हा के दिमाग़ की ही उपज थी। इसके बारे में वह लिखते हैं,

> जब काकोरी का मुक़दमा 1927 में समाप्त हो गया तो मेरे कंधों पर दल के पुनर्गठन का कार्य आ गया। मेरे मन में सम्पूर्ण भारत में एक साथ ही दल के सहयोग से संघर्ष करने का विचार कौंधा ... मेरी इस योजना को सरदार भगत सिंह एवं चंद्रशेखर आज़ाद की अनुमति प्राप्त हुई ...

उन्होंने कॉलेजों और विश्वविद्यालयों में पार्टी का प्रचार कार्य और गुप्त संगठन में भर्ती का काम जोर-शोर से शुरू कर दिया। इसी बीच अंतरराष्ट्रीय क्रांतिकारी संगठन 'कोमिन्टर्न' के भारतीय सदस्य शौकत उस्मानी मास्को से भारत आए। वे विजय से मिले और उन्होंने यह इच्छा जतायी कि वह और भगत सिंह उनके साथ मॉस्को चलें और दोनों कम्युनिस्ट इंटरनेशनल की छठी कांग्रेस में हिस्सा लें। विजय ने इस बारे में भगत सिंह से बात की और उनकी सहमति बनी कि अभी मॉस्को जाने का समय नहीं आया है क्योंकि पहले उन्हें भारत में कुछ बड़ी कार्रवाइयों को अंजाम देना है जिससे जनता में जागृति पैदा की जा सके। एक सफल क्रांति के लिए जन-जागृति बहुत ज़रूरी थी।

8-9 सितंबर 1928 को दिल्ली के फिरोजशाह कोटला में हुई क्रांतिकारियों की ऐतिहासिक बैठक के लिए बिहार, राजस्थान, पंजाब और बंबई के क्रांतिकारियों से

संपर्क साधने का काम विजय कुमार सिन्हा को सौंपा गया। बिहार के दौरे के दौरान उन्होंने बेतिया में एक डकैती में भी हिस्सा लिया जो क्रांतिकारियों द्वारा संगठन के लिए धन बटोरने के लिए डाली गयी थी।

ऐतिहासिक बैठक का उद्घाटन विजय के इस भाषण से हुआः

> कांग्रेस ब्रिटिश सरकार से स्वतंत्रता का सार मिलने पर संतुष्ट हो जाने की बात करती है, लेकिन वह जनता को यह बताना नहीं चाहती कि स्वराज्य का अर्थ क्या लगाती है। इससे स्वराज्य शब्द का आकर्षण जनता की दृष्टि में कम हो रहा है। ज़मींदारों तथा साहूकारों के जुल्मों तथा आर्थिक मन्दी के कारण किसान जगह-जगह विद्रोह कर रहे हैं। मिल मज़दूर तथा रेलवे कर्मचारी अपनी मांगों के लिए हड़तालें कर रहे हैं, लेकिन देश का नेतृत्व श्रमिक-किसानों के संघर्ष को देश की मुक्ति संग्राम का अंग बनाने में असमर्थ है। नेता वर्ग जन असन्तोष से हटकर, अंग्रेज़ों से पूंजीपतियों के अधिकारों के संरक्षण के लिए मोल-तोल करने पर जुटा है। अतः स्वतंत्रता की लड़ाई को संगठित करने, उसे भारतीय जन साधारण की लड़ाई बनाने का कार्य हम क्रांतिकारियों पर आ पड़ा है, जिसे पूरा करना हमारा कर्त्तव्य है।

इस भाषण से स्पष्ट है कि क्रांतिकारियों ने समाजवाद का जो लक्ष्य चिह्नित किया था, उस पर वे लोग काफ़ी चिंतन-मनन और अध्ययन के बाद पहुंचे थे। साथ ही साथ, क्रांतिकारी आंदोलन का समाजवाद की तरफ़ झुकाव सिर्फ़ एक व्यक्ति विशेष की वजह से न होकर पूरे दल का एक सामूहिक निर्णय था।

पार्टी के स्थापना सम्मेलन में विजय और भगत सिंह को सभी प्रांतों के बीच समन्वय, अंतरराष्ट्रीय संपर्कों से संबंध बनाने और पार्टी के प्रचार तंत्र को मज़बूत करने का काम सौंपा गया।

नवनिर्मित पार्टी का हेडक्वार्टर आगरा में स्थापित किया गया लेकिन वहां इन क्रांतिकारियों को बेहद ग़रीबी का जीवन जीना पड़ा। क्रांतिकारी जितेंद्रनाथ सान्याल लिखते हैं:

> कई-कई बार 3 दिन तक लगातार खाने को कुछ भी नसीब नहीं होता था और चाय पर ही गुज़ारा करना पड़ता था। कड़ाके की ठंड में भी हम आठ-नौ लोगों के लिए 3 कंबल होते थे और फर्श पर बिछाने के लिए तो कुछ भी नहीं।

विजय और उनके साथी पार्टी के पूर्णकालिक कार्यकर्ता थे जो अपना पूरा समय संगठन को देते थे। पार्टी के कमांडर-इन-चीफ चंद्रशेखर आज़ाद इन लोगों को खाने-पीने के लिए थोड़ा बहुत पैसा दे देते थे लेकिन पार्टी फंड में पैसों की सदा ही कमी रहती थी। इसलिए ये लोग बहुत अभाव का जीवन जीते थे फिर भी इनकी ऊर्जा और उत्साह ज्यों का त्यों बना रहता था। आपस में हंसी-मज़ाक भी चलता रहता था।

विजय लिखते हैः

> आगरा के नूरी गेट पर एक कमरा किराए पर लिया था। हमारा पड़ोसी बेनी प्रसाद था जो हम लोगों को दूध दिया करता था। हमने उसका कई-कई दिन का पैसा नहीं दिया लेकिन उसने दूध देना कभी बंद नहीं किया। लाहौर केस के दौरान जब पुलिस उसे हमारी शिनाख़्त के लिए लाई तो वह मेरा हाथ पकड़ कर रोने लगा। 1965 में मैं अपनी पत्नी के साथ उसके घर गया। अब तक उसकी आर्थिक स्थिति काफ़ी बेहतर हो चुकी थी। उसे बताया कि मैं कौन हूं और पुराने दिनों की याद दिलाई। वह बहुत देर तक मेरे गले लग कर रोता रहा।

इसी बीच उस्मानी, स्टालिन का एक संदेश लेकर भारत आये जिसमें उन्होंने भगत सिंह को सोवियत संघ आने का निमंत्रण दिया था। लेकिन मार्च 1929 में वह गिरफ़्तार हो गये और यह संदेश भगत या विजय को नहीं दे पाये। इस घटना के ठीक बाद पार्टी ने असेंबली बमकांड को अंजाम दिया जिसमें विजय के नाम पर वारंट जारी हो गया। विजय बिहार के चम्पारण ज़िले में जाकर छिप गये और वहां भूमिगत जीवन व्यतीत करने लगे। श्रीराजयम सिन्हा, जो आगे चलकर विजय की धर्मपत्नी बनीं, बताती हैः

फरारी के आख़िरी दिनों में विजय बाबू जवाहरलाल नेहरू से मिले और नेहरू ने बरेली में एक दोस्त के यहां उनके रहने का इंतजाम कर दिया। नेहरू के दोस्त डिप्टी कलेक्टर थे और विजय को उनके बच्चों को पढ़ाने का काम सौंपा गया। एक बार बच्चों ने जिद की कि उन्हें सिनेमा देखना है और विजय उन्हें सिनेमा हॉल ले गये। विजय को तो ख़ुद फिल्मों का बेहद शौक था और इसके लिए उनके साथी उन्हें चिढ़ाते भी थे। मजे की बात यह है कि विजय फिल्म देखते हुए ही गिरफ़्तार भी हुए जैसी भविष्यवाणी आज़ाद ने एक बार उनके और भगत सिंह के लिए की थी।

जेल में संघर्ष

विजय को भी लाहौर षड्यंत्र केस में घसीट लिया गया। क्रांतिकारियों ने तय किया कि केस की कार्यवाही को ज़्यादा से ज़्यादा प्रचार का माध्यम बनाया जाए। प्रचार के लिए जो कमेटी बनी उसमें विजय भी थे। उन्होंने सरकारी गवाहों से ज़िरह करते समय भी पार्टी के सिद्धांतों का प्रचार किया, साथ ही भारत में अंग्रेज़ी न्यायिक प्रणाली का पर्दाफाश भी किया।

लाहौर षड्यंत्र केस में अदालती कार्रवाई न्याय के नाम पर ढकोसला थी। 14 अक्टूबर, 1929 को अदालत ने क्रांतिकारियों के बचाव पक्ष की महत्त्वपूर्ण गवाहियों पर ध्यान देने से मना कर दिया। इसका विरोध करते हुए विजय ने अदालत में कहा,

> अभियोजन के विद्वान अधिवक़्ता ने कानून को उद्धृत करते हुए बचाव पक्ष को अपने गवाहों को प्रस्तुत किये जाने से मना कर दिया है। मेरा विचार है कि अभियोजन पक्ष को यह देखना चाहिए कि हमें अपने बचाव के लिए समस्त सुविधाएँ मिलें जबकि अभियोजन पक्ष के अब तक के समस्त क्रियाकलाप इस प्रकार रहे हैं कि हम उन समस्त सुविधाओं से वंचित रह सकें, जिनसे विशुद्ध न्याय प्राप्त होता है। हम अपना बचाव इसलिए नहीं कर रहे हैं कि हमें इस न्यायालय से न्याय की आशा है बल्कि इस माध्यम से सरकार का आम जनता के सामने पर्दाफाश करना चाहते हैं।

एक दिन सरकारी गवाह ललित मुखर्जी को अदालत लाया गया। ज़िरह के दौरान विजय ने बहुत चतुराई से उसके सामने प्रश्नों की झड़ी लगा दी : 'जब तुम क्रांतिकारी पार्टी में शामिल हो गये तब तुम्हें नहीं पता था कि क्रांतिकारी अपने आदर्शों के लिए अपनी जान भी दे देते हैं?'

'जब तुम पार्टी के सदस्य बने तब तुम्हें नहीं पता था कि भारतीय क्रांतिकारियों का इतिहास कितना गौरवशाली है? क्या तुम उस गौरवशाली इतिहास के अनुरूप अपने को ढाल पाए?'

'क्या तुम भूल गये कि डेन ब्रीन की 'माय फाइट फॉर आइरिश फ्रीडम' जो तुमने पढ़ी है, में लिखा है कि गद्दार सबसे नीच लोग होते हैं और उन्हें गोली से उड़ा देना चाहिए?'

'क्या तुम्हें पता है कि अलीपुर केस में गद्दारी करने वाले नरेंद्र गोस्वामी का क्या हुआ था? किसी ने भी उसकी गद्दारी को राष्ट्र के लिए हितकारी माना था?'

इन प्रश्नों से सरकारी पक्ष झुंझला गया और उसने कड़ा विरोध दर्ज किया तो विजय ने जवाब दिया, 'सरकारी गवाह की मानसिक स्थिति समझना जरूरी है, तब भी जब वह क्रांतिकारी बना और तब भी जब वह सरकारी गवाह बना।' इस पर सरकारी वकील ने कहा, 'आप मिस्टर मुखर्जी को डरा रहे हैं'। सिन्हा ने मुखर्जी से मुखातिब होकर पूछा, 'क्या यह सच है?' मुखर्जी ने झेंपकर ना में सर हिला दिया। इस पर भगत सिंह बोल पड़े, 'शायद वकील साहब को यह दिक्कत है कि हम लोग मुस्कुराते हुए प्रश्न पूछ रहे हैं तो वह यह भी जान लें हम लोग फांसी के फंदे भी मुस्कुराते हुए ही चूमेंगे!'

विजय, भगत सिंह और अन्य साथी जहां एक ओर अदालत में उपनिवेशवादी सरकार को नंगा करते रहे वहीं दूसरी ओर जेल में भी राजनीतिक बंदियों के अधिकारों के लिए उन्होंने लंबा संघर्ष चलाया। इन सब से सरकार सकते में आ गयी और वायसराय ने एक अधिनियम जारी करके लाहौर केस के लिए एक विशेष ट्रिब्यूनल स्थापित कर दिया जिसको एक तयशुदा अवधि में फ़ैसला सुनाने का आदेश दिया गया। 7 अक्टूबर 1930 को इस ट्रिब्यूनल ने अपना फ़ैसला सुनाया। भगत सिंह, सुखदेव और राजगुरु को फांसी की सज़ा सुनायी गयी जबकि विजय, शिव, जयदेव समेत कई क्रांतिकारियों को उम्रक़ैद की सज़ा।

कालेपानी की सज़ा

सन 1938 में जेल से छूटने के बाद विजय ने एक किताब लिखी थी – *इन दि अंडमान, द इंडियन बैस्टिल : मेमॉयर्स ऑफ ए रेवोल्यूशनरी*। यह किताब बहुत प्रसिद्ध हुई। चूंकि उस समय भारत में अंग्रेज़ी शासन था इसलिए इसमें विजय सारी बातें ज़्यादा खुलकर नहीं लिख पाए लेकिन फिर भी 5 साल अंडमान की सेलुलर जेल में उन्होंने और उनके साथियों ने बिताये, उसका बहुत ही मार्मिक और सटीक विवरण उन्होंने इस किताब में दिया है।

अंडमान भेजने से पहले सरकार ने उन्हें और शिव को आंध्र प्रदेश (तब मद्रास प्रांत) की राजमुंदरी जेल में रखा। बाद में जयदेव कपूर को भी वहीं भेज दिया गया। एक दिन जब वार्डन ने उनके साथ बदतमीज़ी की तो हाथापाई की स्थिति बन गयी। जयदेव को 20 और विजय को 7 कोड़ों की सज़ा सुनायी गयी। इस घटना से विजय के आत्मसम्मान को गहरी ठेस लगी। वह भूख हड़ताल पर बैठ गये। उनका मुद्दा प्रांत की काउंसिल में उठा और कानूनी मंत्री ने यह घोषणा कि की अब वह किसी भी उत्तर भारतीय क्रांतिकारी को मद्रास की जेल में स्वीकार नहीं करेंगे। विजय को विशाखापट्टनम जेल में भेज दिया गया। मद्रास सरकार ने उन्हें जल्द से जल्द अंडमान भेजने की अपील की और ज़बरदस्ती उनकी भूख हड़ताल तुड़वाने का प्रयास किया। जब उनकी स्थिति बेहद चिंताजनक हो गयी तो उनकी बड़ी बहन सुशीला ने गुस्से में वायसराय को एक तार भेजा, 'मेरे भाई विजय कुमार सिन्हा विशाखापट्टनम जेल में बंद हैं और उनकी हालत बेहद नाज़ुक है। क्या हम उम्मीद कर सकते हैं कि मरने के बाद उनकी लाश हमें सौंपी जाएगी?' एक महीना बाद आईजी, उटकमंड का तार आया, 'मुझे जिला मजिस्ट्रेट ने आपको यह सूचित करने का आदेश दिया है कि एक अराजकतावादी की लाश अंतिम संस्कार के लिए नहीं सौंपी जा सकती।'

आख़िरकार कांग्रेस की अपील और दोस्तों के सुझावों को मानते हुए विजय ने अपनी भूख हड़ताल ख़त्म कर दी। मद्रास सरकार ने उन्हें अंडमान रवाना कर दिया। रास्ते में सैकड़ों लोग उन्हें विदा करने आये। विजय और उनके साथी इन लोगों का प्यार देखकर भावविभोर हो गये। जब अंडमान जाने वाले 'महाराजा' जहाज पर वह सवार हुए तो उन्हें लगा कि अब वह कभी लौट कर वापस नहीं आएंगे। अंडमान

पहुंचते ही उन्हें पता चला कि यहां भी उनके साथियों ने भूख हड़ताल कर रखी है। वह उसमें हिस्सा लेने के लिए आतुर हो उठे। जल्द ही इस भूख हड़ताल में क्रांतिकारियों की विजय हुई और उन्हें निम्न अधिकार प्राप्त हुए :

1. किताबों, अख़बारों और पत्रिकाओं की सुविधा
2. आपस में मिलने जुलने का अधिकार
3. रात में रोशनी की व्यवस्था
4. खेल-कूद और मनोरंजन की व्यवस्था

आख़िरकार विजय का अपने बिछड़े हुए साथियों से पुनर्मिलन हुआ। इसका बड़ा ही मार्मिक वर्णन उन्होंने अपनी किताब में किया है।

भूख हड़ताल के बाद मिली सुविधाओं का क्रांतिकारियों ने पूरा फ़ायदा उठाया। जैसा कि पहले ही बताया जा चुका है शिव, विजय और उनके साथियों ने जेल में ही 'कम्युनिस्ट कंसोलिडेशन' की स्थापना की और विधिवत तरीके से मार्क्सवाद का अध्ययन किया। जेल में अलग-अलग विषयों पर किताबें प्राप्त करना मुश्किल था। जब भी किसी विषय पर कोई किताब काफ़ी जद्दोजहद करने के बाद हासिल होती थी तो सवाल उठता था कि उसे सब लोग कैसे पढ़ें? विजय ने इसका उपाय निकालाः

> जब भी कोई नई किताब हाथ आती तो किसी अनुभवी साथी को उसे पढ़ने के लिए दिया जाता। फिर वह उस पर 3-4 घंटे का लेक्चर देता और किताब के महत्त्वपूर्ण हिस्सों को पढ़कर सुनाता। अखबारों और पत्रिकाओं का अध्ययन करके भी कुछ साथी इसी प्रकार न्यूज़ बुलेटिन तैयार करते जिसे सभी क़ैदियों को बांटा जाता था।

जेल में विधिवत तरीके से पढ़ाई करना काफ़ी मुश्किल काम था क्योंकि एक ओर पुस्तकों की कमी थी तो दूसरी ओर अनुभवी शिक्षकों का भी अभाव था। अंग्रेज़ों की नज़र हमेशा क्रांतिकारियों पर रहती और कई क्रांतिकारी स्वयं भी मार्क्सवाद का विरोध कर रहे थे और कंसोलिडेशन के ख़िलाफ़ थे। ऐसे में विजय, शिव और अन्य साथियों ने अपनी ज़बरदस्त संगठन क्षमता का परिचय दिया। उन्होंने कंसोलिडेशन

की कई कमेटियां स्थापित कीं और उन्हें अलग-अलग काम सौंपा जैसे – मुख्य कमेटी, स्टडी बोर्ड, किचन कमेटी आदि। उन्होंने सभी के लिए बाक़ायदा एक टाइम टेबल तैयार किया और ज़्यादा से ज़्यादा शिक्षकों के प्रशिक्षण की व्यवस्था की। स्टडी बोर्ड ने हस्तलिखित पत्रिकाओं का भी प्रकाशन शुरू किया। इन सबके बावजूद विजय और उनके साथियों को कई मुसीबतों का सामना करना पड़ा जिनके बारे में वह लिखते हैः

> हम लोग यह समझ रहे थे कि हमें अपने तरीके बदलने होंगे, साम्राज्यवाद के ख़िलाफ़ अपनी लड़ाई में हमें नयी रणनीति अपनानी होगी। हमें लगा कि पिछले तीस वर्ष के क्रांतिकारी संग्राम ने जनता को जागरूक तो किया है लेकिन इसकी हमें बहुत बड़ी कीमत चुकानी पड़ी है और यही ऊर्जा अगर दूसरी जगह लगाई होती तो शायद बेहतर नतीजे सामने आते। हमें अपने आंदोलन की कमियाँ तो नज़र आ रही थीं लेकिन वैकल्पिक मार्ग नहीं सूझ रहा था। अतः देश के हालात पर गंभीरता से चर्चा करना बहुत ज़रूरी था। हमने सुव्यवस्थित तरीके से विश्व इतिहास, राजनीति और अर्थशास्त्र का अध्ययन किया और इसके आईने में भारत को समझने का प्रयास किया। कई बार हम से गलतियां हुईं जो स्वाभाविक भी थीं क्योंकि हम संघर्ष के मैदान से दूर थे। बहुत कम खबरें हम तक पहुँचती थी। फिर भी धीरे-धीरे हमने भविष्य के लिए एक प्रोग्राम बनाया ... लेकिन ये कहना गलती होगी कि यह सब इतनी आसानी से हो गया। पुराने तरीकों को छोड़ना, उन दोस्तों को छोड़ना जिनके साथ मिलकर मौत से खेले थे आसान काम नहीं था और बहुत पीड़ादायक भी था। लेकिन प्रसव की इसी पीड़ा से नया जीवन उत्पन्न होता है ... अतीत के विश्लेषण से यह समझ में आया कि हमारी सबसे बड़ी कमी थी क्रांतिकारी सिद्धांत का न होना। हम यह भी जानते थे कि सिद्धांत किसी महान आदमी के दिमाग़ से नहीं निकलते बल्कि दुनियाभर के क्रांतिकारी संघर्षों के अनुभवों से ही निकल सकते हैं जो समय-समय पर अलग-अलग परिस्थितियों में दुनिया में छेड़े गये हैं ... हम एक बार फिर गंभीर विद्यार्थी बन गये ... उससे भी ज़्यादा गंभीर जितने हम स्कूल या कॉलेज में थे।

जहां एक ओर भारतीय राजनीति समझने के लिए क्रांतिकारियों के पास साहित्य का बेहद अभाव था, वहीं दूसरी ओर अंतरराष्ट्रीय मसलों पर किताबें और विदेशी अख़बार ज़्यादा सुलभ तरीके से प्राप्त हो जाते थे क्योंकि इनमें जेल प्रशासन ज़्यादा अड़ंगा नहीं लगाता था। इस कारण विजय और उनके साथियों की फासीवाद पर अच्छी-ख़ासी समझ बन गयी जिसका उन दिनों जर्मनी, जापान और इटली में बोलबाला था। वे लोग समझ गये कि संसार पर एक बार फिर महायुद्ध के बादल मंडरा रहे हैं। जेल से छूटने के बाद उन्हें फासीवाद और ब्रिटिश साम्राज्यवाद दोनों से मुकाबला करना होगा। उस समय की कम्युनिस्ट पार्टी की संयुक्त मोर्चे की लाइन के अनुरूप विजय और उनके साथियों ने भी कांग्रेस और गांधीजी से एकजुटता प्रदर्शित की।

धीरे-धीरे विजय और उनके साथियों ने अधिकतर क्रांतिकारियों को यह विश्वास दिला दिया कि अंग्रेज़ों से लड़ने के लिए और देश का पुनर्निर्माण करने के लिए मार्क्सवादी विचारधारा बहुत महत्त्वपूर्ण है। अब कंसोलिडेशन बहुत ताक़तवर हो गया और उसने सरकार के ख़िलाफ़ युद्ध छेड़ दिया। अंत में इस युद्ध में क्रांतिकारियों की विजय हुई और लगभग सभी क्रांतिकारियों को छोड़ दिया गया और कुछ को, जो ज़्यादा 'ख़तरनाक' समझे जाते थे, अपने-अपने सूबों की जेलों में भेज दिया गया।

विजय को मेडिकल ग्राउंड्स पर रिहाई मिल गयी। कानपुर स्टेशन पर उनका भव्य स्वागत हुआ। उनका स्वास्थ्य भयंकर रूप से बिगड़ चुका था, फिर भी वह आज़ादी की लड़ाई में कूद पड़े। जेल से बाहर आने के बाद विजय ने जेल के अपने अनुभव पर जो किताब लिखी, वह इतनी प्रसिद्ध हो गयी कि अंग्रेज़ों ने उस पर प्रतिबंध लगा दिया।

उन्होंने कांग्रेस की सदस्यता ले ली और इसकी अखिल भारतीय कमिटी के लिए चुने गये। 1939 के त्रिपुरी कांग्रेस अधिवेशन के समय उन्होंने खुल के सुभाषचंद्र बोस का समर्थन किया। विजय व्यक्तिगत सत्याग्रह में फिर जेल चले गये और क़ैद की मियाद पूरी होने पर उन्हें भारत रक्षा कानून के अंतर्गत नज़रबंद कर दिया गया। 1945 तक वह जेल में ही रहे।

राजमुंदरी जेल में उनकी मुलाक़ात अपने भावी श्वसुर श्री अन्ने अंजैया जी से हुई

थी जिनकी बेटी श्रीराज्यम से उन्होंने 1946 में विवाह कर लिया और आगे चलकर आंध्र प्रदेश में बस जाने का फ़ैसला किया।

चंपारण में खेती

फिलहाल 1945 में जेल से बाहर आने के बाद विजय अपने एचएसआरए के साथी कमल नाथ तिवारी के पास चंपारण चले गये और वहीं खेती करने लगे। इसी दौरान उन्होंने श्रीराज्यम से विवाह किया। श्रीराज्यम बताती हैं कि 15 अगस्त 1947 के दिन वे लोग साथ थे और विजय इस बात से काफ़ी दुःखी थे कि जिन लोगों ने आज़ादी के लिए अपनी जान तक दे दी, उन्हें याद करने वाला कोई नहीं। कांग्रेस का सदस्य होने के बावजूद वह उसकी घोर आलोचना करते थे। शादी के कुछ साल बाद तक विजय चंपारण में रहे और श्रीराज्यम आंध्र में। विजय को राज्यम के लिए बहुत बुरा लगता था। वह लिखते हैंः

> तुम्हें वह सब नहीं मिला जो शादी के बाद एक लड़की को मिलता है। जो दुःख तुम्हें झेलना पड़ रहा है वह सब मेरे अतीत में एक राजनीतिक कार्यकर्ता होने की वजह से है जिनका जीवन कभी भी आसान नहीं होता और सदा काँटो भरा होता है।

9 जनवरी 1950 को राज्यम ने एक पुत्र को जन्म दिया जिसका नाम अजय रखा गया। विजय और राज्यम की इच्छा थी कि दोनों मिलकर भगत सिंह पर एक किताब लिखें क्योंकि दोनों ही बहुत अच्छे लेखक थे। वे लोग कई दिनों तक पंजाब और सहारनपुर (उत्तर प्रदेश) में भगत सिंह के परिवारवालों के पास ठहरे और दोनों ने अच्छी-ख़ासी सामग्री इकट्ठा कर ली। विजय ने भगत सिंह पर एक फिल्म भी बनाने की कोशिश की मगर वह संभव नहीं हो पाया। उन दिनों भगत सिंह पर कई फिल्में आईं लेकिन सब में बहुत सारी तथ्यात्मक गलतियां थीं। विजय ने अख़बारों और पत्रिकाओं में लेख लिखकर इन फिल्मों का विरोध किया और सरकार से अपील की कि इन पर प्रतिबंध लगे। सन् 1955 में राज्यम की आंध्र में नौकरी लग गयी और

विजय भी उनके साथ वहीं जाकर रहने लगे।

अखिल भारतीय क्रांतिकारी सम्मेलन

विजय और उनके साथियों को यह ज़रूरत महसूस हो रही थी कि क्रांतिकारी आंदोलन का एक सही इतिहास लिखा जाए। कांग्रेस सरकार द्वारा आज़ादी की लड़ाई का जो इतिहास लिखवाया गया उसमें क्रांतिकारियों की भूमिका को बहुत कम करके दिखाया गया और अहिंसा व गांधी जी पर सारा ध्यान केंद्रित किया गया। विजय और अन्य क्रांतिकारियों ने दिल्ली में एक अखिल भारतीय क्रांतिकारी सम्मेलन आयोजित किया। इसमें बंगाल की अनुशीलन समिति और युगांतर, पंजाब की गदर पार्टी, एचएसआरए तथा अन्य कई पुराने क्रांतिकारी संगठनों के कार्यकर्ता शामिल हुए। 13 और 14 दिसंबर 1958 को नई दिल्ली में हुए इस सम्मेलन में कुल 300 क्रांतिकारी शामिल हुए। सम्मेलन के अंत में यह प्रस्ताव पारित किया गयाः

> यह सम्मेलन क्रांतिकारी आंदोलन का एक प्रामाणिक और विस्तृत इतिहास लिखने का संकल्प करता है। आज़ादी की लड़ाई में भारत के अंदर और भारत के बाहर क्रांतिकारियों ने अंग्रेज़ों से कई युद्ध लड़े – चाहे गदर पार्टी का आंदोलन हो, चाहे 1942 की क्रांति हो या आज़ाद हिंद फौज का अभियान या 1946 का नाविक विद्रोह, लेकिन देशवासियों को इनकी बहुत कम जानकारी है। इन क्रांतिकारी संघर्षों की कहानी आने वाले संग्राम के लिए जनमानस को प्रेरित करेगी जिसका उद्देश्य है – एक नया समाजवादी भारत।

सम्मेलन के बाद क्रांतिकारियों ने अपनी एक केंद्रीय कमेटी बनायी तथा इतिहास लेखन के काम के लिए कमेटी के अधीन एक उप समिति बनायी गयी जिसमें विजय को भी चुना गया। विजय ने केंद्रीय कमेटी की तरफ़ से *सम फंडामेंटल आस्पेक्ट्स* नाम का एक बहुत महत्त्वपूर्ण दस्तावेज़ तैयार किया। इसमें सबसे पहले उन्होंने क्रांतिकारी आंदोलन की परिभाषा को लेकर सवाल उठाया, 'क्या क्रांतिकारी आंदोलन की

शुरुआत 1857 से मानी जाए जब अंग्रेज़ों के ख़िलाफ़ एक बड़ा सशस्त्र विद्रोह हुआ या 1757 से मानी जाए जब प्लासी के युद्ध के बाद से ही अंग्रेज़ो के ख़िलाफ़ छोटे-मोटे विद्रोह शुरू हो गये थे?'

अलग-अलग क्रांतिकारियों ने इस पर भिन्न-भिन्न मत रखे जिनका विजय ने बहुत बढ़िया ढंग से विश्लेषण इस पुस्तिका में किया। उन्होंने आंदोलन का इतिहास लिखने के लिए सामग्री जुटाने के अत्यधिक कठिन काम की ओर भी इशारा किया और इस बात पर ज़ोर दिया कि इस इतिहास में भारत के सभी प्रांतों का इतिहास बराबर रूप से आना चाहिए। उन्होंने कहा कि क्रांतिकारी, हिंसा-अहिंसा के विवाद में नहीं उलझे थे और सभी तरीक़ों का इस्तेमाल करते थे। वे लोग जनवादी विचारधारा को समर्पित थे और आगे चलकर समाजवाद के भी पैरोकार बने। विजय लिखते हैं:

> क्रांतिकारी आंदोलन किसी एक हीरो जैसे अरविंद घोष, रास बिहारी बोस, अजीत सिंह, आज़ाद, भगत सिंह या सूर्यसेन की कहानी नहीं है बल्कि वह तो उन अनगिनत स्त्रियों और पुरुषों की कहानी है, जिन्होंने देश की आज़ादी की लड़ाई के लिए अपना सर्वस्व न्योछावर कर दिया। आज वे लोग अलग-अलग राजनीतिक पार्टियों में सक्रिय हैं लेकिन आंदोलन का इतिहास इन सब से ऊपर उठकर लिखना होगा। इसलिए पेशेवर इतिहासकारों की एक टीम तैयार करनी होगी और आंदोलन के अलग-अलग कालखंडों के लिए अलग-अलग कमेटियां बनानी होंगी।

1963 में विजय और राज्यम ख़ुद हैदराबाद छोड़कर दिल्ली आ गये। राज्यम की ऑल इंडिया रेडियो में न्यूज एडिटर की नौकरी लग गयी। विजय ने राष्ट्रीय अभिलेखागार में क्रांतिकारी आंदोलन पर शोध करना शुरू कर दिया। लेकिन तीन साल बाद राज्यम को आंध्र वापस लौटना पड़ा क्योंकि दिल्ली वाली नौकरी में उन्हें बहुत दिक़्क़तें आ रही थीं।

सोवियत संघ का दौरा

आज़ादी की लड़ाई के दौरान एक बार विजय और भगत सिंह को सोवियत संघ जाने का मौका मिला था लेकिन वे लोग जा नहीं पाए थे। यह मौक़ा विजय को दोबारा मिला। भारतीय कम्युनिस्ट पार्टी के कद्दावर नेता राजेश्वर राव विजय के अच्छे दोस्त थे और उन्होंने किसी काम से विजय से सोवियत रूस का दौरा करके आने की दरख़्वास्त की। सन् 1969 में विजय रूस के लिए रवाना हुए। वापस आकर उन्होंने एक शानदार किताब *न्यू मैन इन सोवियत लैंड* लिखी। इसमें वह लिखते हैं:

> मैं लोगों से उनके घरों में मिला, फैक्ट्रियों में मिला, खेतों में मिला, यहां तक कि उनके दिल की धडकनें भी सुन पाया। मैंने उनकी उपलब्धियां देखीं ... मेरा लक्ष्य इस नये इंसान को समझना था, उसके जीवन जीने की कला को समझना, इस कारण मैंने सबसे अधिक ध्यान शिक्षा-व्यवस्था पर दिया ...
>
> जब मैं सोवियत संघ गया तो मैंने अपने अन्दर किसी प्रकार के भ्रम नहीं पाल रखे थे ... न ही मुझे स्वर्ग देखने की उम्मीद थी , न ही नरक। मैं तो एक नये प्रकार की सामाजिक व्यवस्था का निर्माण होते देखने गया था, उसकी सभी कमियों के साथ। और इस मामले में मैं भाग्यशाली रहा। मैं अपनी आंखों से देख पाया कि किस रोमांचक और ख़ुशनुमा अंदाज़ में एक बिलकुल नये इंसान का जन्म हो रहा था ...

विजय कुल 2 महीने सोवियत संघ रह कर आये और फिर अपनी किताब लिखने में लग गये। जब किताब प्रकाशित हुई तो उस पर तरह-तरह की प्रतिक्रियाएं आयीं। एक पत्रकार ने जब उनसे यह पूछा कि सोवियत संघ में लोकतांत्रिक अधिकारों और अभिव्यक्ति की स्वतंत्रता की जो कमी है, उस पर उन्हें क्या कहना है तो उन्होंने जवाब दिया:

> मेरा मानना है कि यह मिथ्या प्रचार है कि वहां अभिव्यक्ति की आज़ादी या

लोकतांत्रिक अधिकार नहीं है। वहां के युवा उदार प्रवृत्ति के हैं। विश्व-साहित्य पढ़ते हैं ... विश्व का सर्वश्रेष्ठ साहित्य और विश्वविद्यालयों में उन्हें सभी प्रकार की गतिविधियों में सम्मिलित होने का पूरा अधिकार है। जैसे-जैसे वहां आर्थिक उन्नति हो रही है वैसे वैसे वहां लोकतंत्र का भी विस्तार हो रहा है ... मेरा मानना है कि सोवियत संघ की मिसाइलों से ज़्यादा बड़ी उपलब्धि उसके आदर्शवादी युवा हैं जो एक महान कार्य की पूर्ति में लगे हुए हैं।

अपनी किताब के लिए उन्हें सोवियत लैंड नेहरू पुरस्कार से नवाज़ा गया। सन् 1972 में विजय एक बार फिर सोवियत संघ गये। इस बार वे टॉलस्टॉय की कर्मस्थली यसनाया पोल्याना भी होकर आए। 1979 में बेहद दुर्भाग्यपूर्ण परिस्थितियों में उनके इकलौते युवा पुत्र अजय का निधन हो गया जिससे उन को गहरा सदमा लगा। अजय ख़ुद भी एक वामपंथी कार्यकर्ता थे और तमाम मतभेदों के बावजूद विजय को अपने पुत्र पर गर्व था। उसका इस तरह चले जाना वे और राज्यम झेल नहीं पाए। उनकी बहू शांता दोनों का सहारा बनीं।

तीसरी विदेश यात्रा

सन 1980 में विजय और राज्यम मंगोलिया, पूर्वी जर्मनी और पुनः सोवियत संघ के दौरे पर गये। मंगोलिया में उन लोगों ने वहां के कारखानों, सामूहिक खेतों, अस्पतालों आदि का दौरा किया। वहां की समाजवादी व्यवस्था ने उन दोनों को काफ़ी प्रभावित किया ख़ासकर महिलाओं की तरक़्क़ी देखकर वे लोग आश्चर्यचकित रह गये। पूर्वी जर्मनी में वे लोग उन स्थलों पर गये जहां हिटलर ने यहूदियों और दूसरे लोगों के लिए यातना शिविर बनवाए थे। वहां की कहानियां सुनकर उन लोगों के दिल दहल गये। इसके बाद वे लोग रूस गये। वापस लौटने पर राज्यम ने तीनों समाजवादी देशों की महिलाओं के हालात पर किताब लिखने का फ़ैसला किया। राज्यम महिला आंदोलन में काफ़ी सक्रिय हो गयी थीं। वह आंध्र प्रदेश की नेशनल फेडरेशन ऑफ इंडियन वूमेन की अध्यक्ष चुनी गयीं।

बढ़ती उम्र की वजह से विजय का स्वास्थ्य धीरे-धीरे गिरता जा रहा था। जवान बेटे की आकस्मिक मृत्यु ने उन्हें अंदर से तोड़कर रख दिया था और उन्होंने लिखना भी बंद कर दिया। आख़िरकार लंबी बीमारी के बाद 16 जुलाई 1992 को उनका निधन हो गया। आंध्र प्रदेश के अनेक राजनीतिक दलों ने, ख़ासकर जो वाम मोर्चे से संबंधित थे, जिनके विजय काफ़ी करीब थे, उनकी मृत्यु पर भावभीनी श्रद्धांजलि अर्पित की। *मेनस्ट्रीम* पत्रिका में उन्हें श्रद्धांजलि देते हुए जे.पी. चतुर्वेदी ने लिखाः

> इस देश ने अपने एक महान नेता को खो दिया जिसने अपना सर्वस्व देश पर न्योछावर कर दिया लेकिन बदले में इस देश ने उसे कुछ नहीं दिया।

यह एक कड़वा सच है कि राष्ट्रीय स्तर पर विजय सिन्हा के सम्मान के लिए कोई प्रयास नहीं हुआ। यहां तक कि उनकी जन्मभूमि कानपुर में भी उनके लिए कोई शोकसभा नहीं हुई। उनके प्रशंसकों को सदा इसका मलाल रहेगा।

उन्होंने कभी कम्युनिस्ट पार्टी की सदस्यता नहीं ली लेकिन अंतिम समय तक समाजवाद के प्रति प्रतिबद्ध रहे। जो सफ़र एचएसआरए से शुरू हुआ था वह उम्र के आख़िरी पड़ाव तक अविरल चलता रहा।

वह लिखते हैः

> समाजवाद सिर्फ़ क्रांतिकारी आंदोलन से स्थापित हो सकता है लेकिन जो लोग दिन-रात समाजवाद का नाम जपते हैं, उन्होंने इसका इस्तेमाल सिर्फ़ सत्ता में पहुंचने के लिए किया है... कांग्रेस समाजवाद का राग अलापती है लेकिन इसके नेता ठीक उल्टी दिशा में जा रहे हैं।

एक साक्षात्कार के दौरान उन्होंने कहाः

> हमें सिर्फ़ समाजवाद के आर्थिक पहलुओं पर ही नहीं, उसके अध्यात्मिक पहलुओं पर भी बात करनी चाहिए ... समाजवाद सिर्फ़ रोटी के लिए युद्ध

नहीं है बल्कि बराबरी, ख़ुशहाली, न्याय, ईमानदारी, सच्चाई, प्रेम और सेवा पर आधारित एक नई दुनिया का भी नाम है जिसे औरत और मर्द दोनों को मिलकर स्थापित करना है …

विजय सिन्हा और उनका पूरा परिवार समाजवाद के इस लक्ष्य के लिए संघर्ष करता रहा और आज भी कर रहा है।

दुर्गा भाभी

क्रांतिकारियों और जनसामान्य दोनों के बीच 'दुर्गा भाभी' के नाम से जानी जाने वाली दुर्गादेवी वोहरा का जन्म इलाहाबाद के एक संपन्न परिवार में 7 अक्टूबर 1907 को हुआ था। उनके पिता का नाम बांकेबिहारी था, जो सत्र न्यायालय में न्यायाधीश थे व उनकी माता का नाम यमुना देवी था। दुर्गा देवी जब मात्र एक साल की थीं, तभी उनकी मां का देहांत हो गया जिसके बाद उनके पिता ने दूसरी शादी कर ली। नन्ही दुर्गा का लालन-पालन उनकी विधवा बुआ की देख-रेख में हुआ, जो बहुत सख़्त स्वभाव की थीं।

दुर्गा का दाख़िला मिशन स्कूल में कराया गया। लेकिन जब वे कक्षा तीन में थीं तो उनकी बुआ ने उनको स्कूल से इस कारण हटा दिया क्योंकि किसी ने स्कूल से घर आते वक़्त रास्ते में बालिका दुर्गा के कान की बालियां चुरा ली थीं। इसके लिए दुर्गा को मार भी पड़ी थी। कुल मिलाकर उनकी स्कूली पढ़ाई हिंदी के अक्षर ज्ञान तक ही सीमित रही। स्कूल छूटने के बाद उनकी शिक्षा घर पर ही हुई और ग्यारह साल की उम्र में यानी सन 1918 में उनकी बुआ ने उनकी शादी भगवतीचरण वोहरा से कर दी। शादी के वक़्त भगवतीचरण भी मात्र साढ़े चौदह साल के थे। दोनों का ही परिवार धार्मिक मान्यताओं के मामले में काफ़ी रूढ़िवादी था। दुर्गा और भगवती का सामाजिक और क्रांतिकारी जीवन उनकी शादी के बाद ही शुरू हुआ।

ऐसे समय में जब भारतीय समाज में शादी के बाद महिला का मुख्य काम चूल्हा-चौका और घर संभालना होता था, भगवतीचरण ने अपनी पत्नी को आगे पढ़ने के लिए न सिर्फ़ प्रोत्साहित किया बल्कि ख़ुद इसकी ज़िम्मेदारी भी ली। वह ख़ुद तो अपनी पत्नी को पढ़ाते ही थे, कुछ विषयों के लिए घर पर अलग से शिक्षक की व्यवस्था भी उन्होंने कर दी विशेषकर संस्कृत, अंग्रेज़ी और संगीत के लिए। आगे चलकर दुर्गा ने 1926 में पंजाब यूनिवर्सिटी, लाहौर से हिंदी में प्रभाकर की परीक्षा पास की। उस समय तक वह मां बन चुकी थीं और उनके बेटे शची की उम्र एक साल थी। उसके बाद वह कन्या

महाविद्यालय में हिंदी की अध्यापिका बनीं जहां वह 1930 तक पढ़ाती रहीं।

क्रांतिकारी जीवन की शुरुआत

दुर्गा के क्रांतिकारी जीवन की शुरुआत सन 1926 में 'नौजवान भारत सभा' के गठन के समय से हुई। इस संदर्भ में दुर्गा के कॉलेज में सहपाठी और मशहूर हिंदी साहित्यकार यशपाल लिखते हैं:

> दुर्गा देवी उस समय तक प्रकट रूप से सार्वजनिक कार्य में नहीं आई थीं ... क्रांतिकारी गुप्त संगठन के प्रति उनका अनुराग गूंगे के गुड़ जैसा था, अर्थात मुँह से कुछ बोले बिना उसके लिए सब कुछ करने को तैयार रहती थीं।

जब भगत सिंह, भगवतीचरण वोहरा और सुखदेव आदि ने 'नौजवान भारत सभा' की स्थापना की तो उन्होंने उसकी पहली बैठक का उद्घाटन ग़दर पार्टी के क्रांतिकारी करतार सिंह सराभा के चित्र के अनावरण से करने का फ़ैसला किया। हॉल में करतार सिंह की एक बड़ी तस्वीर लगायी गयी जिसको लाल रंग की चादर से ढका जाना था। खादी यानी खद्दर का कपड़ा लाने का ज़िम्मा भगवती ने दुर्गा को दिया। दुर्गा भाभी के शब्दों में:

> मेरे पति ने कहा, 'खद्दर खरीद लाओ।' खद्दर लाया गया। फिर मुझसे बोले, 'इसे लाल रंग से रँग डालो।' मै कह उठी, 'उससे नहीं, इसको खून से रँग देती हूँ।' तत्काल मैंने ब्लेड से अपनी उँगलियाँ चीर डालीं। कपड़ा रक्तस्नात हो उठा। सबसे ज़्यादा खून सुखदेव ने छिड़का ...

इस प्रकार दुर्गादेवी वोहरा का क्रांतिकारियों की 'दुर्गा भाभी' के रूप में सफ़र शुरू हुआ। जिस समय वह क्रांतिकारी आंदोलन में सक्रिय हुईं, उस वक़्त तक क्रांतिकारी संगठन में महिलाओं की भूमिका बेहद सीमित थी। उनके ज़िम्मे संदेशवाहक बनना, चंदा इकठ्ठा करना और कुछ सामान्य किस्म के काम ही थे। दुर्गा भाभी के क्रांतिकारी

जीवन की शुरुआत भी कुछ ऐसे ही हुई थी, हालांकि आगे चलकर उनकी भूमिका बड़ी होती गयी। अपने शुरुआती क्रांतिकारी जीवन के बारे में दुर्गा भाभी लिखती हैं:

> मैं उन दिनों लाहौर में महिला विद्यालय में हिंदी विभाग की प्रमुख थी। नौकरी का उद्देश्य था, पुलिस के सन्देह से बचे रहना … मैं दल के लिए धन इकट्ठा करती। 'रेवोलुशनरी' नाम का प्रसिद्ध पर्चा बाँटती, दूसरे पर्चे भी रातोंरात पेड़ों पर चस्पाँ कर आती।

जैसे-जैसे वह संगठन में सक्रिय होती गयीं वैसे-वैसे उनको और महत्त्वपूर्ण ज़िम्मेदारियां दी जाने लगीं। दल के निर्देश पर उन्होंने हथियार और बम लाने-ले जाने का काम भी किया। बम लाने के लिए उनको एक बार संगठन ने मुल्तान (जो अब पाकिस्तान में है) भेजा। उस भारी जख़ीरे को दुर्गा भाभी ने कुशलता से पुलिस की नज़रों से बचा कर संगठन तक पहुंचा दिया। इसी तरह एक बार उनको दल ने शस्त्र लाने जयपुर भेजा। भाभी ने माऊजर अपनी छाती और पिस्तौल पेट पर बांध कर इस ख़तरनाक अभियान को सफ़लतापूर्वक अंजाम किया। सुखदेव की गिरफ़्तारी के बाद दुर्गा भाभी और धन्वन्तरि को एचएसआरए के पंजाब प्रांत के संगठन का काम सौंपा गया।

लाहौर से फ़रारी

सांडर्स की हत्या के बाद पुलिस भगत सिंह, राजगुरु और चंद्रशेखर आज़ाद आदि को ढूंढ रही थी। संगठन के लिए इन लोगों को लाहौर से निकालना एक चुनौती से कम नहीं था क्योंकि पुलिस लगातार क्रांतिकारियों के गुप्त ठिकानों की तलाश में छापा मार रही थी, साथ ही खुफ़िया पुलिस का जाल भी बिछ चुका था। लाहौर से निकलने वाले सारे रास्तों पर पुलिस की कड़ी निगरानी थी। ऐसे में सबको भाभी की याद आयी और एचएसआरए के पंजाब प्रांत के नेता सुखदेव, भगत सिंह और राजगुरु को लाहौर से निकालने की योजना के साथ उनके घर पहुंचे।

जिस दिन सांडर्स की हत्या हुई, उस दिन दुर्गा अपने स्कूल में थीं। जैसे ही उनको

इस घटना की खबर मिली, वह मौका-ए-वारदात पर पहुंचीं। चूंकि पुलिस को भगवती पर शक था इसलिए उनके पीछे भी जासूस लगे थे। यहां तक कि पुलिस का एक मुख़बिर दुर्गा भाभी के घर में ही बतौर किरायेदार रह रहा था। जिस बस से दुर्गा भाभी स्कूल जाती थीं उस बस के ड्राइवर को भी पुलिस ने पैसा देकर अपना मुख़बिर बना लिया था। इन सब के बावजूद दुर्गा क्रांतिकारियों को लाहौर से निकालने का जटिल और जोखिम भरा काम करने के लिए पूरे उत्साह और समर्पण के साथ राज़ी हो गयी। यह प्रसिद्ध प्रसंग दुर्गा भाभी के अपने शब्दों में इस प्रकार घटित हुआः

> ... सांडर्स वध की रात मैं संस्कृत पढ़ रही थी कि सुखदेव आए। उस समय करीब नौ बजे का समय रहा होगा ... सुखदेव का बर्ताव मुझे रोज जैसा सामान्य नहीं लगा। वे कहने लगे, 'क्या पढ़ती हो ये सब?'
>
> 'संस्कृत पढ़ रही हूँ', मैंने कहा।
>
> 'पढ़ना छोड़ो, यह बताओ कि क्या किसी को लेकर बाहर जा सकोगी?'
>
> सुखदेव ने उसी असामान्य मन :स्थिति में पूछा था।
>
> मैं बोली, 'छुट्टियाँ होने में अभी तीन-चार दिन बाकी हैं। '
>
> 'छुट्टी ले सकोगी?' सुखदेव एक-पर-एक प्रश्न करते गये थे।
>
> और मैंने उसी रात छुट्टी के लिए प्रार्थना पत्र लिखा ... बताया गया कि जिसको लेकर जाना है, मैं उसके साथ शची को भी ले जाऊँगी।
>
> मैंने यह भी नहीं पूछा कि कहाँ और किसके साथ जाना है। पूछने का नियम भी नहीं था। सुखदेव को मैं एकदम तत्पर ही मिली। मेरी तत्परता देखकर सुखदेव बोले, 'भाभी, यह सोच लो कि अगर रस्ते में कुछ हो गया तो सब के सब (शची भी) ख़त्म हो जाओगे।'
>
> मैंने कहा, 'ठीक है।' सुखदेव उस वक़्त मुझसे पांच सौ रुपए लेकर चले गये थे ...
>
> ... मुझको तैयारी के लिए चौबीस घंटे का समय मिल गया। दूसरे दिन के 10 या 11 बजे होंगे, सुखदेव आए। साथ में और भी दो लोग थे ... सुखदेव के साथ आए लम्बे व्यक्ति की और संकेत करके पूछा, 'भाभी, पहचाना?'

मैं उसे नहीं पहचान सकी, यद्यपि वे भगत सिंह ही थे। एकदम नया वेश। सिर पर फेल्ट हैट। चमचमाते हुए काले जूते। चेस्टर (लम्बा ऊनी कोट) पहने थे।

भगत सिंह हँस पड़े। सुखदेव से कहने लगे – 'अब मैं पास हो गया। इन्होंने नहीं पहचाना तो पुलिस मुझे क्या पहचानेगी।'

साथ ही उनके साथ दूसरा आदमी था। देखने में एकदम नौकर जैसा। उसे मैं फिर भी नहीं पहचान सकी। परिचय भी नहीं था। मैं नहीं जान सकी कि वही राजगुरु हैं ...

भगत सिंह ने मेरे पास बैठे शची को देखा। कहने लगे, 'भाभी, मुझे फिक्र होती है कि अगर तुम्हारा बेटा मारा गया तो ...'

'भैया, यह बेवक़्त की 'तो' कैसी? तुम भी तो किसी के बेटे हो। अगर एक बेटा (भगत सिंह) मारा जाएगा तो इसे (शची) भी क्यों नहीं मरना चाहिए? मैंने उस दिन भगत सिंह को बीच में ही टोक कर कहा था।'

उस रात भगत सिंह और राजगुरु मेरे यहाँ ही रहे। तीसरे दिन, अभी ठीक से भोर भी नहीं हुई थी। मैं, भगत सिंह और राजगुरु लाहौर स्टेशन पहुँच गये। ख़ुफ़िया पुलिस की भरमार थी। दो टिकट प्रथम श्रेणी के और राजगुरु के लिए तृतीय श्रेणी का टिकट लिया गया ... शची भगत सिंह की गोद में था। प्लैटफॉर्म पर चलते-चलते भगत सिंह ने शची को ठीक अपने चेहरे के सामने (ताकि मुँह ढँक जाए) कर लिया। उसकी आड़ में चेहरा कुछ छिप-सा गया। ठंड के बहाने कोट का कॉलर भी ऊपर चढ़ा था। फेल्ट हैट थोड़ी एक तरफ़ झुकी हुई थी। शची बाएं हाथ में। भरी हुई पिस्तौल भगत सिंह के दाएँ हाथ में, चेस्टर की जेब में। उँगलियाँ उसके घोड़े पर जमी थीं। भरी हुई एक पिस्तौल मेरे पास भी थी। एकदम सतर्क कि कहीं कुछ रोक-टोक हुई नहीं कि धाँय-धाँय।

गाड़ी चली। किसी ने पहचाना नहीं।

... मैं और भगत सिंह लखनऊ पहुँच गये। भगत सिंह ने वहीं प्लैटफॉर्म से सुशीला दीदी को कलकत्ता तार किया ताकि वह स्टेशन आ सकें। तार में मेरे नाम की जगह भगत सिंह ने 'दुर्गावती' लिख दिया जिससे कि ख़ुफ़िया पुलिस

को पता न चले।

सुशीला दीदी सोचती रहीं कि ये दुर्गावती कौन है?

दीदी ठीक समय पर हावड़ा स्टेशन पहुँचीं। वे (भगवतीचरण) भी आए। जब मैं भगत सिंह को लेकर स्टेशन पर उतरी तो वे भाव-विभोर हो उठे। मुझे वहीं प्लैटफॉर्म पर शाबाशी देने लग गये। पीठ थपथपाकर कहा, 'मैंने तुम्हें आज पहचाना है... मैं समझता हूँ कि हमारी-तुम्हारी शादी सच पूछो आज हुई है...'

भगत सिंह और राजगुरु को लाहौर से निकालने के लिए दुर्गा भाभी ने न तो अपनी जान की परवाह की न ही अपने तीन साल के मासूम बच्चे की!

इस पूरे घटनाक्रम के बाद दुर्गा भाभी की भगत सिंह से जेल के बाहर आख़िरी मुलाक़ात सेंट्रल असेंबली बमकांड के दिन हुई। दल के नियमानुसार दुर्गा भाभी और सुशीला दीदी को असेंबली बम 'एक्शन' के बारे में नहीं पता था। भगत सिंह और बटुकेश्वर दत्त जब असेंबली में 'बहरों' को सुनाने के लिए धमाका करने जा रहे थे, तब दुर्गा भाभी और सुशीला दीदी को इतना ही मालूम था कि कोई बड़ा 'एक्शन' होने वाला हैं। असेंबली में जाने से पहले भगत सिंह और बटुकेश्वर दत्त ने भाभी और दीदी के साथ भोजन किया। बम धमाके के दौरान भाभी और दीदी असेंबली के बाहर ही मौजूद थीं। भगत सिंह और बटुकेश्वर दत्त को इनके सामने से जेल ले जाया गया।

राजनीतिक क़ैदियों की रिहाई के प्रयास

दुर्गा भाभी के क्रांतिकारी जीवन का एक महत्त्वपूर्ण पक्ष था- राजनीतिक बंदियों के अधिकार दिलाने एवं उनकी रिहाई के लिए किये गये उनके प्रयत्न। भगत सिंह, बटुकेश्वर दत्त, सुखदेव आदि की गिरफ़्तारी के बाद उनको छुड़ाए जाने के प्रयास होने लगे। एक तरफ़ उनके साथी जेल-तोड़ने का प्रयास कर रहे थे तो दूसरी तरफ़ 'भगत सिंह डिफेंस कमेटी' के तहत उनको छुड़ाने व उनकी सज़ा कम कराने के लिए न्यायिक लड़ाई लड़ी जा रही थी। इस कमेटी के मुखिया भगत सिंह के पिता सरदार किशन सिंह थे। दुर्गा भाभी की इस कमेटी में अहम भूमिका थी। उनकी ज़िम्मेदारी थी- जेलों में बंद साथियों के साथ संपर्क बनाए रखना तथा मुक़दमे की पैरवी करने वाले वकीलों

के साथ तालमेल बनाए रखना। मुक़दमे के ख़र्च के लिए धन इकट्ठा करना भी इसमें शामिल था। ये ज़िम्मेदारियां निभाते हुए दुर्गा भाभी ने अंग्रेज़ सरकार पर दबाव बनाने लिए कई जनसभाएं और धरना-प्रदर्शनों के आयोजन भी किये। उनकी एक और ख़ास ज़िम्मेदारी थी जेल में बंद साथियों और जेल के बाहर 'फ़रार' साथियों के बीच संपर्क-सेतु का काम करना। जब जतिन दास राजनीतिक क़ैदियों के अधिकारों के लिए लड़ते हुए 63 दिन की ऐतिहासिक भूख हड़ताल के बाद शहीद हुए तो दुर्गा भाभी उनकी शव यात्रा में सबसे अग्रिम पंक्ति में थीं। जतिन दास के शव के साथ वह लाहौर से कलकत्ता तक गयीं।

इन सब के दौरान पुलिस के मुख़बिरों की नज़र लगातार दुर्गा भाभी पर बनी रहती। उनके लिए समस्या बस इतनी ही नहीं थी। पारंपरिक भारतीय समाज में जब औरत घर की चौखट लांघती है तो उसके चरित्र पर सवाल उठते हैं। दुर्गा भाभी भी इससे बच न सकीं। उनको कई बार काम के सिलसिले में रात-बिरात बाहर जाना पड़ता। कई बार वह या तो देर रात घर आतीं या फिर अगली सुबह। यह सब देख कर उनके चरित्र पर टीका-टिप्पणियां होने लगीं और ऐसा करने वालों में उनके कुछ 'साथी' भी थे। लेकिन भाभी इन सब की बिना परवाह किये अपने काम में लगी रहीं। भगवतीचरण वोहरा ने इसमें उनका पूरा साथ दिया। जब दुर्गा भाभी के चरित्र पर उठ रहे 'सवालों' को लेकर उनके कुछ साथी भगवती चरण के पास पहुंचे, तो उनका दो टूक जवाब था; 'अगर मुझे विश्वास करना ही है तो मैं अपनी पत्नी की बात पर ही करूंगा।'

लाहौर षड्यंत्र केस में भगत सिंह, सुखदेव और राजगुरु को फांसी की सज़ा मुक़र्रर हो गयी। क्रांतिकारियों को जेल से छुड़ाने के प्रयत्न या तो अमल में नहीं आ सके या असफल हो चुके थे। ऐसे में भी इन तीनों क्रांतिकारियों की सज़ा को फांसी से उम्रक़ैद में बदलवाने की कोशिशें जारी थीं। उसी वक़्त महात्मा गांधी और वायसराय इरविन में उन दिनों चल रहे सविनय अवज्ञा आंदोलन और कुछ अन्य मामलों को लेकर वार्ता होने वाली थी। अपने साथियों को फांसी से बचाने की आख़िरी कोशिश करते हुए दुर्गा भाभी और सुशीला दीदी इसी सिलसिले में महात्मा गांधी तक भी पहुंचीं। गांधी जी से अपनी मुलाक़ात के बारे में भाभी लिखती हैं :

> ... मैं पहली बार गांधी जी से 1931 के दौरान उन दिनों मिली थी, जब गांधी और वायसराय इरविन के बीच बात चल रही थी। मैं गांधी जी को राजनीतिक क़ैदियों की रिहाई की शर्त को समझौते के मुद्दे के तौर पर पेश करने के लिए राजी करने उनके पास पहुंची थी ... गांधी जी ने हमें देखते ही 'समझ लिया' कि जैसे हम फ़रारी की ज़िन्दगी से तंग आकर, अपने विरुद्ध जारी वारंट वापस करवाने की मंशा से आए हुए थे। मेरे मुंह खोलने से पहले ही उन्होंने फरमाया, 'तुम जाकर पुलिस के आगे पेश हो जाओ, मैं तुम्हारे लिए कुछ करने का इंतज़ाम करूँगा।'
>
> मैंने बहुत दुःखी मन से कहा, 'हम यहां अपने लिए नहीं आए बल्कि भगत सिंह, राजगुरु और सुखदेव के लिए आए है। क्या आप उनके मामले में दखल देंगे?
>
> 'वे हिंसावादी हैं।' गांधी जी का दो-टूक जवाब था।

दुर्गा भाभी के दो साथी सदाशिवराव मलकापुरकर और भगवानदास माहौर भुसावल बम केस में सजा काट रहे थे। अपने इन साथियों की रिहाई के प्रयास में दुर्गा भाभी एक बार फिर महात्मा गांधी से मिलीं। दुर्गा भाभी के शब्दों मेः

> ... मैं दूसरी बार उनसे सात वर्ष के बाद 1938 में मिली थी, जब 1937 के असेंबली चुनाव के बाद पहली बार कुछ राज्यों में कांग्रेसी सरकारें बनी थीं। हम अपने दो साथियों भगवान दास माहौर व सदाशिव मलकापुरकर को रिहा करवाने के लिए गये थे, जो भुसावल केस में 1930 से क़ैद काट रहे थे। हमारी यह मुलाक़ात गाड़ी में हुई जब वह लाहौर से (पंजाब के) गुजरात शहर की ओर जा रहे थे ... मैंने गांधी जी से एकांत में मिलने की प्रार्थना की ...
>
> उस समय की संयुक्त प्रांत (यूपी) की कांग्रेसी सरकार ने किसी क़ैदी को उसकी रिहाई ख़त्म होने से पहले शर्त रखी हुई थी कि वो लिखित तौर पर भरोसा दे कि वह अब हिंसा में यकीन नहीं रखता व आगे से कोई हिंसक कार्रवाई नहीं करेगा। हम अपनी ओर से सरकार को यह मनाने की कोशिश कर रहे थे कि उनको बिना शर्त रिहा कर दिया जाए। हमारे दोनों साथी किसी कीमत पर भी उसूली तौर पर

कोई भरोसा लिखित रूप में देने के लिए तैयार नहीं थे ...

इस मामले में बंबई के साथ यूपी सरकार का पत्राचार हो रहा था क्योंकि भुसावल उस समय बंबई के अन्तर्गत आता था और मेरे पास संबधित मिस्ल की प्रति भी थी। गांधी जी यह मानने को तैयार नहीं थे कि यह रिहाई यू.पी. सरकार के हाथ में है और वह रिहा नहीं कर रही है। मेरे द्वारा मिस्ल दिखाने पर उन्होंने कहा, 'मैं पूरी ताकत लगाऊंगा।'

लैमिंगटन रोड शूटिंग

भगवतीचरण वोहरा की 28 मई 1930 को बम परीक्षण करते हुए मृत्यु हो गयी। पति की इस असामयिक और अचानक मृत्यु से भाभी को गहरा सदमा लगा लेकिन वह इससे जल्दी ही उबर गयीं और एक बार पुनः क्रांतिकारी कार्यों में पूरे उत्साह के साथ लग गयीं। साथ ही साथ उन्होंने दल में महिलाओं की भूमिका को बढ़ाने की भी बात कही। उस वक़्त तक महिलाओं को किसी भी 'एक्शन' से दूर रखा जाता था।

जब चंद्रशेखर आज़ाद ने दुर्गा भाभी को उनके पति की मौत पर दिलासा देते हुए कहा, 'भाभी, तुमने देश के लिए अपना सर्वस्व दे दिया है। तुम्हारे प्रति हम अपने कर्त्तव्य को कभी नहीं भूलेंगे', तो दुर्गा भाभी ने साफ़-साफ़ जवाब दिया, 'पति नहीं रहे, लेकिन दल का काम रुकेगा नहीं। मैं करूँगी ...'

वोहरा की मृत्यु के बाद दल को बड़ा धक्का लगा लेकिन भगत सिंह व बटुकेश्वर दत्त को जेल से छुड़ाने का काम बदस्तूर जारी रहा। जब आज़ाद और बाकी साथी सिंह और दत्त को छुड़ाने निकले तो भाभी ने कहा, 'संघर्ष में मुझे भी चलने दीजिए। यह हक सर्वप्रथम मेरा है।' आज़ाद ने इसकी इजाज़त नहीं दी। दुर्गा भाभी मन मसोस कर रह गयीं।

वोहरा की मृत्यु के पांचवे दिन यानी 2 जून को लाहौर के बहावलपुर रोड के बंगले में, जिसमें क्रांतिकारी ठहरे हुए थे, दो बम अचानक फट जाने की वजह से भाभी और अन्य साथियों को वहां से तुरंत निकलना पड़ा। इस तरह उनके फ़रारी जीवन की शुरुआत हुई। लाहौर से निकलकर वह दिल्ली आ गयीं और वहां से बंबई पहुंचीं। इसी बीच दल को पैसों की ज़रूरत आन पड़ी। भाभी को इस संकट के बारे में पता

चला तो उन्होंने अपने सारे गहने आज़ाद को दे देने का प्रस्ताव रखा लेकिन आज़ाद ने यह कहते हुए लेने से मना कर दिया कि, 'ज़रूरत पड़ने पर अपने आप ले लूंगा।'

7 अक्टूबर सन 1930 को, जब लाहौर षड्यंत्र मुक़दमे का फ़ैसला आया, दुर्गा भाभी अपने कुछ साथियों के साथ बंबई में थीं। आज़ाद को छोड़ कर दल की केंद्रीय कमेटी के कुछ सदस्य जेल में थे, बाकी फ़रार थे। ऐसे में दुर्गा भाभी ने दल के साथी सुखदेवराज और ग़दर आंदोलन के नेता पृथ्वी सिंह आज़ाद के साथ मिल कर 7 अक्टूबर के फैसले का विरोध करने हेतु रातोंरात 'एक्शन' करने की योजना बनायी।

इन लोगों ने यूपी के तत्कालीन गवर्नर मेल्कॉम हैली पर, जो उस वक़्त बंबई में था, गोलियां चलाने की योजना बनाई। लेकिन जब योजना को अंजाम देने पहुंचे तो गवर्नर के चारों तरफ़ कड़ी सुरक्षा व्यवस्था देखी। उन लोगों ने तुरंत अपनी योजना बदली और लैमिंगटन रोड पुलिस थाने पर, जहां सारा पुलिस दल अंग्रेज़ों का था, गोली चलाने का निर्णय किया। थाने पहुंच कर इन लोगों ने गोलियां बरसा दीं जिसमें एक पुलिस सार्जेंट की मौत हो गयी और एक महिला घायल हो गयी। पृथ्वी सिंह आज़ाद ने अपनी आत्मकथा में इस घटना का वर्णन करते हुए लिखा है:

> भगत सिंह की पार्टी के कुछ साथी उस समय कुछ कर दिखाने के प्रयास में थे, जिसका प्रभाव प्रसिद्ध असेंबली बम धमाके जैसा हो। उसके लिए बंबई के लैमिंगटन रोड थाने पर गोलियों की बौछार करना निश्चित किया गया था, जहां सारी की सारी पुलिस फोर्स गोरे सार्जेंटों की थी। उसके लिए हमने एक किराये की कार ले ली जिसमें मैं, दुर्गा, सुखदेवराज व ड्राइवर सवार होकर थाने की तरफ़ चल पड़े। इस एक्शन के जरिए हम सरकार को यह बता देना चाहते थे कि भगत सिंह अकेला नहीं है बल्कि हर नौजवान के हृदय में विरोध की ज्वाला सुलग रही है।
>
> रात के कोई ग्यारह बजे होंगे, सिनेमाघर से लोग फिल्म देखकर वापस आ रहे थे। चांदनी बिखरी हुई थी; हमने थाने के सामने गाड़ी रोकी, चार गोरे सार्जेंट बाहर आते दिखे, हमने उन पर गोली चला दी ...

यह भारतीय क्रांतिकारी इतिहास में पहला मामला था जब किसी महिला ने 'एक्शन' में प्रत्यक्ष रूप से हिस्सा लिया था। अगले दिन बंबई के अखबरों ने इस बात को रेखांकित भी किया।

इस घटना के बाद भाभी पुलिस की नज़रों से बचते हुए कानपुर पहुंचीं। चूंकि यह 'एक्शन' दल के निर्णय के बिना लिया गया था इसलिए आज़ाद को भाभी पर काफ़ी गुस्सा आया लेकिन कुछ समय बाद उनका गुस्सा ठंडा भी हो गया।

गिरफ़्तारी और बाद का जीवन

दुर्गा भाभी के ख़िलाफ़ गिरफ़्तारी का वारंट 2 जून 1930 में बहावलपुर रोड हवेली पर बम विस्फोट के बाद ही जारी हो गया था। लैमिंगटन रोड कांड में पुलिस को बस यह पता था कि उस कांड में एक महिला भी शामिल है, लेकिन उसकी पहचान नहीं हो पायी थी। वह पुलिस से नज़र बचा कर कुछ महीने कानपुर, इलाहाबाद और देहरादून में रहीं। आज़ाद की शहादत, भगत सिंह, सुखदेव और राजगुरु की फांसी और अन्य साथियों की गिरफ़्तारी के बाद एचएसआरए कमज़ोर पड़ चुका था। ऐसे में पुलिस से भागते रहना भाभी को निरर्थक लगा और उन्होंने 1932 में लाहौर में पुलिस के सामने आत्मसमर्पण कर दिया। इसके बारे में वह लिखती हैं:

> आज़ाद भैया की शहीदी के बाद पार्टी का अस्तित्व तो रहा ही नहीं था, तो मुझे ले देकर दिल्ली जाना ही सूझा। अब हम कुछ कर तो सकते नहीं थे, किन्तु पुलिस उसी तरह ही हमारे पीछे पड़ी थी, बकड़ी (?) पुलिस न तो अब मुझे पकड़े और न ही मेरा पीछा छोड़े। शायद यह सोचकर कि मैं कभी न कभी तो गिरफ़्तारी से बचे साथी के पास पहुंचूंगी और वह पुलिस की गिरफ़्तारी से बच नहीं सकेगा ... आखिर तंग आकर एक दिन मैंने मन बना लिया कि लाहौर पहुंचकर सरेआम गिरफ़्तार हो जाऊं; अतएव मैं सीधा लाहौर पहुंच गयी व 'फ्री प्रेस ऑफ़ इंडिया' के दफ्तर जाकर यह सब कुछ बताते हुए कहा कि मैं अब अपने घर जा रही हूँ और 10-11 बजे घर जा पहुंची। उसी समय दो लॉरियों में सवार पुलिस वहां आ धमकी ... मुझे गिरफ़्तार करके लाहौर के किले में ले गये ...

दुर्गा भाभी को गिरफ़्तार करके 15 दिन के रिमांड पर भेज दिया गया। लेकिन उस वक़्त तक लाहौर षड्यंत्र केस और दिल्ली षड्यंत्र केस दोनों ही ख़त्म हो चुके थे। पुलिस उनको इन मुकदमों में हिरासत में नहीं रख सकती थी। तब उन पर एक नया मुक़दमा लाद कर उनको छह महीने के लिए जेल भेज दिया गया और आगे चलकर रिहाई के बाद तीन साल तक पंजाब और दिल्ली में घुसने पर प्रतिबंध लगा दिया गया।

जेल से छूटने के कुछ समय बाद दुर्गा भाभी ग़ाज़ियाबाद आ गयीं और प्यारेलाल कन्या विद्यालय में दो साल तक पढ़ाया। इसी दौरान उनके कुछ क्रांतिकारी साथियों ने चिट्ठी लिख कर उनसे चुनाव लड़ने का निवेदन किया जिसे उन्होंने विनम्रता से यह कहते हुए मना कर दिया कि, 'चुनाव में मेरी कोई दिलचस्पी नहीं है। अतः लड़ने का प्रश्न ही नहीं उठता।'

सन 1937 में वह कुछ समय के लिए दिल्ली प्रदेश कांग्रेस कमेटी की अध्यक्ष भी रहीं। उसी समय काकोरी कांड में शामिल कुछ क्रांतिकारियों की रिहाई हुई। दिल्ली में दुर्गा भाभी ने इन क्रांतिकारियों के सम्मान में एक कार्यक्रम रखने का प्रस्ताव कांग्रेस कमेटी में रखा जो मान लिया गया। लेकिन पुलिस ने इन क्रांतिकारियों के दिल्ली प्रवेश पर रोक लगा दी और यह ऐलान कर दिया कि अगर कोई भी काकोरी कांड से जुड़ा और जेल से छूटा शख़्स दिल्ली आएगा तो उसे गिरफ़्तार कर लिया जाएगा। इन धमकियों से न तो भाभी घबरायीं न ही काकोरी के क्रांतिकारी। सभा हुई। कुछ क्रांतिकारी गिरफ़्तार भी हुए पर कुछ हफ़्तों में छोड़ दिए गये।

सन 1938 में दुर्गा भाभी लखनऊ चलीं गयी और वहां छह महीने तक कांग्रेस में काम किया। 1939 की शुरुआत में वह मद्रास (अब चेन्नै) गयीं जहां से उन्होंने मारिया मांटेसरी से मांटेसरी शिक्षा पद्धति का प्रशिक्षण लिया। 1940 में वह वापस लखनऊ आ गयीं और एक मकान में सिर्फ़ पांच बच्चों के साथ मांटेसरी विद्यालय शुरू किया। आज उस विद्यालय को 'सिटी मांटेसरी इंटर कॉलेज' के नाम से जाना जाता है।

आज़ादी के बाद

दुर्गा भाभी ने आज़ादी के पहले ही सक्रिय राजनीति से नाता तोड़ लिया था। आज़ादी के बाद उनका सारा ध्यान अपने स्कूल पर केंद्रित हो गया जो समय के साथ

बड़ा होता गया। आगे चल कर उन्होंने अपने स्कूल के ही एक हिस्से में 'शहीद स्मारक एवं स्वतंत्रता संग्राम शोध केंद्र' की स्थापना की। सही मायने में दुर्गा भाभी ने ही शहीदों से जुड़े साहित्य का संग्रह और संरक्षण करने की शुरुआत की। क्रांतिकारियों के जीवन को लिपिबद्ध करने वाले लेखक सुधीर विद्यार्थी के अनुसार अपनी शोध संस्था के उद्देश्य के बारे में दुर्गा भाभी कहा करती थीः

> मैं शहीदों और क्रांतिकारियों पर सभी साहित्य यहाँ सुरक्षित कर देना चाहती हूँ ताकि भविष्य में इतिहास लेखकों और शोधकर्ताओं को कोई असुविधा न हो। यही मेरी आकांक्षा है ...

इसी शोध संस्थान के तहत उनके साथी शिव वर्मा ने पहली बार भगत सिंह के लेखों को इकठ्ठा किया और उनको प्रकाशित कर देश को एक बहुमूल्य धरोहर दिया। हालांकि शहीदों का संग्रहालय स्थापित करने का दुर्गा भाभी का सपना अधूरा ही रह गया।

दुर्गा भाभी की अंतिम इच्छा के बारे में सुधीर विद्यार्थी लिखते हैं :

> अंतिम दिनों में भाभी मुझसे कहने लगी थीं, 'सुधीर, मैं मर जाऊं तो कैप्टन रामसिंह आई. एन. ए का बैंड जरूर बुलवा लेना ... आशिक का जनाजा है जरा धूम से निकले।'

उनका देहांत 15 अक्टूबर 1999 को ग़ाज़ियाबाद में हुआ और उसके साथ ही भारतीय क्रांतिकारी आंदोलन के उस युग की समाप्ति हुई जिसे भगत सिंह और चंद्रशेखर आज़ाद जैसे सूरमाओं ने नेतृत्व प्रदान किया था।

स्रोत

विश्वनाथ वैशम्पायन, *अमर शहीद चंद्रशेखर आज़ाद*, राजकमल प्रकाशन, 2017

सुधीर विद्यार्थी (सं.) *अग्निपुंज*, राजकमल प्रकाशन, 2017

शिव वर्मा, *संस्मृतियां*, नेशनल बुक ट्रस्ट, 2009

भगवानदास माहौर, सदाशिव मलकापुरकर एवं शिव वर्मा, *यश की धरोहर*, आत्माराम एंड संस, 2018

मथरादास थापर, *मेरे भाई शहीद सुखदेव*, प्रवीण प्रकाशन, 1992

मलवेंदरजीत सिंह वढ़ैच, *ए बायोग्राफी ऑफ भगवतीचरण वोहरा एंड दुर्गा भाभी*, यूनिस्टार बुक्स, 2012

किरण दास, *प्रोफाइल ऑफ ए मार्टियर : जतिन दास*, यूनिस्टार बुक्स, 2015

यशपाल, *सिंहावलोकन*, लोकभारती प्रकाशन, 2019

सुधीर विद्यार्थी, *क्रांति की विरासत*, संवाद प्रकाशन, 2018

श्रीराज्यम सिन्हा, *विजय कुमार सिन्हा : ए रेवलूशनेरीज क्वेस्ट फॉर सैक्रफाइस*, भारतीय विद्या भवन, 1993

मन्मथनाथ गुप्त, *भारतीय क्रांतिकारी आंदोलन का इतिहास*, आत्माराम एंड संस, 1960

जगमोहन सिंह एवं चमनलाल (सं.) *भगतसिंह और उनके साथियों के दस्तावेज़*, राजकमल प्रकाशन, 1986

सुधीर विद्यार्थी, *शहीदों के हमसफ़र*, लोक प्रकाशन गृह, 2014

अनिल वर्मा, *अजेय क्रांतिकारी राजगुरु*, नेशनल बुक ट्रस्ट, 2017

शचीन्द्रनाथ बख्शी, *वतन पर मरनेवालों का*, ग्लोबल हारमनी पब्लिशर्स, 2013

रामकृष्ण खत्री, *शहीदों की छाया में*, विश्व भारतीय प्रकाशन, 1983

अजय घोष, *चुने हुए लेख तथा भाषण*, पीपुल्स पब्लिशिंग हाउस, 1979

पुत्चलपल्ली सुंदरैया, *आत्मकथा*, नेशनल बुक ट्रस्ट, 2012